님께

_____

_____

                         드립니다.
_____

**명견만리** 미래의 가치 편

# 명견만리

우리가 만들어갈 미래의 가치를 말하다

• 대전환, 청년, 기후, 신뢰 편 •

KBS〈명견만리〉제작팀 지음

INFLUENTIAL
인 플 루 엔 셜

# 다시 무너지지 않을
# 미래의 가치를 쌓아올리다

가끔 내 아이가 성장해 살아가게 될 2050년의 모습을 그려볼 때가 있다. SF영화처럼 낭만적인 상상이면 좋겠지만, 미래를 상상하는 일은 늘 섬뜩한 불안감이 들며 편치가 않다. 숨 막히는 폭염과 대기오염, 정체된 대기만큼이나 사회의 역동성이 증발해버린 초고령화 사회, 타인에 대한 혐오와 갈등의 범람, 스스로 존엄한 주인공이 아니라 일자리를 지배하는 기계에 무기력하게 맞서야 하는 미래 세대의 우울한 삶… 문제는 이 장면들이 단순히 먼 미래의 일이 아니라는 것이다. 이는 지금 우리가 겪고 있으나 외면해오던 문제들이다.

〈명견만리〉를 다시 세상에 내놓으며 그 의미와 역할을 다시 한 번 되돌아보았다. KBS 렉처멘터리 〈명견만리〉는 지난 2015년 3월부터

2020년 12월까지 총 4개의 시즌, 전체 94편의 강연을 통해 한국 사회 저변에 깔린 불안감과 위험들을 포착함으로써 우리가 관심을 가져야 할 어젠다와 이슈를 심도 있게 다뤄왔다. 〈명견만리〉에서 종종 등장하는 표현 중 하나가 바로 '이제껏 한 번도 경험한 적 없던 대한민국'이다. 방송 프로그램은 물론이거니와 모든 재화와 서비스의 거래에서 '미래에 대한 불안'을 자극하는 것은 사람들의 이목을 끄는 데 매우 효과적인 마케팅 전략이기도 하다.

그러나 외람되게도 지금 우리가 겪고 있는 불안은 미래가 아닌 우리 모두 감지하고 있는 위험에서 비롯된 것들이다. 기후 위기, 저출산, 고령화, 위기에 빠진 청년의 삶, 사회적 갈등 조율의 실패, 중산층의 급감과 미래에 대한 비관 등 해결하기 벅찬 이 수많은 이슈들이 아주 빠른 속도로 몸집을 키워가고 있다는 것을 이미 대한민국의 구성원 대다수는 절실히 느끼고 있다. 자평하자면 〈명견만리〉는 그러한 위기들의 실체와 본질을 정제된 언어로 제시함으로써 우리의 마음과 머리를 잠시 흔들어보는 역할, 무뎌진 위기 감각을 깨워보자고 호소하는 확성기의 역할을 지난 6년 동안 수행해왔다고 할 수 있다.

2020년 11월, 2년 만에 돌아온 KBS 시사교양 프로그램 〈명견만리〉가 내건 주제는 '새로운 사회를 여는 대전환'이었다. 포스트 코로나 시대 한국의 미래 방향을 짚어보자는 취지다. 총 8부작으로 진행된 〈명견만리 Q100〉에서는 대한민국의 내일을 위한 패러다임 전략을 담은 '대전환' 편으로 시작했다. 저성장 국면에 코로나19라는 치명타를 맞은 한국 경제의 피할 수 없는 구조 변동에 관한 이야기로 포문을 열었다. 불안·불공정의 시대 청년들의 일자리와 주거 문제를 돌아보고 그 해법을 모색한 '청년' 기획에 이어, 8부작의 후반에는 코로나 팬데믹과 지구온난화의 복합 위기에서 세계가 찾은 비상구, 탄소중립의 길을 다룬 '도시와 기후' 편을 편성했다.

이번 시즌을 특별히 〈명견만리 Q100〉이라고 이름 붙인 이유는 시청자가 제안한 3000여 개의 질문 가운데 100개를 뽑아 각 분야의 지성들이 이에 대한 답을 찾아 나서는 방식으로 진행되었기 때문이다. "복지국가라는데 나는 왜 세금만 내고 못 받는 거죠?", "기후 난민이 도대체 뭔가요?", "공무원과 대기업만 바라보는 20대, 정상인가요?" 등 다양한 관점에서 우리의 일상은 어떻게 달라지고 무엇을 준비해야 하는지에 대해 던진 질문이 이 프로그램의 길잡이가 되었다.

그뿐 아니라 KBS공영미디어연구소와 공동으로 '코로나와 한국 사회의 미래'라는 주제로 국민 여론조사를 실시, 전국의 성별, 연령별, 지역별로 모집한 2247명(표본오차 95%, 신뢰수준 ±2.1%)으로부터 얻은 결과를 바탕으로 국민들이 지닌 현재와 미래에 대한 인식을 정제되고 객관화된 언어로 전하고자 했다. 김동연 전 경제부총리, 서울대학교 소비자학과 김난도 교수, 소설가 장강명, 서울시립대 도시공학과 정석 교수 등이 연사로 참여하고, 97만여 팔로워를 자랑하는 경제 유튜버 '신사임당', 독일 출신 안톤 숄츠 기자, 가수 겸 책방 주인 요조 등 다양한 분야의 전문가들이 패널로 함께하여, 시청자들의 질문에 답하며 만리를 내다보는 밝은 지혜와 통찰을 더해주었다.

이를 책으로 옮긴 《명견만리: 미래의 가치 편》은 이미 알고 있지만 모두가 애써 외면해오던 불안감의 근원들, 즉 인류가 직면한 복합 위기를 진단하고, 대전환, 청년, 기후, 신뢰라는 4개 주제를 바탕으로 공존을 위해 함께 선택하고 지향해야 할 미래의 가치들을 담았다.

전 세계를 휩쓴 팬데믹은 기후 문제와 불평등 등 인류의 생존을 위협하는 이슈를 시급하게 공론의 장에 올리는 중대한 계기가 되었다. 바야흐로 과거의 경험이 무력해지는 시대. 세계를 휩쓸고 있는 팬데믹은 우리가 예측 가능한 세계 밖으로 언제든지 튕겨나갈 수 있는 취약한 존재라는 사실을 다시 한번 보여주었다. 팬데믹과 같은 블랙스완(Black swan) 앞에서 과거의 경험은 점점 가치를 잃고 경험 위에 세워놓은 예측의 위세는 미약해진다. 다가올 위기의 크기를 가늠하기 어려워진 것이다.

이러한 거대한 전환기에는 기존의 가치 질서에 따른 단발적인 해법을 논하기보다 공존을 위한 새로운 가치 질서를 만들어나가는 일이 시급하다. 다시 말해 우리 사회의 취약성을 보완하고 닥쳐올 충격에 견뎌낼 콘크리트와 같은 기반 공사가 필요하다는 것이다.

《명견만리: 미래의 가치 편》에 담긴 연사와 패널들의 이야기는 이렇다. 미래를 예측하기는 어려워졌지만 분명히 팬데믹과 같이 사회 전체를 뒤흔들 재난 상황은 앞으로도 반복될 것이라고. 이러한 큰 충격에 흔들리지 않기 위해선 사회적 안전망은 더욱 촘촘하고 깊숙이 짜여야 하며, 탄소중립을 비롯한 기후변화에 대처하는 노력의 질이 근본적으로 달라져야 한다고. 그리고 공동의 문제를 함께 해결하기 위해 신뢰의 위기를 해소해야 한다고. 어떤 얼굴로 다가올지 모를 미래의 충격에 대비하려면 반드시 행동해야 한다는 지적도 빼놓지 않았다. 변화의 방향이 아니라 변화의 속도가 중요해졌음을 역설한 김난도 교수의 지적은 이 점에서 공감할 부분이 많았다.

특히 이번 책에서는 대한민국의 미래인 청년의 고민에 더 많은 분량을 할애했다. 저성장과 실업난으로 인해 청년 세대의 소득률이 감소하면서 빈곤 위험집단으로 전락한 청년들의 현실을 생생하게 담고자 노력했다. 2020년 9월 KBS공영미디어연구소가 취업을 앞둔 수도권 거주 24~29세 남녀를 대상으로 조사한 결과 응답자의 대다수(84.3%)가 무기력감과 우울증을 느끼고 있다고 밝혔다. 그 이유로 진로 고민, 직장과 일 문제, 경제적 어려움으로 꼽았다. 청년 세대야말로 우리 사회의 10년 후 모습을 그려낼 바로미터다. 그들이 겪는 우울감은 10년 뒤 우울한 대한민국의 모습으로 돌아올 것이다. 이런 의미에서 우리 역사상 가장 잘 준비된 세대이면서 가장 불확실한 미래를 살아갈 청년들, 그들의 불안과 가치 지향점을 기성세대의 언어가 아닌 그들의 목소리를 통해 듣는 소중한 기회로 삼고자 했다.

우리 사회가 경제와 민주주의의 성장 과정에서 쌓아온 막대한 경험과 시행착오 위에 팬데믹이라는 엄청난 경험이 덧붙여졌다. 새로운 경험에서 배우지 못하는 사회는 데이터를 아무렇게나 쏟아 넣은 고장 난 인공지능처럼, 위기 때마다 끊임없이 잘못된 신호를 보내며 휘청거릴 것이다. 대전환의 시대, 이제 그 어떤 위기에도 흔들리지 않는 미래의 가치란 무엇인가를 묻고 이를 위해 행동해야 할 때다. 《명견만리: 미래의 가치 편》은 바로 그 질문의 시작이 될 것이다. 이 책과 함께 단 한

번도 경험해보지 못한 미래가 막연한 불안이 아닌 희망적인 상상으로

다가올 수 있기를 기대해본다.

**조정훈** KBS 〈명견만리〉 책임프로듀서

| 차례 |

# 1부 – 대전환 Paradigm Shift

코로나19 사태로 벼랑 끝에 몰린 사람들에게 긴급재난지원금은 가뭄에 단비가 되어주었다. 하지만 일시적인 현금 지원은 미봉책일 뿐, 근본적인 사회안전망 강화가 시대적 요구로 부상하고 있다. 성공의 덫에 빠진 한국 사회는 '눈물의 계곡'을 무사히 건너 복지국가로의 대전환을 이룰 수 있을 것인가.

늘어나는 실업자, 줄어드는 일자리, 치솟는 집값, 확장일로의 양극화. 2000년대 들어 저성장의 길로 접어든 한국 경제에 팬데믹은 결정적 치명타를 날렸다. 침몰하는 우리 경제를 다시 일으키기 위한 파괴적 혁신은 무엇으로부터 가능한가.

팬데믹은 우리 사회를 엄청난 속도로 언택트화하면서 세상을 바라보는 관점을 바꿨다. 사소하고 보잘것없어 보이는 현상들에 거대한 변화의 씨앗이 잉태되어 있을 수 있다. 속도와 안전이 생존을 좌우하게 될 포스트 코로나 시대, 트렌드를 예측하고 위기를 돌파하는 전략을 알아본다.

# 2부 – 청년 New Generation

# 3부 – 기후 Climate

# 4부 – 신뢰 Trust

1부

# 대전환
## Paradigm Shift

明見萬里

# 1장

# 대전환의 시대,
# 다시 복지를 생각하다

—

**복지 없는 성장의 그늘에서 벗어나라**

明見萬里

코로나19 사태로 벼랑 끝에 몰린 사람들에게

긴급재난지원금은 가뭄에 단비가 되어주었다.

하지만 일시적인 현금 지원은 미봉책일 뿐,

근본적인 사회안전망 강화가 시대적 요구로 부상하고 있다.

성공의 덫에 빠진 한국 사회는 '눈물의 계곡'을 무사히 건너

복지국가로의 대전환을 이룰 수 있을 것인가.

# 대전환의 시대, 다시 복지를 생각하다

<blockquote>복지 없는 성장의 그늘에서 벗어나라</blockquote>

## 코로나19의 악몽, 벼랑 끝에 선 사람들

코로나19 대유행 사태는 선진국, 후진국, 개발도상국을 가리지 않고 모든 국가를 위기로 몰아넣고 있다. 2008년 글로벌 금융 위기를 비롯해 이전의 위기들에는 '1929년 대공황 이래 최대 위기'라는 수식어가 붙었다. 지금의 위기는 '대공황 이래 최대'가 아니라 '대공황과 같은 최악'의 수준이다. 코로나 팬데믹이 불러온 강력한 봉쇄령과 록다운(lock down)은 일찍이 경험한 바 없는 미증유의 사태다. 무엇보다 국가가 강제로 소비를 막고 생산을 중단시키는 것은 자본주의 역사상 한 번도 일어나지 않았던 일이다. 그런데 코로나19 이후 2020년 상반기에만 국제통화기금(IMF)에 구제금융을 문의한 국가가 100여 개국이 넘는다. 유엔(UN) 기준 전 세계 195개국 중 절반이 넘는 국가가 심각한 위기 상황에 놓여 있다.

고용 위기도 상당히 심각하다. 국제노동기구(ILO)가 2020년 9월 발표한 보고서에 따르면, 2020년 2분기 전 세계 노동시간이 2019년 4분기 대비 17.3% 감소했다. 이는 주 48시간 노동하는 정규직 일자리 4억 9500만 개에 해당한다. 노동시간이 줄면서 노동소득도 대폭 감소했다. 2020년 전 세계에서 줄어든 노동소득을 모두 합하면 약 4070조 원으로, 전 세계 국내총생산(GDP)의 5.5%에 해당하는 금액이다. 전 세계적으로 5억 명에 가까운 사람이 일자리를 구하지 못하거나, 기본 생계유지에 필요한 소득을 얻지 못해 고통받고 있다는 의미다. 세계은행이 2020년 6월 발표한 〈세계경제전망(World Economic Prospects)〉에 따르면, 개발도상국과 신흥국에서만 1억 명의 인구가 극빈 상황에 처할 것으로 예측됐다. 세계은행은 하루 1.90달러 이하의 수입을 극도의 빈곤으로 정의하고 있다.

이러한 충격은 물론 한국도 예외는 아니다. 2020년 11월 통계청이 발표한 〈10월 고용동향〉에 따르면, 2020년 10월 실업자 수는 전년 동월 대비 16만 4000명 늘어난 102만 8000명이다. 여기에 구직활동을 하지 않는 잠재적 실업자도 1년 전보다 24만 7000명 늘어난 235만 9000명이다. 2020년 9월 한 여론조사 기관에서 직장인 1000명을 대상으로 조사한 바에 따르면, 소득 격차에 따른 실직 경험의 차이도 크다. 월 소득 150만 원 이하면 월 소득 500만 원 이상인 고임금 노동자보다 실직할 가능성이 9배나 높았다.

산업별로 보면 개인서비스업과 유통서비스업에서 가장 많은 실업자가 발생했다. 특히 방문판매원, 가전제품 설치기사, 화물차주, 학원 강사, 학습지 교사 등 소시민들이 큰 타격을 받았다. 전국서비스산업노동조합연맹의 조사에 따르면, 방과후 교사의 월 소득이 216만 원에서 코로나19 이후 13만 원으로 줄었고, 10명 중 8명은 아예 소득이 '제로'가 되었다. 초등학생 두 아들을 둔 김경선 씨 역시 생계가 벼랑 끝으로 내몰린 상태다. 아이들에게 컴퓨터를 가르치는 방과후 교사였던 경선 씨는 코로나19 이후 학교 문턱을 한 번도 넘지 못했다. 일부 정상화된 정규 수업과 달리 방과후 수업은 무기한 연기에 들어갔기 때문이다. 전국 약 13만 명의 방과후 교사들이 경선 씨처럼 생활고와 함께 실직의 아픔을 겪고 있다.

2019년 기준 한국의 자영업자 비율은 24.49%로 경제협력개발기구(OECD) 국가 중 여덟 번째로 높다. 퇴직 후에 어쩔 수 없이 자영업을 선택한 사람이 많았기 때문이다. 자영업은 고용시장의 '마지막 비상구'와 같은 역할을 해왔다. 그런데 코로나19로 가장 큰 타격을 받은 사람이 바로 영세 자영업자들이다.

소상공인진흥공단이 조사한 바에 따르면, 점포 철거를 위한 폐업 지원금을 신청한 사람의 수가 2020년 상반기에만 4526명에 이르는데 이는 6개월 만에 전년도 신청자 수의 70% 수준에 이른 것이다. 통계청의 〈경제활동인구조사〉를 분석한 바에 따르면, 2020년 8월 기준 자영업 종사자 수는 663만 8000명으로 전년 동월에 비해 16만 1000명 감소했다. 경영난으로 직원을 내보낸 자영업자는 더 많아졌다. 고

코로나19로 인해 폐업하는 가게가 늘어 철거 일이 늘었지만, 새로 문을 여는 가게가 없다 보니 철거 과정에서 나온 중고 물품이 팔리지 않아 그대로 쌓여 있다.

용인 없이 '나 홀로 사장'인 자영업자는 419만 3000명으로 6만 6000명 늘어났다.

철거업체를 운영하는 임정균 씨 역시 코로나19로 폐업하는 상점, 카페 등이 늘면서 오히려 일감이 더 많아졌다고 한다. 하지만 철거 과정에서 나오는 중고 물품들을 되팔지 못해 수입은 오히려 줄었다. 새로 영업을 시작하는 사람들이 줄어 물건을 내다 팔기가 힘들어진 것이다. 코로나19 이전에는 영업장을 임대해 재활용센터를 운영했지만 도저히 월세를 감당하지 못해 쫓겨난 신세가 됐다.

서울시에서는 코로나19 이후 자영업자 대책으로 '자영업자 생존자금'을 지급하고, 정부에서도 영업 금지와 제한 등으로 피해를 입은 소상공인과 자영업자에게 '피해맞춤형 지원금'을 지급했다. 이러한 지원금은 이 혹독한 현실에 가뭄의 단비 같은 역할을 했지만 이 정도로는 폐업 절벽에 내몰린 수많은 자영업자들을 구할 수 있는 근본적인 해결책이 되지는 못했다.

# 헬리콥터머니와 긴급재난지원금이 말해주는 복지의 역설

─────

코로나19로 많은 사람들이 공공복지 확대의 필요성을 절감하고 있고, 사회안전망 강화가 시대적 요구로 부상하고 있다. 하지만 현재의 한국 복지 시스템은 이러한 요구를 감당할 준비가 미처 안 되어 있는 것 같다. 지금 우리 사회에 필요한 사회안전망을 확충하기 위해서는 두 가지가 필요하다. 첫째, 실직이나 폐업이 발생하지 않도록 과감한 지원이 필요하다. 둘째, 이미 실직하거나 폐업한 사람들이 기본적인 생활을 유지할 수 있도록 소득을 지원해야 한다. 유럽의 복지국가에서 이미 하고 있는 일들이다.

공공복지를 확대하고 국민에게 안전한 삶을 보장하기 위해서는 '재원'이 필요하다. 국가 재원은 대부분 세금으로 충당된다. 따라서 세금을 올려 재원을 확충하는 것이 그리 간단한 문제는 아니다. 국민에게 세금을 더 내도록 요구하려면 국가가 그 세금을 국민을 위해 쓴다는 믿음이 있어야 한다.

코로나19 경제 위기 상황에서 전 국민에게 지급된 긴급재난지원금은 어땠을까. 1차 긴급재난지원금은 4인 가구 기준 100만 원씩 지급되었고, 전체 14조 3000억 원이 소요되었다. 어떤 사람은 잠시나마 숨통을 틔워줬다고 생각했고, 또 어떤 사람은 국가가 국민을 위해 무언가를 해준다고 느꼈을 것이다. 이번 긴급재난지원금의 가장 큰 역할은 바로 '국가가 국민의 삶을 지키려고 노력하는 모습'을 보여준 것이다. 소비 심리를 자극하고 경제 활성화에 도움이 된 측면도 있지만, 더 중요한 것은 국민이 낸 세금이 국민의 안전과 생존을 지키는 데 쓰인다는 걸 모든 국민이 알고 경험하도록 해준 것이다.

물론 긴급재난지원금을 둘러싼 찬반 논쟁은 여전히 격렬하다. 현금 지원 방식의 한계에 대한 우려가 있는가 하면, 일회성으로 끝내지 말고 모든 국민에게 최소한의 인간다운 삶을 보장해주는 '기본소득'으로 확대해야 한다는 목소리도 있다. 한편에서는 '물고기를 주지 말고 물고기 잡는 법을 알려주어야 한다'는 주장도 있다. 일시적인 재난지원금 방식이든 기본소득을 보장해주는 방식이든 현금을 지원해주는 것보다는 그 예산으로 일자리를 창출하는 것이 훨씬 더 사람들에게 도움이 될 것이라는 주장이다.

물론 현금 지원이 능사는 아니다. 코로나 팬데믹으로 대공황 이후 가장 높은 실업률을 기록한 미국도 엄청난 현금을 풀었다. 고소득층을 제외한 나머지 개인에게 1인당 1200달러(약 133만 원)를 지급했고, 2020년 4월부터 7월까지 4개월간 실업수당 지급에 2500억 달러(약 278조 7750억 원)를 쏟아부었다. 하지만 코로나19 사태가 장기화되면서 일시적인 현금 지원의 한계가 곧바로 드러났다. 생활고에 시달리다 못한 사람들은 거리로 나와 봉쇄를 해제하라며 시위를 벌였다. 코로나19에 감염되는 것보다 굶어 죽는 게 더 두렵다며 일자리를 달라는 요구도 거세게 이어졌다.

이와 반대로 독일에서는 별도의 재난지원금을 지급하지 않았다. 독일 역시 코로나19 확산을 막기 위한 강력한 봉쇄와 사회적 거리두기를 시행했지만, 실업률은 커다란 변동이 없었다. 2020년 4월 미국의

미국 각지에서 생업을 계속할 수 있도록 봉쇄를 해제하라는 요구와 함께 시위가 이어졌다. 시위에서는 '일할 수 없다면 소비도 할 수 없다'며 일자리를 보장해달라는 목소리도 높았다.

최고 실업률이 14.7%까지 치솟은 반면, 독일의 실업률은 3.9%에 불과했다. 독일의 많은 기업과 자영업자 역시 심각한 재정 위기를 겪었지만 미국과는 대응 방식이 확연히 달랐다. 그에 따른 결과도 당연히 달랐다.

　독일 철도회사의 경우 탑승객이 거의 없는 시기에도 운행률을 75%로 유지하며 모든 직원을 지켰다. 봉쇄령으로 8주 동안 완전히 문을 닫아야 했던 식당 역시 한 명의 직원도 해고하지 않았다. 강력한 봉쇄령으로 경제활동이 마비되다시피 한 상황에서도 독일 기업과 자영업자들이 고용을 계속 유지할 수 있었던 것은 쿠어츠아르바이트(Kurzarbeit)라는 노동시간 단축 프로그램 덕분이다. 즉 일하는 시간을 줄이는 대신 급여도 줄이는데, 줄어든 급여의 60~80%를 정부에서 보전해주는 것이다. 독일은 이러한 튼튼한 사회보장제도를 갖고 있었던 덕분에 긴급재난지원금을 지원하지 않고도 고용과 가계가 심각한 타격을 입지 않을 수 있었다.

독일을 비롯한 북서유럽 복지국가에서는 전 국민을 대상으로 한 일회적 현금 지원 대신 기존의 사회보장 시스템을 바탕으로 제도화된 방식으로 대응했다. 코로나19가 장기화되는 국면에서도 북서유럽 사람들의 삶이 상대적으로 안정적일 수 있었던 것은 복지국가라는 튼튼한 안전망이 있었기 때문이다. 반대로 한국과 미국이 재난지원금과 같은 고육지책을 쓸 수밖에 없었던 것은 복지제도가 보편적으로 갖춰져 있지 않았기 때문이다.

## 대한민국, 복지 없는 성장의 덫에 갇히다

———

한국은 지난 60년 동안 유례없는 성장을 이루었다. 세계 최빈국에서 1인당 국민총소득(GNI)이 3만 달러가 넘는 경제적으로 부유한 국가가 되었다. 제2차 세계대전 이후 이만큼 눈부신 성장을 이룬 나라는 한국이 유일하다. 그러나 '기적'이라 불릴 만한 놀라운 경제성장 뒤에는 여전히 허약한 복지 시스템이 그 발목을 붙잡고 있다. 우리나라 경제 규모 대비 복지지출은 여전히 OECD 회원국 가운데 최하위권을 벗어나지 못하고 있다. 그 이유는 무엇일까? 삶의 기본 토대가 흔들릴 만큼 심각한 위기에 직면한 자영업자, 비정규직 등 취약 계층의 사람들이 공적 복지에서 소외되는 이유는 무엇일까? 그것은 한국이 '복지 없는 성장'을 해왔기 때문이다.

1960년대부터 1990년대 초까지는 경제성장을 통해 만들어낸 일자

◆ 한국 산업용 로봇 증가 추이

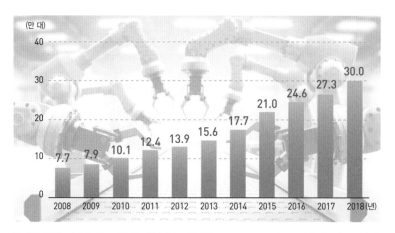

(만 대)

| 2008 | 2009 | 2010 | 2011 | 2012 | 2013 | 2014 | 2015 | 2016 | 2017 | 2018 (년) |
|------|------|------|------|------|------|------|------|------|------|-----------|
| 7.7 | 7.9 | 10.1 | 12.4 | 13.9 | 15.6 | 17.7 | 21.0 | 24.6 | 27.3 | 30.0 |

국제로봇협회(IFR)가 2019년 12월 발표한 〈세계 로봇 현황The World Robotics〉 보고서에 따르면 2018년 한국의 산업용 로봇 가동대수는 30만 대를 넘어섰다. 한국은 전 세계에서 로봇 밀도(노동자 1만 명당 보유 로봇 대수)가 가장 높은 나라다.

리가 저임금 내지 장시간 노동과 결합하면서 빈곤과 불평등을 줄여주었다. 당시에는 경제성장이 가장 강력한 복지 정책이었던 셈이다.

하지만 1990년대 이후 이러한 성장을 통한 복지가 작동하지 않았다. 역설적이게도 성장을 하면 할수록 불평등이 더 심화되는 현상이 나타난 것이다. 특히 1997년 외환 위기를 거치면서 한국은 대기업이 주도하는 수출 중심의 성장체제로 변화했다. 문제는 대기업의 성장이 오히려 일자리를 줄이고 양극화를 심화하는 방식으로 이루어졌다는 것이다. 노동자를 산업용 로봇과 같은 자동화 기계로 대체하고, 더 값싼 부품과 소재를 외국에서 조달하고, 아예 생산 설비를 해외로 옮기기도 했다. 그리고 비용 절감을 위해서 직접 고용 대신 아웃소싱을 늘렸으며, 정규직 대신 비정규직을 늘렸다. 대기업은 성장을 거듭했지만 좋은 일자리는 계속 줄어들 수밖에 없는 구조였다.

안타까운 사실은 외환 위기 이후 고용시장에서 비정규직 일자리가 급속히 늘어났는데도 사회보장제도는 여전히 정기적으로 기여금을 낼 수 있는 정규직 노동자를 중심으로 만들어졌다는 것이다. 고용보험의 예를 들어보자. 2020년 8월 기준 정규직 노동자의 고용보험 적용률은 87.2%이지만, 비정규직 노동자의 가입률은 44.9%에 불과하다. 자영업자의 고용보험 적용률은 2%밖에 되지 않는다. 앞에서 언급했던 방과후 교사처럼 임금근로자이지만 자영업자처럼 사업주와 직접 계약을 맺고 일하는 특수고용직의 경우에는 아예 고용보험 가입 대상이 아니었다(고용보험법 개정으로 2021년 7월부터 특수고용직도 고용보험 가입 대상이다). 불안정 고용 상태에 있는 사람들이 일자리를 잃거나 폐업했을 때야말로 고용보험이 필요한 것인데, 오히려 그런 사람들은 고용보험에서 배제되어 공공복지의 혜택을 받을 수 없었다.

지금 한국 사회에 만연한 불평등과 양극화 문제는 우리가 실패했기 때문에 생겨난 것이 아니라 놀라운 성공의 결과로 만들어진 그늘이다. 미국 스탠퍼드대 경영대학원 제임스 마치(James March) 교수는 기업들이 기존 성공 논리와 강점 때문에 비즈니스 모델을 혁신하지 못해 '성공의 덫(success trap)'에 빠진다고 지적했다. 이는 지금 한국 사회에도 적용된다.

그렇다면 어떻게 해야 '성공의 덫'에서 벗어날 수 있을까? 과감한 패러다임의 전환이 필요하다. 기존의 성공 논리인 대기업 중심, 수출 중심의 성장 체제에서 벗어나야 한다. 성공의 덫에서 빠져나와 더 좋은 사회로 가기 위해서는 필연적으로 고통의 시간을 견뎌야 한다. 인하대학교 사회복지학과 윤홍식 교수는 이를 '눈물의 계곡'이라고 표현하면서 이렇게 설명했다. "기업이 로봇 대신 노동자를 고용하기 위해서는 고숙련 노동자가 많아야 합니다. 고숙련 노동자를 배출하려면 기업에서 투자를 해야 하고 기다려주어야 합니다. 대기업 주도의 산업 체제에서 벗어나려면 중소기업과의 협력이 필요합니다. 경쟁력 있는 중소기업들이 대기업의 자리를 대신하려면 역시나 투자와 시간이 필요합니다. 이것이 눈물의 계곡입니다."

'눈물의 계곡'을 건너는 동안 실업·빈곤 문제가 더 악화될 수도 있다. 더구나 코로나19는 '불평등'이라는 위기를 폭발시키는 기폭제가 될 수도 있다. 많은 경제학자들이 코로나19 이후 많은 국가에서 소득 불평등이 더욱 심화될 것으로 예상하고 있다. 부자는 더욱 부유해지고, 가난한 사람은 더 가난해지는 'K자' 모형으로 경제가 회복될 것이라는 전망이다. IMF의 최근 연구에 따르면, 사스나 메르스, 에볼라 등과 같은 대규모 전염병을 겪고 나면 실제로 불평등이 더욱 심각해질 가능성이 커진다.

여러 가지 어려움이 있겠지만 그렇다고 패러다임의 전환을 미루어서는 안 된다. 지금 한국 사회의 위기는 이미 오래전부터 누적돼온 것이다. 어떤 면에서 코로나19는 이러한 문제들을 해결할 수 있는 계기를 마련해주고 있다. 지금과 같이 사회와 경제가 대전환을 이루는 시기에 필요한 것이 국가의 공적 역할이다. 튼튼한 복지 시스템을 통해 국민의 안전과 생존이 위협받지 않도록 버팀목 역할을 해주는 것, 그

것이 바로 국가가 해야 할 공적 역할이다.

## 튼튼한 복지국가, 스웨덴의 교훈

———

국민이 낸 세금으로 국민의 안전을 보장하는 것, 그것이 복지국가의 기본이다. 다만 오해하지 말아야 할 것은 복지지출을 많이 한다고 해서 반드시 튼튼한 복지국가는 아니라는 점이다. 가령 32쪽 도표처럼 이탈리아와 스웨덴은 GDP 대비 복지지출 비중과 조세부담률이 비슷한 수준으로 높다. 그런데 소득 격차에 따른 불평등과 빈곤 지수를 보면 큰 차이가 있다. 두 국가의 차이에서 우리가 알 수 있는 것은 단순히 복지의 양을 늘리는 것이 아니라, 어떤 복지 정책을 적용하느냐가 중요하다는 점이다. 스웨덴은 보편적 복지를 선택했고, 이탈리아는 그 반대다. 만일 국민이 비슷한 수준의 세금을 내고 국가가 지출하는 복지 비용 규모도 비슷한 조건이라면 우리는 어떤 쪽을 선택해야 할까. 분명한 것은 인간은 누구나 가난한 사람이 적고 평등한 사회에서 삶이 더 안전하다고 느낀다는 점이다.

20세기 초만 해도 스웨덴은 유럽에서 가장 가난한 나라 중 하나였고, 복지지출 규모도 굉장히 낮았다. 스웨덴이 복지를 보편적으로 확대하고 경제와 복지가 선순환하는 구조를 만든 것은 1930년 말부터다. 이전까지 큰 사회적 문제였던 노사 분쟁이 해결된 것이 가장 큰 계기였다. 노동자와 기업주가 서로의 권리를 인정해주기 시작한 것이다.

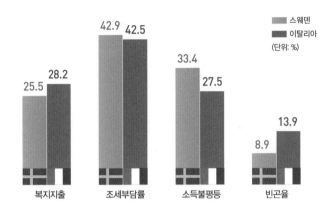

◆ 스웨덴과 이탈리아의 복지지출 비교(2019년 기준)

이탈리아와 스웨덴은 GDP 대비 복지 지출 비중과 조세 부담률은 비슷하지만, 소득 격차에 따른 불평등과 빈곤 지수에서 큰 차이가 벌어진다. (출처 : OECD)

기업주는 노동자가 노조를 만들 권리를 인정해주고 노동자는 기업의 경영권을 인정해주었다.

　튼튼한 복지국가를 만든 덕분에 스웨덴은 1970년대 '오일쇼크'와 같은 경제 위기도 잘 이겨낼 수 있었다. 1990년대 초에도 금융시장을 개방하면서 한 차례 심각한 경제 위기를 겪었지만, 전통적 제조업에서 고부가가치 산업으로 구조적 개혁을 하면서 잘 이겨냈다. 산업 구조를 개혁하는 과정에서 실업자가 폭증하고 고통을 호소하는 기업들이 늘어났지만 결국 패러다임을 전환하는 데에 성공했다. 이와 관련해 말뫼라는 스웨덴의 작은 도시에서 있었던 일화가 유명하다. 1990년대 금융 위기와 더불어 말뫼의 주력 업종이었던 조선업이 무너지게 되었다. 그러면서 대규모 실업이 발생했다. 평균 실업률은 16%, 청년층 실업률은 무려 22%까지 치솟았다. 하지만 말뫼는 조선업을 접고 10년 만에 신재생에너지와 IT산업을 주도하는 도시로 다시 태어났다. 이렇게 짧은 시간에 개혁에 성공할 수 있었던 토대는 역시 '복지국가'였다. 국가의 튼튼한 복지제도가 뒷받침하고 있었기 때문에 국민들이 개혁에 따르는 고통을 분담하는 것이 훨씬 수월했던 것이다.

## 국민이 낸 세금이 국민을 위해 쓰이고 있는가

코로나19 사태로 인한 피해가 확산되고 위기가 장기화되면서 국가의 공적 역할에 대한 기대와 요구가 동시에 커지고 있다. KBS와 〈시사IN〉이 2020년 5월과 11월에 공동으로 실시한 〈코로나 이후 한국 사회 인식 조사〉 결과에 따르면, 응답자의 60% 이상이 사회보험 확대를 원했고, 특히 코로나19로 인한 소득 감소를 정부가 지원해야 한다고 답했다. 자영업자, 비정규직, 청년 구직자와 취약 계층을 지원해야 한다고 응답한 비율은 각각 45%, 44%, 35%였다. 그런데 코로나19 지원을 위해 세금을 늘리는 것에 대해서는 29%만 찬성하고 56%는 반대했다. 오히려 감세를 해야 한다고 답한 사람도 42%나 되었고, 증세를 해야 한다고 답한 사람은 11%에 그쳤다.

국가의 복지지출을 늘려야 한다고 하면서도 세금을 더 내고 싶지는 않다는 이러한 모순은 왜 발생하는 것일까? 코로나19로 모두의 삶이 더 팍팍해졌기 때문일까? 하지만 코로나19라는 재난 국면에서 '나는 도움을 줄 수 있는 편에 속한다'고 대답한 사람이 49%나 되었던 것을 보면 반드시 그런 이유만은 아닌 것 같다. 그보다는 국가에 대한 시민의 신뢰도와 더 많은 관련이 있을 수 있다. 우리는 '국가가 세금을 국민을 위해 잘 쓴다'는 경험을 한 적이 거의 없기 때문이다.

앞서 살펴본 스웨덴의 복지정책이 성공할 수 있었던 요인은 국민으로부터 걷은 세금을 보편적 복지로 모든 국민에게 정확하게 돌려준 것이었다. 하지만 우리는 '내가 낸 세금에 비해 나한테 돌아오는 혜택은 적다'라는 인식이 강하다. 의료 복지를 예로 들어보면, 우리나라 공적 보험인 국민건강보험의 보장률은 2008년 62.6%에서 2018년 63.8%로 10년째 제자리걸음 수준이며, OECD 평균인 80%에 비해서도 낮은 수준이다. 보장률이란 우리가 지불해야 하는 의료비용 중에서 직접 부담 없이 얼마나 보장을 받느냐를 비율로 나타낸 것이다. 국민건강보험의 보장률이 낮다는 것은 건강보험 적용을 받지 못하는 '비급여' 항목이 그만큼 많다는 의미이기 때문에, '내가 건강보험료를 꼬박꼬박 내는데 왜 이렇게 치료비가 많이 나오지?' 하는 경우가 생기게 된다. 그러니 민간 의료보험에 대한 의존도가 높아질 수밖에 없다.

복지국가에서는 무엇보다 세금에 '의무'보다는 '연대'의 개념으로 접근한다. 세금이라는 제도를 통해 서로가 서로에게 주거, 의료, 교육, 고용 등 삶의 전반적인 측면에서 도움을 주고받는 것이다. 여기에서 국가는 이 세금을 갖고 복지제도를 잘 운영하는 주체일 뿐이다. 다음 표와 같이 한국의 복지지출 규모와 조세부담률은 OECD 평균을 한참 밑도는 수준이다. 튼튼한 복지국가로 가기 위해서는 증세가 불가피하

한국의 복지지출 규모와 조세부담률은 2019년 기준 각각 12.2%, 27.38%로, OECD 평균인 20.0%, 33.84%를 한참 밑도는 수준이다. (출처 : OECD)

다. 증세 없는 복지는 없다. 물론 무조건 증세를 하는 것도 답은 아니다. 패러다임을 전환해 세금의 연대적 가치를 확대해야 한다.

　국가의 복지제도는 가능하면 사각지대가 없어야 한다. 그러려면 보편적 복지가 되어야 한다. 복지가 취약 계층에만 집중되면 중산층은 그 복지를 원하지 않게 되고, 민간 의료보험처럼 시장에서 자기가 원하는 다른 복지 상품을 구매하려고 한다. 따라서 복지는 취약 계층, 중산층을 포함한 모든 국민을 위한 복지가 되어야 한다. 그래야 세금을 올려도 복지가 성공할 수 있다.

# 성장 동력은 안정이 보장된 삶에서 나온다

─────

이제 우리는 더 이상 과거의 방식으로는 성장할 수 없게 되었다. 이제는 인식의 전환, 사회적 패러다임의 전환을 통해 새로운 길을 찾아야 한다. 새로운 길을 개척해서 성장을 이루려고 할 때 가장 중요한 것은 무엇일까? 바로 '창의력'이다. 경제학에서는 일반적으로 '혁신 역량'이라고 부르는 것이다. 그렇다면 국민의 혁신 역량을 어떻게 높여야 할까.

국민의 혁신 역량, 특히 청년들의 창의력을 키워주기 위해서는 '내가 어떤 꿈을 꾸어도, 내가 어떤 실패를 해도 나를 지켜주는 국가가 있다'라는 신뢰가 있어야 한다. 국민들에게 '무엇이든 자신이 하고 싶은 일을 할 수 있는 환경'을 만들어주는 것이 창의력, 혁신 역량을 키우는 지름길이다. 새로운 성장을 이끄는 혁신은 이런 창의적인 국민들이 모였을 때에만 가능하다.

윤홍식 교수는 핀란드 교육청을 방문했다가 굉장한 충격을 받았던 일을 들려준다. "핀란드 교육청 관계자에게 핀란드 청년들의 고민이 뭐냐고 물었습니다. 처음에는 핀란드 청년들에게는 고민이 없다고 답했습니다. 속으로 생각하길, '그래, 좋은 복지국가니까 고민이 없겠지. 국가에서 다 해주니까' 이랬습니다. 그런데 잠시 후에 고민이 있다는 거예요. 바로 '세계 평화와 기후변화'가 고민이라는 겁니다. 충격을 받았습니다. 제가 우리 학생들에게 고민을 물어보면 99.9%는 취업이라고 답합니다. 그 차이가 어디에서 오는 건지 고민해봤습니다. DNA

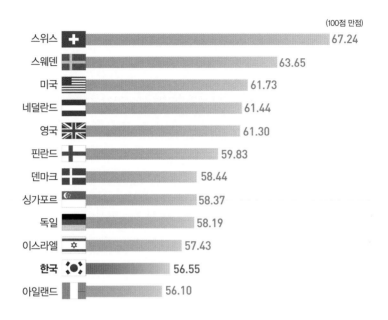

◆ **국가별 혁신 지수**(2019년 기준)

(100점 만점)

|  |  |
|------|------|
| 스위스 | 67.24 |
| 스웨덴 | 63.65 |
| 미국 | 61.73 |
| 네덜란드 | 61.44 |
| 영국 | 61.30 |
| 핀란드 | 59.83 |
| 덴마크 | 58.44 |
| 싱가포르 | 58.37 |
| 독일 | 58.19 |
| 이스라엘 | 57.43 |
| 한국 | 56.55 |
| 아일랜드 | 56.10 |

(출처 : 세계지적재산권기구)

의 차이일까요? 핀란드 청년들이 유독 이타적이고, 한국의 청년들이 이기적인 걸까요? 저는 사회구조의 차이라고 생각합니다. 저는 핀란드 청년들의 고민은 그들이 얼마나 안전한 사회에서 살고 있는지를 보여주는 중요한 상징이라고 생각했습니다."

2019년 기준 튼튼한 복지국가인 독일, 스웨덴, 덴마크, 핀란드는 1인당 국민총소득이 높을 뿐만 아니라 혁신지수도 최상위권이다. 세계지적재산권기구(WIPO)가 발표한 '2019년 글로벌혁신지수'를 보면, 스웨덴이 2위, 덴마크가 6위, 핀란드가 7위다. 이들 복지국가의 혁신은 우리처럼 물량 투자에 의존한 것이 아니다. 국민들의 창의적 도전이 빚어낸 결과다. 실패해도 내 삶이 안전하다는 보장이 있을 때 사람들은 두려움 없이 창의적인 도전을 할 수 있다. 실패를 거치지 않는 혁신은 없기 때문이다. 혁신의 기본은 안정성이다. 안정된 기반에서 혁신을 시도할 수 있고, 이러한 혁신을 통해 국가 경쟁력이 높아진다. 결국 국가의 성장과 복지는 영향을 주고받으며 함께 갈 수밖에 없는 불가분의 관계에 있다.

한편에서는 혁신이 오히려 불평등을 강화할 수도 있다는 우려가 나오기도 한다. 문제는 소수의 대기업을 중심으로 혁신이 이루어질 경우다. 특히 최근에 급성장하고 있는 4차 산업혁명 기술 관련 기업들에만 혁신이 집중되어서는 안 된다. 그렇게 되면 기술과 효율 중심의 성장이 중요한 과제가 되어 또 다른 불평등을 양산하게 된다. 국민 모두가 안심할 수 있는 복지국가로 성장하기 위해서는 모든 구성원의 혁신 역량을 높여야 한다. 그리고 '모두의 혁신'이라는 나무를 뿌리처럼 받쳐줄 수 있는 것은 튼튼한 복지국가다.

## 우리가 원하는 복지국가는 어떤 모습인가

그렇다면 우리가 원하는 복지국가란 어떤 모습일까? 윤홍식 교수는 한국 사회가 지향하는 복지국가의 모습을 이렇게 제시한다. "제가 생각하는 복지국가는 두 가지로 말씀드릴 수 있습니다. 하나는 대한민국에 살고 있는 사람 누구나 실업, 질병, 돌봄, 노령 등 사회적 위험에 처해도 기본생활을 보장받는 겁니다. 적어도 빈곤하지는 말아야죠. 두 번째는 부모 찬스 없이 일용직 노동자의 자녀나, 전문직 종사자의 자녀나 모두가 평등한 기회를 갖는 겁니다."

디지털 전환 시대를 위한 정책 실험실 LAB2050 이원재 대표 역시 비슷한 취지로 미래형 사회보장에 대한 비전을 제시한다. "경제 일변도의 성장이 지금 우리에게 꼭 필요한 것인지 다시 생각해야 합니다. 사회적 가치를 중심으로 성공을 새로이 정의할 필요가 있습니다. GDP와 경제성장률의 대안으로 사회의 진보를 보여주는 새로운 지표를 만들어야 하고, 이를 기준으로 가치를 재구성해야 합니다. 그런 점에서 긴급재난지원금은 타임머신을 타고 미래에서 날아온 미래형 사회보장의 상징일지도 모릅니다. 코로나19라는 바이러스를 타고 와서 미래 사회의 한 단면을 잠깐 보여주었다고 할까요. 그 미래 사회란 기본소득과 기본생활이 다 보장되는 사회, 사람들이 생계 때문에 고민하지 않고 가치 있는 일을 찾아서 자발적으로 일하는 사회입니다."

이런 모습을 한 번 상상해보자. 여기 의자가 3개 있다. 사람은 6명이다. 음악이 흐르다 멈추면 재빨리 의자에 앉아야 한다. 세 사람만 의자에 앉을 수 있고, 의자를 차지하지 못한 세 사람은 원 밖으로 나가야 한다. 여섯 사람에게 다시 1년의 시간을 주었다. 사람들은 헬스클럽에 가서 운동도 하고 닭고기도 열심히 먹으며 근육을 키웠다. 다시 게임이 시작되었다. 의자의 수는 여전히 3개뿐이다. 지난 1년간 치열하게 노력했지만, 세 사람은 여전히 의자를 차지하지 못한다.

아무리 노력해도 결국 의자를 차지할 수 없는 사람이 절반이나 되는 사회가 과연 행복할까? 그런 사회에서 살아가는 사람들에게 희망이 있을까? 의자에 앉지 못한 사람은 앉지 못해 불행하고, 의자에 앉은 사람은 언제 밀려날지 몰라 불안할 것이다. 모두가 열심히 노력하지만, 누구도 행복할 수 없다. 사실 이것이 지금 대한민국의 모습이다.

코로나19 위기는 '국가'란 무엇인지 우리에게 묻고 있다. 남들보다 먼저 의자에 앉으라고 경쟁을 부추기는 것이 국가의 역할일까. 아니다. 노력하면 누구나 앉을 수 있게 의자의 수를 늘리는 것이 국가가 해야 할 일이다. 국민이 어려울 때 손을 잡아주고, 넘어지면 손을 잡아 일으켜 세워주는 친구가 되어야 한다.

세계에서 가장 높은 자살률, 노인 중 절반이 빈곤한 사회, 점점 심각해지는 불평등, 노력보다 부모 찬스가 더 중요한 사회, 이런 사회로 다시 돌아가서는 안 된다. 코로나19라는 거대한 위기는 이제 패러다임 전환을 엄중하게 요구하고 있다. 이 전환에 실패한다면 대한민국의 지속 가능성을 보장할 수 없을 것이다. 대전환 없이는 미래도 없다.

# 복합 위기의 시대에
# '대전환'을 말하는 어려움

이태경 PD

좋아하는 시가 하나 있다. 터키 시인 나짐 히크메트(Nazim Hikmet)의 〈진정한 여행〉이다. "최고의 날들은 아직 살지 않은 날들 / 가장 넓은 바다는 아직 항해되지 않았고 / 가장 먼 여행은 아직 끝나지 않았다. / 무엇을 해야 할지 더 이상 알 수 없을 때 / 그때 비로소 진실로 무엇인가를 할 수 있다./ 어느 길로 가야할지 더 이상 알 수 없을 때 / 그때가 비로소 진정한 여행의 시작이다." 코로나19가 세계를 강타한 2020년 초, 나는 이 시를 되새겨보곤 했다. 그 어느 때보다 한치 앞을 내다보기 힘들고 불안한 시기, 대한민국을 대표하는 미래 어젠다 강연 프로그램인 〈명견만리〉를 기획하고 있었기 때문이다. 기후 위기와 팬데믹, 저성장 등 한 번도 경험하지 못한 위기가 중첩되어 쓰나미처럼 몰려오는 상황. 미래에 대한 통찰과 대안이 절실할수록 〈명견만리〉 기획도 어렵고 힘들었다.

2020년은 1970년대 경제개발계획 이래 세 번째로 맞는 마이너스 성장의 해였다. 첫 번째 해는 1980년으로 석유파동과 쿠데타를 겪으며 경제성장률이 −2.1%를 기록했으며, 두 번째는 국가부도를 선언하고 IMF 구제금융을 받고 난 1998년으로 −5.5%을 기록했고, 그리고 22년 만인 2020년 −1.1%를 기록했다. 역성장의 역사는 정말 힘들고 고통스러운 시간을 상기시킨다. 이 단순한 숫자가 많은 이들의 한숨과 피눈물을 품고 있다. 모든 경제 주체들이 살아남기 위해 구조조정을 하고, 소득과 자산이 폭락한다. 자살률이 늘어나고 경제적 문제로 인해 가정이 파탄나며 사회 전반이 침체되고 우울감에 사로잡히게 된다. 마이너스 경제의 그림자가 짙게 드리우는 시기에 미래를 이야기한다는 것이 무모하지 않은가. 게다가 코로나19 이전부터 저성장 기조에 접어든 한국 경제는 구조적 불황에 대한 우려가 컸다.

2장에서 언급하겠지만 한국의 대표적 트렌드 전문가인 김난도 교수는 "코로나 시대는 방향이 아니라 속도가 중요하다"고 주장했다. "코로나는 유예된 위기를 폭발시키는 방아쇠와 같다"며 지금이야말로 미래에 대한 통찰이 가장 중요한 시기라고 했다. 그는 세계 최초로 '언택트(untact)'라는 단어를 만들면서 비대면 경제로 전환할 필요성을 언급한 바 있다. 홈코노미, 편의점 전성시대, 슬세권 등 각종 트렌드들이 실은 10년 전부터 우리 곁에 와 있었다는 사실이 놀랍다. 트렌드를 안다는 것은 작은 변화가 가지는 힘과 방향을 파악하고 대응하는 일이라는 것을 새삼 깨닫게 된다.

미래에 대한 지식이 삶의 질과 연결될 수 있다면, 이번 시즌 〈명견만리〉의 성패는 코로나 시대가 가져올 변화를 얼마나 설득력 있게 전하는가에 달려 있다고 생각했다. 과연 〈명견만리〉가 우리 사회 위기 극복을 위해 제시할 수 있는 어젠다가 무엇일까?

아무리 고민해도 답을 찾지 못하던 어느 날 막내딸이 이런 말을 했다. "아빠, 우리 마스크 벗기 어려울 것 같아. 메르스를 겪은 지 3년인데, 코로나가 2020년에 시작해서 2021년까지 마스크를 쓰고 있어. 만약 2022년에 마스크를 벗으면 3년이니 바로 다른 전염병이 올 때잖아? 또 다른 전염병이 오면 바로 마스크를 써야 하잖아." 뒤통수를 얻어맞은 것 같았다. 아, 이제 위기를 벗어나지 못한 채 항상 위기를 디폴트로 여기고 살아야 하는구나.

'팬데믹의 일상화', '복합 위기의 상시화'. 미래 세대에게 삶이 얼마나 신산하고 고통스러울지 그려보았다. 그래도 삶은 계속 되어야 하고, 뭔가 발전된 형태로 미래를 개척해나가야만 우리가 희망을 품을 수 있는 것 아닌가. 크게 의심해야 크게 깨닫는다고, 이번 기회야말로 근본적인 변화를 꿈꾸어야 할 때라고 생각했다. 코로나 이전 'N포세대'니 '헬조선'이니 하던 암울한 현실로 다시 회귀하는 것은 바람직하지 않다. 경제성장률이 마이너스에서 플러스로 바뀐다고 해서 사람들의 삶이 나아질 것이라고 보진 않는다. 위기 속에서 새로운 생각을 찾아낼 때만이 과거로의 회귀가 아닌 새로운 미래를 만들 수 있을 것이다.

　궁리 끝에 '새로운 사회를 여는 대전환'을 주제로 이번 시즌 〈명견만리〉의 콘셉트를 정했다. 지금이야말로 경제와 기후 위기, 복지체제 등 사회 전체의 흐름을 제대로 바로잡을 기회라는 생각이었다. 그 다음은 국민들이 믿을 수 있고 한국 경제에 대한 풍부한 경험과 식견을 지닌 최고의 전문가를 모시는 일이 프로그램에서 가장 중요한 일이었다. 1부 '대전환' 편에는 윤홍식 인하대학교 사회복지학과 교수, 김난도 서울대학교 소비자학과 교수, 그리고 김동연 전 경제부총리를 섭외했고, 기대했던 바와 같이 이들 연사 모두 한국 경제가 나아가야 할 길에 대한 매우 중요한 통찰을 전해주었다.

　특히 이 책에서는 사정상 실리지 못했으나 KBS 〈명견만리 Q100〉 3회 '한국 경제의 킹핀을 찾아라'(2020년 11월 22일 방송) 편에 출연하여 깊이 있는 강연을 전한 김동연 전 부총리와의 만남을 꼭 언급하고 싶다. 김 전 부총리는 야간 상업고등학교 출신으로 30년간 기획재정 부서에서 일하며 대한민국 경제 정책의 수장까지 오른 입지전적인 경제 전문가이자, 아주대학교 총장 재직 시 격의 없는 소통과 창의적인 교육 프로그램으로 대표적인 청년 멘토였으며, 최근에는 '유쾌한 반란'이라는 사회적 기업이나 혁신 스타트업을 지원하는 모임을 이끄는 혁신가이기도 한다.

　그와의 첫 만남에서 2017년 부총리 시절에 국가신용등급 유지를 위해 세계 신용평가사를 설득한 이야기를 들었는데 정말 매력적이었다. 그해는 대북 리스크로 인한 한반도 위기설 때문에 신용등급 하향의 우려가 컸다. 국가신용등급이 하락하면 국채 이자율이 올라가고 주요 기업들의 자금 조달도 어려워지며 주식 시장에도 악영향을 줄 수 있다. 당시 대한민국의 거시경제를 책임지는 장관인 그의 어깨가 무거웠다. 그는 신용평가사를 찾아가 정부의 경제정책 방향, 가계 부채, 재정 건전성, 국채 관리 등 수많은 데이터를 제시했지만, 마지막 한마디가 결정적이었다고 한다. "나는 우리 경제에 대한 강한 확신이 있다." 때론 수많은 데이터보다 진정성 있는 한마디 말이 사람의 마음을 움직일 수 있는 것인가.

출연을 망설이는 그에게 〈명견만리〉와 함께 대한민국 경제의 희망을 그려보자고 마음을 다해 청했다. 그 마음이 통했던지 망설이던 김전 부총리가 섭외를 수락했다. 섭외는 어려웠지만 제작 기간 동안 그가 보여준 열정과 진정성은 기억에 남는다. 전국 방방곡곡 강의를 다니고 저술 작업을 하는 바쁜 일정에도 제작진과 10시간 넘게 회의를 하곤 했다. 강연 한마디, 한마디가 국민의 가슴에 닿도록 하려는 그의 마음을 엿볼 수 있었다.

솔직히 말하자면 처음 그의 강의는 지극히 평이하고 상식적이라고 생각했다. 연출가 입장에서는 시청자의 관심을 끌만한 콘텐츠를 담아내고 싶었지만, 아무리 제작을 책임지는 PD라고 해도 경제부총리를 역임한 최고 전문가에게 수정을 요청하기는 여간 신경 쓰이는 일이 아니었다. 무슨 말을 어떻게 해야 할지 며칠을 궁리한 끝에, "이번 강의는 경제 혁신인데 '공감'만 너무 강조했으니 구체적인 혁신 이야기를 해주시라"는 요청을 했다. 김 전 부총리는 자신의 새로운 개념인 '공감 혁명'을 제작자인 내가 제대로 이해하지 못한다고 생각하는 것 같았다.

평행선을 긋는 대화를 하는 중에 결정적 한마디에 내 마음이 움직였다. "이 피디님, 제가 혁신 성장을 위해 수십조 원 예산을 편성하는 책임자였습니다. 누구보다 혁신 사업을 잘 파악하고 있지만, '공감 혁명'이 없는 혁신은 무용지물이었습니다. 백날 혁신을 이야기하며 예산을 투입해도 밑 빠진 독에 물 붓기와 같습니다." 그가 무수한 고민과 시행착오 끝에 얻은 결론은 '공감'이었다. 경제 문제의 해법으로 공감을 강조하는 것은 근본적인 변화를 꿈꾸는 열정에서 비롯된 것이 아닐까. 〈명견만리〉의 진정성은 여기에서 나오는 것이리라 확신했다.

그렇다면 왜 경제 혁신에 공감이 중요할까? 더 이상 경쟁과 효율 일변도로 모든 문제를 해결하려는 기존 패러다임은 유용하지 않다. 여기에다 공존과 협력의 가치를 더해 새로운 판을 짜야 한다. 모든 사람들이 혁신을 이야기하다가도 막상 각론으로 들어가면 서로 싸우고 비난하기 바쁘다. 한 치 앞도 나아갈 수 없는 답답한 현실이 혁신을 억누를 때, 진정한 혁신은 자기를 버리고 상대의 입장과 생각을 수용해야 가능하다.

한국 사회는 기존 체제와 관행을 유지하려는 기득권과 승자독식 구조를 타파하고 갈기갈기 찢어진 신뢰를 회복해야만 희망을 찾을 수 있다. 국민 모두가 진영논리를 넘어 기득권을 내려놓을 때 공감은 시작된다. 그래서 공감이 혁신의 전제 조건인 것이다. 사실 너무나 상식적인 이야기이다. 그런데 이를 이뤄내기는 무척 힘들다. 어려운 만큼 우리가 해내면 그 가치가 더욱 높을 것이다. 공감은 새로운 세상을 꿈꾸는 이들의 자각에서 출발한다. 그와 내가 〈명견만리〉에서 함께 품었던 희망은 이곳을 향하고 있다. '부모와 아이들이 감당할 수 있는 경쟁, 패자에게도 가혹하지 않은 사회, 승자와 패자가 더불어 사는 사회.' 한 번도 가지 못한 길이고 어떻게 가는지도 모르지만 그곳으로 향하는 여정은 진정한 항해가 될 것은 분명하다. 〈명견만리〉가 그 출발을 알리는 뱃고동 소리가 되길 바라는 간절한 마음이다.

明見萬里

# 2 장

# 저성장의 한국 경제,
# 향후 생존법은?

—

파괴적 혁신으로 새로운 성장 동력을 찾아라

明
見
萬
里

늘어나는 실업자, 줄어드는 일자리,

치솟는 집값, 확장일로의 양극화.

2000년대 들어 저성장의 길로 접어든 한국 경제에

팬데믹은 결정적 치명타를 날렸다.

침몰하는 우리 경제를 다시 일으키기 위한 파괴적 혁신은

무엇으로부터 가능한가.

# 저성장의 한국 경제, 향후 생존법은?

∨ 파괴적 혁신으로 새로운 성장 동력을 찾아라

## 한국 경제, 무엇이 위기인가

—

코로나 팬데믹으로 많은 사람들이 삶의 터전을 잃었다. 일할 수가 없으니 소득은 당연히 줄어들었다. 2020년 11월 통계청이 발표한 〈가계동향조사〉에 따르면, 2020년 3분기 가구당 근로소득은 347만 7000원으로 2019년 3분기 대비 1.1% 감소했다. 더 큰 문제는 소득하위 20%에 해당하는 저소득 근로자들의 소득이 10.7%나 줄었다는 점이다. 소득불평등과 양극화가 더 심화된 것이다.

소득이 줄어든 사람들은 어쩔 수 없이 지갑부터 닫고 소비를 줄였다. 한국은행이 2020년 12월 발표한 〈금융안정보고서〉에 따르면, 2020년 3분기 기준 가구당 월평균 소비지출은 294만 5000원으로

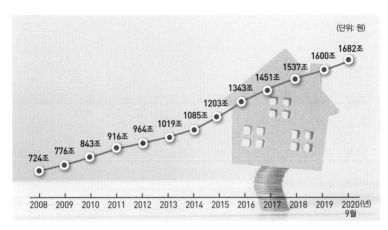

(단위: 원)

724조 776조 843조 916조 964조 1019조 1085조 1203조 1343조 1451조 1537조 1600조 1682조

2008 2009 2010 2011 2012 2013 2014 2015 2016 2017 2018 2019 2020(년)
9월

2020년 3분기 기준 가계 부채는 1682조 1000억 원. 명목 GDP 대비 비율은 101.1%에 이르고 있어, 국가 전체의 수입보다 가계 부채가 더 많아진 것으로 나타났다. (출처 : 한국은행 경제통계 시스템)

2019년 3분기보다 1.4% 감소했다. 이렇게 허리띠를 졸라맸지만 빚은 더 늘어났다. 2020년 3분기 기준 가계 부채는 1682조 1000억 원으로, 2019년 3분기에 비해 7.0%나 증가했다. 명목 GDP 대비 비율은 101.1%에 이른다. 역대 최초로 국가 전체의 수입보다 가계 부채가 더 많아진 것이다.

우리 삶의 토대를 이루는 가장 기본적이면서 중요한 요소는 의식주다. 그리고 의식주는 경제와 밀접한 관련이 있다. 코로나19 위기의 영향에서 벗어나더라도 경제를 살리지 않으면 일반 국민들의 삶은 더 팍팍해질 수밖에 없다. KBS공영미디어연구소에서 '코로나19와 한국 사회의 미래'라는 주제로 설문조사(이하 〈KBS 사회 조사〉)를 실시한 바에 따르면 사람들이 코로나19 상황에서, 그리고 포스트 코로나의 미래 사

◆ 한국의 잠재 성장률 변화 추이

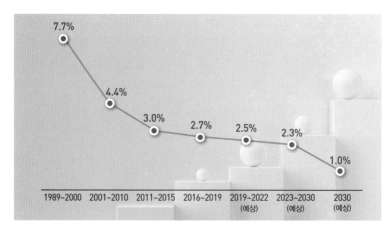

7.7%
4.4%
3.0%
2.7%
2.5%
2.3%
1.0%

1989~2000　2001~2010　2011~2015　2016~2019　2019~2022　2023~2030　2030
(예상)　　　(예상)　　　(예상)

한 국가의 최대 성장 능력을 의미하는 잠재 성장률은 1997년 8.8%에서 2018년 2.7%로 가파르게 하락했다.
(출처 : 한국경제연구원)

회에서 가장 큰 문제라고 생각하는 것은 모두 '경제'였다. 코로나19로 인한 가장 큰 사회문제로 응답자의 65.3%가 '경기침체와 실업'을 꼽았다. 미래 한국 사회의 가장 심각한 문제에 대해서는 응답자의 27%가 '장기적인 저성장으로 인한 경제 불황'을 꼽았고, 23%는 '경제적 불평등'을 꼽았다.

　그렇다면 코로나19 이후 한국 경제의 지속 가능한 성장을 위한 해법은 있을까? 문제는 한국 경제가 이미 1997년 IMF 외환 위기, 2008년 글로벌 금융 위기를 순차적으로 겪으며 저성장 국면에 접어들었다는 것이다. 가계 부채의 지속적인 증가 역시 저성장을 보여주는 징후다. 소비 위축, 투자 둔화, 국가 부채 증가, 수출 부진 등도 한국 경제의 성장력이 둔화되었음을 보여주는 반증들이다. 무엇보다 한 국가의 최대

◆ 본원통화량 변화 추이와 통화유통속도 변화 추이

2002년에만 해도 1에 근접한 수준이던 통화유통속도는 2008년 금융 위기 당시 0.90대가 무너지고 2012년 들어 0.80대도 무너진 뒤 2019년에는 0.60대에 진입했다. (출처 : 한국은행 경제통계시스템)

성장 능력을 의미하는 '잠재 성장률'이 가파르게 하락하고 있다. 1997년 8.8%였던 잠재 성장률은 2018년 2.7%까지 떨어졌다. 2030년대 한국 경제의 잠재 성장률은 1%대로 하락할 것으로 전망되고 있다.

저성장으로 접어든 한국 경제가 역성장으로 가지 않으려면 혁신을 통해 노동과 자본의 생산성을 높이는 것이 급선무다. 그런데 그전에 응급처치가 필요한 부분이 있다. 이른바 '돈맥경화'다. 돈맥경화는 돈의 양은 늘어나는데 돈이 유통되는 속도가 느려져서 생기는 현상이다. 경제에서 혈액에 해당하는 '돈'이 잘 돌지 않고 있다는 의미다. 위의 표에서 보듯이 우리나라 전체 돈의 양은 계속 증가하고 있는 반면에 돈이 도는 속도는 오히려 계속 감소하고 있다. 결국 돈은 많은데 그 돈들이 어딘가에 고인 채 흐르지 않고 있다는 것이다. 이러한 상황은 매우 위중한 경고로 받아들여야 한다. 동맥경화가 우리 몸에 크고 작은 질병들을 만드는 것처럼, 돈맥경화는 국가 경제를 병들게 하기 때문이다.

2020년 6월 말 기준 통화유통속도는 0.62까지 떨어졌다. 코로나19로 인한 경제 위기를 타개하기 위해 한국은행이 기준금리를 낮추면서 역대급으로 돈을 풀었지만, 대부분의 사람들이 혹시 모를 위험에 대비해 자산 축적에 무게를 두고 있기 때문이다. 마땅한 투자처를 찾지 못한 돈은 주식과 부동산으로만 모이고 있는 형편이다. 이런 추세가 지속되면 자산 버블의 위험까지 예상되지만, 실물 경기가 최악으로 치닫는 것을 방어하기 위해서는 불가피하게 유동성을 풀어야 하는 상황이다. 백신 및 치료제가 개발되고 코로나19 위기가 해소된다고 해도 당장 내수 소비가 살아나지는 않으리란 전망이다. 그렇다면 당분간 이러한 진퇴양난이 이어질 수밖에 없을 것이다.

## 하나의 자원에 기댄 국가는 위태롭다

한국 경제의 가장 중요한 성장 동력은 '수출'이다. 수출은 경제성장과 밀접한 관련이 있다. 수출이 늘어 경제가 성장해야 일자리가 생기고, 일자리가 생겨야 내수가 살아나고 돈도 잘 돌아가게 된다. 유동성 과잉으로 자산 버블까지 예상되는 가운데, 수출까지 정상화하지 못하면 한국 경제는 그야말로 사면초가의 상황에 직면하게 될 것이다.

2019년에는 수출액이 5424억 1000만 달러로 2018년에 비해 10.3% 감소했다. 수출 감소율이 두 자릿수로 내려앉은 것은 글로벌 금융 위기의 후폭풍이 거셌던 2009년 이후 10년 만이었다. 가장 큰 영향을 미친 것은 미국과 중국 간의 무역 분쟁이었다. 미·중 무역분쟁으로 세계 교역량이 전체적으로 감소했고, 이에 따른 영향을 한국도 피해갈 수 없었던 것이다. 한국처럼 전체 경제에서 무역이 차지하는 비중이 높은 나라는 주요 무역 상대국의 경기변동이나 세계 경제 상황에 따라 국가 경제가 요동칠 가능성이 크다.

다행히 코로나19 사태에도 2020년 수출액은 5000억 달러를 넘기며 전년 대비 크게 줄지 않았다. 코로나19로 비대면 경제가 활성화되면서 반도체, 컴퓨터, 2차전지 등 IT 품목 수출이 증가하며 버팀목 역할을 해준 덕분이다. 특히 반도체 수출 전망이 매우 밝은 편이다. 2021년 반도체 수출은 1000억 달러를 돌파할 전망이고, 반도체 투자도 중국과 타이완을 제치고 세계 1위로 다시 올라설 것으로 예상된다. 게다가 코로나 팬데믹으로 인한 세계적인 경기 불황에도 반도체는 슈퍼 호황을 맞이한 상태라 한동안 좋은 성적을 낼 수 있을 것으로 기대되고 있다.

그런데 문제는 반도체가 우리나라 수출 비중에서 차지하는 규모가 지나치게 크다는 점이다. 반도체 수출이 전체 수출에서 차지하는 비중이 2013년 10.2%에서 2020년 19.3%로 2배 가까이 상승했다. 이렇게 하나의 산업에 국가 경제가 크게 의존하고 있는 상황은 위태로울 수밖에 없다.

연세대학교 경제학부 성태윤 교수는 "지금이야 우리가 세계 반도

반도체 수출이 전체 수출에서 차지하는 비중은 2013년 10.2%에서 2020년 19.3%로 2배 가까이 상승했다.
(출처 : 산업통상자원부)

체 시장을 휘어잡고 있지만, 언제든 따라잡힐 수 있다"고 말한다. 심지어 중국은 이미 그 준비를 시작했다. 시진핑 주석은 2025년까지 반도체 자급률 70%를 목표로, 총 200조 원을 추가 투자하겠다고 발표했다. 미국이 중국의 반도체 굴기를 저지하기 위해 무역 분쟁까지 불사하고 있지만, 언제까지나 안심하고 있을 수만은 없는 상황이다. 반도체 관련 기술과 부품은 4차 산업혁명을 이끄는 가장 중요한 요소 중하나이기 때문에 중국이 아니더라도 새로운 반도체 강국이 나올 가능성은 얼마든지 있다.

이 상황에서 우리가 할 수 있는 일은 무엇일까? 바로 제2의 반도체, 제3의 반도체를 많이 만들어내는 것이다. 1970년대에 미리 반도체를 준비했던 것처럼 30년 뒤 우리 경제를 책임질 또 다른 산업이 필요하다. 새로운 산업들이 왕성하게 성장하고 작은 중소 벤처기업들이 많아지면 한국 경제의 지속 가능한 성장을 위한 활로를 마련할 수 있을 것이다.

## 도전과 실패를 응원하는 사회

새로운 먹거리를 위한 산업을 키우고 활성화하려면 혁신적인 중소 벤처기업들이 많이 나와야 한다. 그러려면 무엇보다 창업할 수 있는 환경이 중요한데, 그중에서도 창업자들이 두려움에 발목 잡히지 않고 마음껏 도전할 수 있도록 격려하고 지원하는 시스템이 있어야 한다. 혁신적 아이디어가 사장되지 않게 하려면 '실패할 수 있는 자유'를 허용하는 혁신안전망이 뒷받침되어야 하는 것이다.

'젊은 창업자들의 나라'인 미국의 사례를 살펴보자. 엔젤 앤더슨은 로스앤젤레스에서 주목받는 창업자 중 한 사람이다. 억대 연봉을 받는 안정된 직장에 다니다가 네일스냅스(NailSnaps)라는 네일스티커업체를 창업했다. "저는 네일숍에 앉아서 매니큐어가 마르길 기다릴 시간이 없었어요. 그래서 독창적이면서도 저에게 맞는 해결책을 찾고 싶었던 거죠." 그녀는 자신의 경험을 살려 네일숍에 가지 않아도 원하는 사진을 찍으면 손톱 스티커로 만들어주는 휴대전화 앱을 만들었다. 작은 불편을 해결해보려던 아이디어는 곧 사업으로 이어졌고, 도전은 성공했다. 창업 4년 만에 전 세계 30여 개국에서 주문이 들어왔고, 나이키,

아디다스와 같은 유명 패션 브랜드와 협업했다.

엔젤 앤더슨은 로스앤젤레스가 창업자들에게 '필요한 지원을 받는다는 느낌을 주는 곳'이라고 표현한다. 일례로 그녀는 로스앤젤레스 시에서 주관하는 'GREAT 100'이라는 미용 및 패션 액셀러레이터 프로그램에 참여할 수 있었다. 이 액셀러레이터 프로그램은 엔젤 앤더슨과 같은 여성 창업자들을 적극적으로 지원해주었다. 실패가 두렵지 않았냐는 질문에는 이렇게 대답했다. "실패에 대한 생각은 제가 더욱 열심히 노력하게끔 만들었어요. 다소 두렵긴 했지만, 도전을 멈출 만큼 두렵진 않았어요. 사실 지금도 이전의 직장으로 돌아가서 일할 수 있거든요. 그렇지만 여성들에게 더 나은 삶을 제공할 수 있다는 것이 저를 더욱 열정적으로 이 일에 매달리게 했어요."

숙취음료업체 모어랩스(More Labs)의 창업자인 이시선 대표는 페이스북과 우버를 거쳐 테슬라에서 일하고 있었다. 한국을 방문했다가 숙취음료의 효능에 반해 20대의 나이에 창업을 결심했다. 창업 아이디어를 들은 회사 경영진은 되레 그의 사업을 독려했다. 초기 자금을 지원했을 뿐만 아니라 "실패하면 돌아와도 된다"는 약속도 해주었다. 이시선 대표는 어떻게 창업을 결심하게 되었냐는 질문에 이렇게 답했다. "구글이나 페이스북 같은 회사를 보면 환경 자체가 그런 도전을 하도록 부추기는 경향도 있어요. 좋은 회사에서 안정적인 생활을 하라고 하는 게 아니라 나가서 도전해보라고 말하거든요. 창업 생태계 안에 네트워킹이 잘되어 있어서 서로 무료 컨설팅도 해주고 투자도 적극적으로 해주고 그러는데, 이런 문화도 도움이 많이 되고요."

미국에서 큰 인기를 얻은 숙취 해소 음료 '모닝 리커버리'를 개발한 모어랩스는 2명의 공동 창업자로 출발해 1년 만에 직원 20명을 채용하며 중소 벤처기업으로 발전했다.

모어랩스의 비전은 젊고 진취적이다. 매년 미국에서 숙취로 발생하는 경제적 손실이 1700억 달러인데, 이 문제를 해결하겠다는 목표를 선보이자 투자자들이 몰려들었다. 단숨에 800만 달러 유치에 성공했고, 시장조사와 연구를 거친 끝에 '모닝 리커버리(Morning Recovery)'라는 숙취 해소 음료를 출시했다. 모닝 리커버리는 2017년 11월 출시 이후 3년 만에 약 400만 병이 넘게 팔리면서 미국 내 숙취음료업계 1위를 차지했다.

실패해도 좋을 자유를 허용하는 스타트업 문화가 없었다면, 실패를 오히려 좋은 경험으로 인정받아 새로운 기회로 옮겨갈 수 있는 창업 생태계가 없었다면, 구글이나 페이스북과 같은 스타트업 태생의 거대 글로벌 기업이 탄생할 수 있었을까? 세상을 바꾸고 싶어 하는 젊은 기업가들 입장에서 볼 때 한국의 창업 인프라는 아직 여러모로 부족하다. 조금만 삐끗하면 다음 도전이 담보되지 않는 경우가 더 많은 불안한 상태다.

2020년 9월 WIPO가 발표한 〈세계 혁신지수 2020〉 보고서를 보면, 우리나라의 혁신지수는 평가 대상 131개국 중 10위다. 제도, 인적자원 및 연구, 인프라, 시장 성숙도, 사업 성숙도, 지식 및 기술 성과, 창의적 성과 등 7개 항목을 평가하고 분석하는데, 이 가운데 '제도' 항목에서 29위를 기록했다. 제도는 정치 환경, 규제 환경, 사업 환경을 포함하고 있는데, 이 세 가지 측면에서 낮은 점수를 받은 것이다. 이는 기업 수행 연구개발과 기업 연구 인력이 2위, 인적자원과 연구 시스템이 상위권에 머문 것에 비해 크게 뒤처지는 결과로, 제도가 기술혁신을 따라오지 못하고 있다는 방증이다.

이제 우리나라에도 실리콘밸리와 같은 창업자들을 위한 안정적인 생태계가 필요하다. 더 나아가 혁신적 아이디어를 가진 창업자들이 혁신 동력을 잃지 않도록 정책적 노력과 시스템도 뒷받침되어야 한다.

## 세계 3위의 혁신 클러스터, 서울시

물론 서울시를 중심으로 한국에서도 혁신적인 창업 생태계가 조성되고 이를 지원하는 다양한 정책들이 마련되고 있다. 앞의 〈세계 혁신지수 2020〉 보고서는 '100대 과학 클러스터'를 함께 발표했는데, 여기에서 서울이 3위에 올랐다. 중소 벤처기업 1만여 개가 입주해 있는 서울시 창업지원센터, 입주 기업에 대한 멘토링과 교육 및 투자가 한 곳에서 이뤄지는 원스톱 지원 시스템인 서울창업허브, 바이오 분야 스타트업을 발굴하고 지원하는 서울바이오허브, 그리고 인공지능(AI) 산업 특화 지원을 위해 조성된 서울AI양재허브 등이 있다.

2019년 서울바이오허브에 입주한 모노라마라는 스타트업은 메신저를 통해 약물 치료 관리를 하는 '메디스캔'이라는 서비스를 개발했다. 메디스캔을 개발한 모노라마의 김창호 대표는 첫 번째 사업 아이템이 실패한 이후 어떻게 할까 고민하던 차에 당뇨병으로 고생하던 동료 직원이 낸 아이디어로 이 사업을 시작하게 됐다고 한다.

메디스캔은 별도의 앱을 설치하지 않아도 되고 사용이 단순하다. 덕분에 고령의 노인들도 이용이 수월하다. 약국에 비치된 태블릿PC나 휴대전화로 처방전을 촬영하고 개인 휴대전화번호 등 간단한 정보만 입력하면 약을 먹어야 하는 시간에 복약 지도 알림 메시지가 온다. 처방전의 의약품 정보는 인공지능을 통해 서버에 자동 입력되고, 인공지능이 분석한 정보를 기반으로 환자의 약물 치료를 돕는 것이다. 핵심 기술은 해킹을 방지하기 위해 개인 의료정보를 암호화하는 것이다. 모노라마의 기술력은 향후 대형 병원과 지자체의 복지 서비스에도 적극 활용될 예정이다.

김창호 대표는 서울바이오허브의 지원을 받아 기술 개발에만 전념할 수 있었기에 이런 성과가 가능했다고 말한다. "저희는 노무, 재무, 회계 등의 경험과 지식이 없잖아요. 그런데 서울바이오허브에서 그런 것을 지원해준 덕분에 저희는 저희가 잘할 수 있는 부분에만 집중할 수 있었습니다."

또 다른 사례도 있다. 글자를 입력하면 그 내용을 목소리로 바꿔주

글자를 입력하면 그 내용을 목소리로 바꿔주는 더빙서비스 '타입캐스트'를 개발한 네오사피엔스(좌)는 서울
AI양재허브(우)으로부터 다양한 창업 인프라를 지원받았다.

는 더빙 서비스 타입캐스트(Typecast)를 개발한 네오사피엔스다. 이 회사
는 인공지능 시대를 맞아 80여 개의 우수 인공지능 특화 기업들이 모
여 미래 먹거리를 만들고 있는 서울AI양재허브에서 다양한 창업 인프
라를 지원받았다.

이미 문자를 음성으로 변환하는 TTS(Text To Speech) 기술이 있지만, 감정
표현이나 맥락에 따른 운율 변화는 불가능하다는 것이 단점이었다. 타
입캐스트는 TTS의 이러한 한계를 넘어선 진일보한 인공지능 성우 서
비스다. 말의 내용에 따라 감정을 실어서 높낮이도 조절하기 때문에
실제 사람의 목소리처럼 들린다.

네오사피엔스의 김태수 대표는 개인 미디어 콘텐츠 시장이 커가는
것을 보면서 차별화된 기술력으로 도전하면 경쟁력이 있을 것이라고
판단했다. 다만 '시간'이 관건이었는데, 서울AI양재허브에서 해결해
주었다. "대개의 액셀러레이터나 창업 보육 프로그램은 길면 1년, 짧
으면 6개월을 지원해줘요. 그런데 기술혁신 기반 서비스들 같은 경우

환경 위기에 대한 공감이 친환경 소재의 가방을 만들어내고(좌), 시각장애인의 불편에 대한 공감이 점자 스마트워치를 개발할 수 있는 아이디어를 제공했다(우).

개발에서 테스트까지는 1년 이내에 해볼 수 있겠지만, 그렇게 해서 성공을 못 하면 끝이잖아요. 서울AI양재허브에서는 처음부터 2년을 줬어요. 뭔가 시도해보고 안 되면 다른 것도 해볼 수 있도록 충분한 시간을 준다는 것이 큰 장점이었어요."

이러한 사례들에서 보듯이, 서울시의 창업 지원 시스템은 다양한 기술혁신을 돕는 중요한 혁신 안전망 역할을 해주었다. 앞으로 이러한 창업 지원과 생태계 구축을 위한 정책적 노력이 더욱 확대되어야 할 것이다.

## 공감 능력이 곧 혁신 역량이다

모노라마의 김창호 대표는 혁신에 대해 이렇게 말했다. "저는 기술 자체가 혁신이라고 생각하지 않습니다. 여기에 현재의 방식이 있고 저기에 나아가야 할 미래의 방향이 있다고 할 때, 여기에서 저기까지의 과정을 이끌어내는 모든 변화 관리를 혁신이라고 생각합니다."

앞으로 경제에서 가장 중요한 키워드는 '혁신'이 될 것이다. 파괴적 혁신을 통한 고부가가치 먹거리를 찾아내지 않으면 역성장으로 가는 흐름을 막을 수 없기 때문이다. 그런데 김창호 대표의 말에서도 드러나듯이, 혁신은 기술 개발만으로 되는 것이 아니다. 혁신에서 중요한 또 다른 요소는 '공감' 능력이다.

공감은 다른 사람의 상황과 감정을 이해하고 공유하는 능력이다. 혁신은 바로 이 공감 능력에서 나올 수 있다. 소비자의 니즈를 정확하게 파악해야 혁신이 나올 수 있는데, 이때 필요한 것이 바로 공감 능력인 것이다. 그런 점에서 공감은 혁신의 뿌리이기도 하다.

그렇다면 공감 능력이 비즈니스로 이어지면 어떤 결과가 나올까?

㈜아트임팩트는 친환경 패션 제품의 온오프라인 유통과 판매를 도와주는 소셜벤더(social vendor)다. 환경 위기에 대한 '공감'이 새로운 산업과 시장 개척의 길잡이가 되어준 사례다. 지금은 버려지는 페트병을 친환경 섬유로 재활용해 만든 옷이나 가방을 판매하고 있다. 처음엔 친환경 패션을 생소하게 바라보는 사람들이 많아 어려움을 겪기도 했지만 서울시의 지원을 받아 매장을 운영하면서 소비자의 신뢰를 얻게 됐다. 지금은 또 다른 친환경 소재를 개발 중이다.

대부분의 위대한 발명은 불편에 대한 공감으로부터 시작된다. ㈜닷에서 개발한 점자 스마트워치 역시 시작은 시각장애인들이 겪는 작은 불편에 대한 공감이었다. 이 회사가 개발한 점자 스마트워치는 기존의 유리 디스플레이 대신 점자 셀 4개가 들어 있다. 휴대전화와 연결하면 블루투스로 간단한 문자나 SNS 메시지 등을 확인할 수 있다. 서울시의 우수 기업 브랜드로 선정되면서 수출 판로까지 열렸다. 해외 유명 인사들의 선주문으로 화제에 오르는가 하면, 1000억 규모의 해외 기술 납품 계약도 성사되었다. 이제는 더 많은 불편에 공감하며 공공 인프라 개발에 도전 중이다.

㈜닷의 김주윤 대표는 이렇게 말한다. "공감에서 시작해서 한 발 한 발 내딛다 보니까 더 크게 공감할 수 있었고, 모두가 문제로 알고 있는 것들에 대해서 저희가 실제로 혁신이란 말로 시도할 수 있었고, 실제로 변화를 만들 수 있는 자리에까지 올 수 있었습니다."

많은 경제학자들이 동의하듯이, 사회적 자본(social capital)이 풍부한 나라일수록 경제성장률이 높다. 구성원들 간의 협력을 이끌어내는 공감과 신뢰야말로 중요한 사회적 자본이다. 즉 공감과 신뢰가 높은 국가일수록 코로나 팬데믹과 같은 경제적 충격을 잘 이겨내고 지속 가능한 성장을 이룰 수 있다. 특히 공감을 통한 혁신은 경제적 가치와 함께 사회적 가치까지 창출하기 때문에 더욱 지속 가능한 사업 모델을 만들어낼 수 있다.

## 혁신을 가로막는 장벽

2020년(12월 6일 기준)과 2010년 전 세계에서 시가총액 상위 10위에 오

◆ **글로벌 시가총액 10대 기업**(2020년 vs. 2010년)

| 2020년 | 2010년 |
|---|---|
| 1. 애플(Apple) | 1. 엑손모빌(Exon) |
| 2. 사우디아람코(Saudi Arabian Oil Company) | 2. 페트로차이나(PetroChina) |
| 3. 마이크로소프트(Microsoft) | 3. 애플(Apple) |
| 4. 아마존(Amazon) | 4. BHP빌리턴(BHP Billiton) |
| 5. 알파벳(Alphabet, 구글 지주회사) | 5. 마이크로소프트(Microsoft) |
| 6. 페이스북(facebook) | 6. 중국공상은행(ICBC) |
| 7. 텐센트(Tencent) | 7. 페트로브라스(Petrobras) |
| 8. 알리바바(Alibaba) | 8. 중국건설은행(CCB) |
| 9. 테슬라(TESLA) | 9. 로열더치셸(Royal Dutch Shell) |
| 10. 버크셔해서웨이(Berkshire Hathaway) | 10. 네슬레(Nestle) |

른 기업들 가운데 애플과 마이크로소프트를 제외한 8개 기업은 2010년 10위 목록에 이름을 올리지 못했다. 불과 10년 사이에 세계 경제를 이끌어나가는 기업들이 완전히 달라진 것이다. 2010년의 목록에는 석유 기업이 5개이고 IT기업이 2개였지만, 2020년의 목록에는 석유기업이 하나뿐이고 IT기업은 7개다.

 IT 기반의 혁신을 통해 전 세계 기업 지도가 완전히 바뀌는 동안 한국은 어땠을까? 2019년 8월 구글스타트업캠퍼스가 코리아스타트업 포럼 등과 공동으로 펴낸 〈스타트업 생태계 활성화를 위한 스타트업 코리아〉 보고서에는 다소 충격적인 결과가 포함돼 있다. 보고서에 따르면, 2019년 기준 글로벌 누적 투자액 기준 상위 100개 스타트업 중 31곳은 규제로 인해 국내에서 사업이 불가능하거나 제한적으로 가능하다. 빅데이터 기반 신용평가 위캐시(WeCash)와 승차 공유 그랩(Grab) 및 올라(Ola), 블록체인업체 블록원(Block.one) 등 13곳은 아예 한국에 들어올 수조차 없다. 숙박 공유 에어비앤비(Airbnb)와 신용평가 핀테크 크레디트카르마(Credit Karma) 등 18곳은 제한적으로만 영업이 가능하다.

그동안 한국에서는 기술혁신을 성장 동력으로 삼기에는 규제가 너무 많다는 지적이 이어졌다. 4차 산업혁명의 중심은 대기업이 아닌 스타트업이 되어야 하는데, 한국은 스타트업이 태어나고 성장하는 데에 충분한 조건과 환경을 제공해주지 못하고 있는 것이다. 특히 숙박 공유, 차량 공유, 원격 의료, 간편 결제, 로봇 배달 등 해외에서는 크게 성공한 신사업들이 국내에선 걸음마조차 떼지 못하고 있는 형편이다.

차량공유 스타트업이었던 차차크리에이션은 2018년 30억 원의 투자 유치를 앞두고 규제의 벽에 가로막혔다. 렌터카를 이용한 영업 활동을 할 수 없게 한 현행법을 피하기 위해 차량을 호출한 승객이 렌터카 대여자가 되도록 서비스 방식을 새롭게 만들었으나, 국토교통부는 대리운전기사가 승객 유치를 위해 구역 내를 배회하거나 이동하는 것을 택시가 거리에 서 있는 고객들을 태우기 위한 행위와 똑같은 것으로 간주해 영업 중단을 통보했다. 김성준 차차크리에이션 대표는 "법률 자문과 국토부 사전 질의 등 합법성 검토를 충분히 마쳤는데도 여객자동차운수사업법이라는 프레임이 사업을 막고 있다"며 안타까워했다. 2020년 정부는 여객자동차운수사업법을 개정하면서 차차와 같은 차량공유 서비스를 합법화하겠다고 했지만, 실상을 들여다보면 여전히 기존 산업을 보호하기 위한 규제들로 둘러싸여 있다. 그런 이유로 국내에 승합차 호출 서비스를 처음 선보인 타다는 2020년 4월 운행 17개월 만에 기본 서비스를 중단했다.

길도우미 김기사를 개발한 박종환 대표는 2015년에 600억 원이 넘는 가격에 회사를 매각하면서 업계에 신선한 충격을 던졌다. 그는 2018년에는 창업자들을 위한 사무 공간과 지원 서비스를 함께 제공하는 공유 오피스를 열었다. 자신의 창업 경험을 살려 시행착오를 조금이라도 줄이도록 도와주는 역할도 하고 있다. 박종환 대표는 "국내 현행법이나 제도가 기술혁신의 속도를 따라가지 못하고 있다"고 지적하며 이렇게 말했다. "제2의 김기사가 나오려면 창업자들이 마음껏 뛰어놀 수 있는 환경이 무엇보다 필요합니다. 법이나 제도는 어떤 문제가 생겼을 때 해결해주거나 중재해주는 수단이 되어야지 스타트업이 아예 진입조차 할 수 없도록 막는 장벽이 되어선 안 된다고 생각합니다."

혁신은 기존의 틀을 깨고 새로운 것을 만들어내는 것이다. 그러다 보니 기존의 전통 산업에 영향을 줄 수밖에 없다. 전통 산업을 지키기 위한 규제를 고집하면 혁신 기반의 스타트업은 새로운 사업을 시작할 수가 없다. 수조 원의 이익을 낼 수도 있는 유망한 기업들이 규제라는 장벽에 가로막혀 날개를 펴보지도 못하는 것이다. 합리적인 규제는 물론 필요하다. 공공의 이익을 지키기 위한 규제들도 있다. 하지만 전통 산업의 기득권, 밥그릇을 지키기 위한 장벽과 규제들은 이제 해체되어야 한다.

틀을 조금 바꾸는 것이 아니라 틀 자체를 깨버리는 파괴적 혁신이 있어야만 제2의 반도체, 제3의 반도체를 만들어낼 수 있다. 파괴적 혁신은 선을 넘는 것이다. 아니, 아예 선을 지우고 새로 만들 수도 있다. 이런 것이 허용되어야 한다. 그러려면 새로운 생각과 패러다임이 필요하다.

## 새로운 패러다임으로 짜는 파괴적 혁신

———

코로나19와 같은 거대한 재난은 위기이기도 하지만 대변혁과 혁신의 기회이기도 하다. 1929년 대공항을 극복하기 위해 미국의 프랭클린 루스벨트(Franklin Roosevelt) 대통령이 '뉴딜(New Deal)'을 내세웠던 것처럼 말이다. 코로나19로 인한 경제 위기를 잘 극복하고 계속 성장하기 위해서는 그 어느 때보다 강도 높은 혁신이 필요하다. 마이크로소프트 CEO 사티아 나델라(Satya Nadella)는 "코로나19로 2년이 걸릴 디지털 전환이 2개월 만에 이루어졌다"고 말했다. 코로나19 이전과 이후는 우리에게 완전히 다른 방식과 태도를 요구하게 될 것이라는 의미다.

지금 우리가 겪고 있는 경제 위기는 복합 위기다. 지금 우리에게 다가온 위험은 특정한 하나의 요인에 기인한 것이 아니다. 내부적으로는 저성장 국면에 접어들며 경기침체가 계속되고, 세계적으로는 4차 산업혁명과 더불어 산업구조의 전면적인 재편이 진행되고 있다. 미국과 중국과 같은 강대국의 들썩임도 한국 경제에 지대한 영향을 미치고 있으며, 우리는 기후변화와 같은 문제에서도 자유롭지 못한 상황이다.

이런 상황을 타개할 방법은 결국 끊임없는 성장이다. 성장 없는 경제에서는 더 나은 미래를 기대할 수 없다. 우선 경제가 성장하지 않으면 일자리를 만들어내기 어렵다. 경제가 성장한다고 해서 반드시 일자리가 만들어지는 것은 아니지만, 경제성장 없이 일자리를 만드는 것은 어렵다. 그리고 성장은 혁신에서 시작된다. 강도 높은 혁신을 빠르게 이뤄내지 않으면 우리 경제는 한참 앞서 나가는 세계 경쟁 속에서 퇴보할 수밖에 없을 것이다.

변화를 따라가지 못하는 규제의 장벽을 타파하고 국가의 틀을 새로운 패러다임으로 짜는 파괴적인 혁신! 그 혁신의 바람이 불어올 때, 우리는 다시 한번 도약의 기회를 잡을 수 있을 것이다.

# 코로나19가 드러낸 위험한 질서,
# 회복의 시대로 가기 위한 조건은?

이건협 PD

2020년에 코로나19로 인해 극심한 경제 위기를 겪었고 아직도 상황은 진행 중이다. 백신이 보급되면서 2021년에는 상황이 반전될 수 있으리란 전망이 조심스럽게 나오고 있지만, 변이 바이러스의 출현과 백신 독점 등과 같은 문제로 인해 미래 경제는 여전히 불확실성으로 가득하다. 무엇보다 코로나19 위기를 잘 이겨내더라도 이미 오래전부터 한국 경제가 안고 있던 고질적인 문제들은 계속해서 까다로운 장애물로 남아 있을 가능성이 크다.

전 세계에서 코로나19 사망자 수가 가장 많은 국가는 세계 최강대국으로 일컬어지는 미국이다. 2021년 3월에 이미 누적 사망자 수가 50만 명을 넘어섰다. 전 세계 100여 개국에서 2억 명이 넘는 사람이 백신을 맞았고 미국에서도 백신 접종이 빠른 속도로 진행되고 있지만, 또다시 감염률이 치솟는 추세이다. 2020년 마이너스 성장을 한 경제를 살려보겠다고 미국 정부에서는 천문학적인 숫자의 돈을 쏟아붓고 있다. 거기다 미국 연방준비제도이사회(FRB)는 2% 이상의 인플레이션도 용인하겠다면서 금리를 최저 수준으로 유지하고 있다. 미국발 금융시장 버블 현상은 코로나19라는 위기가 겹치면서 더욱 심각한 경보음을 울리고 있다.

2020년부터 2021년 현재까지 미국 다우존스지수와 S&P500지수는 종가 기준 사상 최고치를 몇 차례나 갱신했다. 저금리를 타고 미국 집값에도 불이 붙었다. 2021년 1월에는 주택가격지수가 2006년 이후 15년 만에 최고치를 기록했다는 소식이다. 가상화폐 비트코인 가격은 2021년 2월 사상 최고치인 5만 8000달러(약 6470만 원)까지 치솟았다. 이러한 버블 현상이 나타나는 건 경제를 살리겠다고 시중에 푼 돈이 실물경제로는 가지 않고 금융 시장으로만 몰렸기 때문이다. 이러한 금융 시장 과열 현상은 마치 허물어지기 직전의 도미노를 떠올리게 한다.

현대화폐이론(MMT)을 근거로 기축통화국인 미국 정부가 시장에 돈을 충분히 제공하는 것은 문제가 되지 않는다고 주장하는 학자들도 있다. 하지만 이대로 가다간 버블이 터져버려 2008년 글로벌 금융 위기를 뛰어넘는 커다란 위기가 올 수 있다는 경고의 목소리 또한 만만치 않다. 10년 만기 국채금리가 상승하며 주식시장의 버블 붕괴를 예고하고 있으며, 경기침체의 장기화로 대출금과 임대료를 제때 갚지 못하는 사람이 늘어나면서 부동산 시장에도 빨간색 경고등이 켜졌다.

코로나19는 전 세계가 지금까지 경험하지 못했던 극심한 경기침체를 불러왔다. 세계은행은 2020년 세계 경제성장률이 제2차 세계대전 이후 최악이라고 발표했을 정도이다. 그런데 우리가 여기서 한 가지 주목해야 할 것이 있다. 미국과 유럽 등의 선진국들은 대부분 마이너스 성장을 기록한 반면에, 중국을 포함한 동아시아와 태평양 지역 국가들은 평균 0.9%의 플러스 성장을 기록했다는 점이다.

이런 결과가 나온 이유는 무엇일까? 미국 경제지《블룸버그》가 매달 발표하고 있는 '코로나19 회복력 지수(Covid Resilience Score)'에서 그 단서를 찾을 수 있다. '코로나19 회복력 지수'는 코로나19 방역 체계와 경제활동, 생활 수준 유지 등을 종합적으로 고려해 수치로 환산한 것이다. 2021년 3월 발표된 1~10위 국가는 뉴질랜드, 싱가포르, 오스트레일리아, 타이완, 이스라엘, 한국, 중국, 일본, 태국, 노르웨이다. 10개국 중 6개국이 아시아 국가이며, 한국은 6위를 차지했다.《블룸버그》의 분석에 따르면 백신 접종률이 높은 국가들보다 시민들이 마스크 착용과 거리두기 등 생활 방역에 적극적으로 참여하고 있는 국가들이 훨씬 더 높은 점수를 받았다고 한다. 다시 말해, 개인의 자유도 중요하지만 공동체의 안전을 위해 협력할수록 위기 상황에서 더 빨리 회복할 수 있다는 의미다.

무한경쟁과 적자생존의 논리가 우선하던 기업 경영과 경제 활동도 회복탄력성을 강조하는 방향으로 변화가 일어나고 있다. 이미 많은 기업에서 친환경, 사회적 책임, 지배구조 개선을 바탕으로 하는 투명하고 지속 가능한 경영, 이른바 ESG(Environmental, Social and Governance) 경영을 새로운 성장 전략으로 도입하고 있다. 글로벌 자본시장의 투자 패러다임도 단기 효율성보다는 장기적인 지속 가능성에 방점을 찍는 추세이다. 글로벌지속가능투자연합(GSIA) 통계에 따르면, 2020년 상반기 기준 전 세계 ESG 투자 규모가 2018년 말 대비 31%나 증가했다. 이러한 흐름이 의미하는 바는 이제 단기 이윤만 추구하고 사회적 책임을 외면하는 기업은 더 이상 존속하기 어렵다는 것이다. 특히 탄소 배출을 줄이는 등 친환경 경제활동에 적극적으로 참여하지 않는 기업은 설 자리를 잃고 시장에서 퇴출까지 당할 수 있는 상황이다.

코로나19 팬데믹 상황에서도 독일의 가전업체 M사 근로자들은 단 한 번도 해고될 걱정을 해본 적이 없다. 회사의 경쟁력이 함께 일해온 근로자들에게 달려 있다고 경영진이 믿고 있기 때문이다. 국내의 한 대기업은 협력사에 거래 대금을 1개월 이내에 현금으로 지급하고 있다. 해외시장에도 동반 진출하고 있다. 협력을 통해 상생의 길을 가겠다는 의지이다. 문재인 대통령도 2021년 3월 '상공의 날' 기념식에서 "올해를 ESG 경영 확산의 원년으로 삼자"라고 역설했다.

경제는 여러 주체가 톱니바퀴처럼 얽혀 돌아가는 섬세한 기계와 같다. 코로나19 팬데믹은 그중 어느 하나라도 제대로 기능하지 못하면 모든 시스템이 멈출 수 있다는 경고와 함께 '당신이 살아야 나도 살 수 있다'라는 교훈을 우리 모두에게 일깨워주었다. '신뢰'와 '협력'이라는 사회적 자본을 축적해야만 또다시 닥쳐올지 모를 위기에 잘 대응하고 극복할 수 있는 회복탄력성 역시 키울 수 있다.

어느새 1년을 훌쩍 넘어선, 그리고 언제 끝날지 알 수 없는 코로나 19 위기 상황에서 '경제(經濟)'가 '경세제민(經世濟民)'의 줄임말이라는 사실을 새삼스레 되새겨본다. 진정 우리는 '세상일을 잘 다스려 도탄에 빠진 백성을 구하'고 있을까? 모든 위기의 원인은 출발점을 잊어버리는 데서 시작된다는, 가장 단순하고 명확한 이치를 깨달아야 할 때다.

明見萬里

# 3장

# 속도가 안전이고 생존이다

—

### 포스트 코로나 시대를 준비하는 트렌드 리포트

明見萬里

팬데믹은 우리 사회를 엄청난 속도로 언택트화하면서

세상을 바라보는 관점을 바꿨다.

사소하고 보잘것없어 보이는 현상들에

거대한 변화의 씨앗이 잉태되어 있을 수 있다.

속도와 안전이 생존을 좌우하게 될 포스트 코로나 시대,

트렌드를 예측하고 위기를 돌파하는 전략을 알아본다.

# 속도가
# 안전이고 생존이다

### 포스트 코로나 시대를 준비하는 트렌드 리포트

## 언택트 시대, 휴먼터치의 황금비를 찾아라

—

2020년에 가장 많이 언급된 단어 중 하나가 '언택트(untact)'다. 2018년에 트렌드 전문가 김난도 교수가 처음 만든 말로 사전에는 나오지 않는다. 언택트는 '접촉하다'라는 의미의 컨택트(contact)에서 앞에 con을 빼고 부정을 뜻하는 접두어 un을 붙인 합성어다. 물건을 사는 사람과 파는 사람의 접촉이 없는 상태에서 이루어지는 구매와 소비 경향을 의미한다. 김난도 교수에 따르면, 패스트푸드 매장에서 키오스크(kiosk)로 주문하고, 챗봇으로 상품에 대한 문의를 하고, 배달앱으로 음식을 시켜 먹는 등의 현상을 염두에 두고 만들어진 용어라고 한다.

지금은 어느새 언택트가 대세가 되어버렸고, 앞으로는 더욱 그럴 것

82

이다. 최근에 미국의 대표적인 전자상거래업체인 아마존이 코로나19로 폐점한 백화점들의 공간을 물류창고로 사용한다는 소식이 들려와 화제가 되었다. 앞으로 어떤 혁신이 이루어지지 않는 한 오프라인 유통 비즈니스의 영업장이 언택트 비즈니스의 물류창고로 전락할 수 있다는 하나의 예언이었다.

반면 변신에 성공한 특별한 기업도 있다. 대표적인 유통 체인인 미국의 월마트(Walmart)는 코로나19 상황에서도 무려 20만 명을 신규 채용했다. 월마트의 온라인 매출은 매년 43% 증가하고 있다. 월마트는 2017년 10월에 기업명에 있던 '스토어(store)'라는 단어를 빼버렸다. 온라인과 오프라인을 결합하고 인공지능까지 장착해 완전히 새로운 디지털 스토어를 만들었기 때문이다.

그런데 언택트 시대라고 해서 모든 비즈니스가 언택트로 바뀌어야 하는 것은 아니다. 오히려 언택트와 '휴먼터치(human touch)'를 잘 결합하는 비즈니스가 성공을 거둘 것이다. 가령 동일한 서비스라 하더라도 젊은 고객에게는 비대면으로, 노년층 고객에게는 대면으로 구분해서 제공할 수 있다. 제품 주문은 비대면으로 하지만 관련 서비스는 대면으로 받을 수도 있다. 이렇게 언택트와 휴먼터치가 합쳐진 것을 '미들택트(middletact)'라고 표현하기도 한다. 앞으로는 언택트와 휴먼터치의 결합을 통해 더욱 새롭고 다양한 비즈니스 방식들이 선보이게 될 것이다.

언택트와 휴먼터치의 결합에서 관건은 균형과 조화다. 즉 대면과 비대면의 황금비율을 찾아야 한다. 교육을 예로 들어 살펴보자. 2020년에 우리는 '온라인 개학'이라는 사상 초유의 상황을 경험했다. 그런데 수업은 원격으로 할 수 있어도 우정은 원격으로 쌓을 수 없다. 아이들은 운동장에서 뛰어놀아야 하고, 대학생들도 동아리와 학회에서 훨씬 더 많은 것을 경험한다.

코로나19 사태가 끝나면 교육은 빠른 속도로 제자리를 찾아가겠지만, 수업 방식은 이전으로 돌아가지 않을 가능성이 크다. 대면 수업을 위주로 하면서 온라인 수업이 보조적으로 사용되는 블렌디드 러닝(blended learning), 혹은 온라인으로 먼저 학습한 후에 오프라인에서 선생님과 토론을 하는 플립 러닝(flipped learning)과 같은 다양한 수업 방식이 자리를 잡아갈 것이다.

휴먼터치를 결합한다는 것은 언택트 기술에 '인간미'를 가미하는 것과는 다른 문제다. 직접적인 사람의 손길이 가서 닿아야 한다는 의미와도 좀 다르다. 휴먼터치는 진정한 공감과 감성적 소통으로 만들어진다. 코로나 여파로 침체와 우울감을 호소하는 사회에 필요한 것은 휴먼터치다. 이제는 언택트에 휴먼터치를 어떻게 결합하느냐가 우리 삶의 질에 커다란 영향을 미칠 것이고 비즈니스의 성공까지 판가름하게 될 것이다.


## 새로운 세계, 문제는 방향이 아니라 속도다

───

김난도 교수는 지난 2009년부터 매년 소비 트렌드를 10개의 키워드로 분석한 《트렌드 코리아》라는 책을 펴내고 있다. 지난 10여 년간 발표한 키워드들 중에는 '언택트'처럼 현재의 키워드라고 해도 될 만한 것들이 많다. 가령 2009년의 '다시 집으로', 2010년의 '떴다, 우리 동네', 2012년의 '위기를 관리하라', 2014년의 '판을 펼쳐라'(플랫폼의 시대), 2019년의 '스트리밍 라이프' 등이 그렇다. 코로나19로 인한 새로운 현상처럼 보이는 것들이 사실은 이미 예전부터 우리 주변에 있었던 것이다.

이러한 사실이 의미하는 바는 무엇일까? 바로 코로나19로 인해 바뀐 것은 트렌드의 '방향'이 아니라 '속도'라는 점이다. 코로나19는 새로운 트렌드를 불러왔다기보다 변화의 속도를 앞당기는 방아쇠(trigger) 역할을 했다. 언택트 소비와 비즈니스가 그 이전부터 확산되는 추세였는데 코로나19로 인해 가속도가 붙은 것처럼 말이다.

전염력과 전파력이 강한 코로나19 바이러스 역시 신속한 대처, 즉 '속도'가 매우 중요한 가치임을 우리에게 일깨워주었다. 한국이 코로나19 초기 방역에서 성공할 수 있었던 것도 바로 대규모 인원을 빠르게 진단할 수 있는 여러 가지 새로운 시도들 덕분이었다.

2020년 3월 8일, 구로구 소재 콜센터에서 코로나19 집단감염이 발생했다. 인구밀도가 높은 지역이라 2차 감염으로 이어질 수 있는 비상사태였다. 서울시는 즉시 빌딩을 폐쇄하고 콜센터 전수 조사에 돌입했다. 임시 선별진료소가 설치됐고, 빠른 진단을 위해 워킹스루(walking thru) 방식의 진단 검사가 도입됐다. 콜센터가 있던 건물에서 근무하거나 거주하는 1120명 이상의 사람들 가운데 90%가 3일 만에 검사를 마쳤다. 이런 조기 진단 덕분에 확진자를 빨리 발견해서 격리함으로써 확산을 멈출 수 있었다. 신속 대응이 자칫 대규모 감염으로 번질 수 있는 상황을 막은 것이다.

유엔 산하 자문기구인 지속가능개발솔루션네트워크(SDSN)는 우리나라가 "진단 세팅을 신속하게 함으로써 지역사회 확진자를 초기에 격리했고 1차 유행을 빨리 잠재울 수 있었다"고 평가했다. 대규모 감염병 발생 시 기존 보건의료 인프라도 중요하지만 위기 상황에 얼마나 신속하게 대응하는지가 더 중요하다는 분석이었다. OECD 33개국의 치사율, 재생산지수, 통제 효율성 등 코로나19 방역을 평가한 결과도 발표했는데, 여기에서 한국이 종합지수 0.90을 받으며 1위를 차지했다. 중국에서 감염병이 발생한 초기에 조기 경보를 울린 점, 바이오기업들이 3주 만에 신뢰성 높은 진단 키트를 만들어낸 점, 진단과 추적, 격리가 신속하고 원활하게 이루어진 점 등을 높이 평가했다. 빠르고 혁신적이라는 평가를 받은 K방역의 핵심은 바로 '속도가 안전'이라는 것이다.

## 직주일치, 집과 직장의 결합

＿＿＿＿＿

'속도가 안전'이라는 말은 '속도가 성공'이라는 말로 혹은 '속도가 생존'이라는 말로 바꿔볼 수 있다. 방역 못지않게 우리 일상과 비즈니스에서도 속도가 중요한 경쟁력이 될 것이기 때문이다. 그런 점에서 변

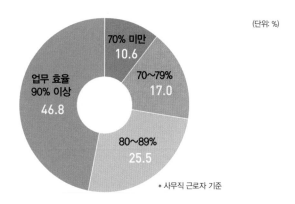

(단위: %)

70% 미만
10.6

70~79%
17.0

업무 효율
90% 이상
46.8

80~89%
25.5

* 사무직 근로자 기준

매출액 상위 100대 기업을 대상으로 재택근무 현황을 조사한 결과, 비대면 근무의 업무 생산성과 효율성이
정상근무 대비 90% 이상이라는 응답이 46.8%에 달했다. (출처 : 한국경영자총협회)

화의 흐름을 남보다 더 빨리 이해하고 미래를 준비하는 것 역시 성공
을 이끄는 아주 중요한 열쇠가 될 수 있다.

  코로나19로 인한 우리 일상의 가장 큰 변화 중 하나는 '재택근무'다.
2020년 9월, 한국경영자총협회는 2019년 매출액 기준 상위 '100대 기
업'을 대상으로 재택근무 현황을 조사한 결과를 발표했다. 비대면 근
무의 업무 생산성과 효율성을 묻는 질문에 긍정적인 반응이 많았다.
46.8%의 응답자는 재택근무의 업무 생산성이 정상 근무 대비 90% 이
상이라고 평가했고, 25.5%의 응답자는 80~89%라고 평가했다.

  2020년 9월 잡코리아가 국내 288개 기업 인사 담당자를 대상으로
조사한 결과 응답자 10명 중 7명이 '포스트 코로나 시대에 재택근무
가 새로운 일하는 방식으로 정착될 것'이라고 답했다. 재택근무가 개

인뿐 아니라 기업 입장에서도 긍정적 경험을 안겨주었기 때문에 코로나19 이후에도 재택근무는 더욱 늘어날 것이다. 뿐만 아니라 근무 형태가 훨씬 더 유연하고 다양해질 것이다.

물론 재택근무가 정착하기까지 아직 넘어야 할 산이 많다. 교육에서 대면과 비대면의 황금비율이 중요한 것처럼 일하는 방식에서도 마찬가지다. 대면 근무와 비대면 근무의 결합이 필요하다. 가령 각자의 성과를 쉽게 측정할 수 있는 업무는 비대면으로 하더라도 상호작용을 통해 의사결정을 하거나 창의력을 북돋울 수 있는 업무는 대면으로 하는 것이 더 효율적일 것이다. 재택근무가 늘어나면 커뮤니케이션, 평가와 보상, 팀워크 등 조직문화에도 커다란 변화가 따를 수밖에 없다.

또한 재택근무를 하게 되면 회사가 아니라 집 주변에서 더 많은 소비를 하게 되므로 주변 상권에도 연쇄적인 반응이 일어날 것이다. 코로나19로 재택근무가 확대되면서 '직장과 주거 공간의 일치'를 의미하는 '직주일치' 개념이 등장했다. 또 재택근무로 집에서 지내는 시간이 많아지자 '슬세권'이라는 단어도 뜨기 시작했다. 슬세권은 '슬리퍼 신고 부담 없이 다닐 수 있는 상권'을 의미한다. 사회적 거리두기로 인해 가능하면 장거리 외출을 하지 않으려는 소비자들의 행동 패턴을 담고 있는 용어다.

슬세권이 뜨면서 가장 매출이 증가한 곳은 바로 동네 편의점이다. 실제로 산업통상자원부가 발표한 〈주요 유통업체 매출 동향〉에 따르면, 2020년 7월 기준 전체 편의점 매출은 3.7% 증가했다. 반대로 대형마트와 백화점, 기업형 슈퍼마켓의 매출은 각각 5.5%, 2.1%, 11.9% 감소했다. 코로나19로 삶의 중심이 집 주변으로 옮겨오면서 동네 편의점은 없어서는 안 될 존재로 자리매김했다. 심지어 편의점을 '우리 집 냉장고'라고 부르는 사람이 있을 정도다. 편의점이 언제든 슬리퍼 신고 가서 물건을 꺼내 올 수 있는 초대형 냉장고가 됐다는 의미다.

## 집의 진화, 살고 싶은 집의 기준이 바뀐다

—

온라인 원격 수업과 재택근무로 인해 집에 머무르는 시간이 많아지면서 일상의 작은 부분들에도 많은 변화가 찾아왔다. 그러면서 집이라는 공간의 역할과 의미에 대해 다시금 생각하게 되었다. 말하자면, '집의 재발견'이 이루어진 것이다. 요즘 텔레비전을 보면 이른바 '집방(집에 관한 TV 프로그램)'이 많아지고 내용도 다양해졌음을 알 수 있다. 낡은 집을 고쳐주기도 하고, 집의 살림들을 정리해주기도 하고, 예산에 맞춰 원하는 집을 구해주기도 한다. 집에 대한 사람들의 관심이 얼마나 커졌는가를 단적으로 보여주는 것이다.

그런데 집에 대한 관심이 커지기 시작한 것은 이미 5~6년 전부터다. 미국이나 유럽 같은 선진국에 가보면 저녁 시간에 거리에서 사람들을 많이 볼 수 없다. 소득이 높은 나라일수록 집에 머무는 시간이 늘어나는 것이다. 우리나라도 소득이 높아지면서 집에 대한 관심이 커지고 있었는데, 이번 코로나19 사태로 그 속도가 극적으로 빨라졌다.

특히 주거뿐 아니라 업무, 공부, 운동, 취미 등 모든 것을 집에서 해

홈오피스와 홈스쿨이었던 집은 홈카페와 홈트레이닝룸으로 변신하기도 한다. 이제 집은 먹고 자는 일상을 해결하는 공간이 아니라 삶 전체를 창조하는 복합 공간이 되고 있다.

결하게 되면서 '레이어드 홈(layered home)'이라는 개념이 등장했다. 여러 벌의 옷을 겹쳐 있는 패션을 레이어드 패션이라고 하는데, 집의 기능도 상황에 따라 여러 가지로 변하고 겹쳐지고 있음을 의미한다. 미국의 미래학자 앨빈 토플러(Alvin Toffler)가 이미 오래전에《제3의 물결(The Third Wave)》에서 예언했던 대로 '복합 공간'으로서의 집이 본격적인 진화를 시작한 것이다.

집에 있는 시간이 늘어나면서 살고 싶은 집에 대한 기준도 달라지고 있다. 넓은 발코니, 활짝 열리는 창, 테라스나 마당처럼 집에서도 자연을 느낄 수 있는 공간을 선호하는가 하면 최신 주거 트렌드를 가장 잘 보여주는 모델하우스에서는 아무런 인테리어를 하지 않은 '알파룸'이 큰 인기를 얻고 있는 것이다. 알파룸은 각자 선호와 취향에 따라 서재, 영화관, 홈트레이닝 공간으로 만들 수 있다. 집이 단순한 주거 공간에서 자기 삶을 창조하는 특별한 공간이 되면서 각자의 욕망을 충실하게 반영하길 원하는 사람들이 많아지고 있다.

# 관계를 바라보는 새로운 관점, 연대와 안전

———

코로나19 사태로 우리는 언택트 서비스의 편리함과 효율성을 경험했지만, 그만큼 한계도 명확하게 드러났다. 바로 '관계의 단절에서 오는 외로움'이다.

한 통신사가 인공지능 스피커를 향해 사용자들이 가장 많이 한 말이 무엇인지 조사했다. 날씨를 물어보거나 노래를 틀어달라거나 하는 말이 아닐까 싶지만, 사람들이 가장 많이 한 말은 바로 "사랑해"였다. 그 밖에도 "안녕", "고마워", "미안해"처럼 친근하고 감성적인 대화를 시도하는 경우가 많았다. 사람들이 음성비서에게 기대하는 역할은 감정을 나눌 수 있는 친구, 즉 디지털 동반자였던 것이다.

코로나19 사태가 장기화되면서 미국에서는 반려동물 로봇을 지급하기 시작했다. 감염병으로 집 안에 고립된 노인들의 외로움을 덜어주기 위해서였는데, 단 1년 만에 참가자의 70%가 고립감이 감소하는 경험을 했다고 한다. 나아가 로봇에게 친근감과 따뜻한 위로를 느낀 사람도 많았다. 앞으로는 이러한 '감정 관리' 산업이 크게 성장할 것으로 보인다. 그동안 반려동물과 반려식물 산업이 빠르게 성장했고, 코로나19로 가장 수혜를 본 의료업종은 정신건강의학과였다. 취미생활 시장이 급속히 확장되고 있는 것도 비슷한 맥락으로 해석할 수 있다.

세상을 바라보는 관점이 변해야 하듯이 인간관계를 바라보는 관점도 변해야 한다. 감염병 유행 사태를 겪으며 사람들은 '내가 잘못하면 나와 연결되어 있는 사람들도 함께 위험해진다'라는 생각을 많이 하게 됐다. '연대하지 않으면 안전도 없다'는 인식과 함께 '위기 상황일 수록 서로 돕고 협력해야 한다'는 인식도 생겨났다. 이제 경쟁과 효율 보다는 연대와 안전이 더 중요한 삶의 가치로 등장하게 될 것이다. 우리는 이미 인터넷을 비롯한 각종 디지털 기술로 연결된 '초연결(hyper connected) 사회'에 살고 있었다. 코로나19로 초연결이 더욱 가속화되었고, 이제는 '연결의 방식'에 대해 세심한 고민을 해야 하는 시점이다.

## 위기를 기회로 만드는 피보팅, 속도의 경제

—

이처럼 코로나19는 변화의 속도를 크게 가속화하고 있다. 급변하는 트렌드를 예측하고 신속하게 대응하지 못하면 자칫 살아남기 어려운 시대가 되었다. 이런 시기에는 과감하게 발상을 전환하고 시장 흐름에 따라 기민하게 사업을 전환하는 '피보팅(pivoting)' 전략이 필요하다.

회전하도록 만들어진 물건에 있는 '중심축'을 피봇(pivot)이라고 하고, 피보팅은 중심축이 있는 상태에서 방향을 전환하는 것을 말한다. 원래 농구나 핸드볼 같은 구기 종목에서 자주 사용하는 단어다. 원을 그릴 때 컴퍼스의 한쪽이 중심축 역할을 하는 것처럼, 공을 드리블할 때 한쪽 발을 중심축 삼아 나머지 한쪽 발로 이리저리 방향을 전환하는 것을 가리킨다.

피보팅은 기술혁신 속도가 빠른 스타트업계에서도 많이 사용된다. 성과가 잘 나지 않는 기존 아이템을 포기하고 다른 방향으로 사업을

◆ 피보팅에 성공한 글로벌 플랫폼 기업들

전환하는 것을 의미한다. 그리고 코로나19로 인한 경제 위기 상황에서 '기민한 사업 전환'을 의미하는 경제 용어가 되었다.

유튜브, 트위터, 인스타그램, 넷플릭스는 대표적인 글로벌 플랫폼 기업들이다. 이들 기업에는 또 다른 공통점이 있는데, 바로 사업 초기에 구상했던 모델 대신 새로운 방향으로 사업을 전환한 후 큰 성공을 거두었다는 점이다. 유튜브는 원래 온라인 데이팅 영상 사이트였다. 서로 상대방이 올린 영상을 보면서 데이트하는 사이트였는데, 사람들이 정작 데이트에는 관심이 없고 자기 영상을 올리는 데 더 관심이 많았다. 그래서 결국 누구나 영상을 만들어 올릴 수 있는 지금의 유튜브가 됐다. 트위터는 팟캐스트 플랫폼으로 출발했지만 애플이 본격적인 팟캐스트 플랫폼을 선보이자 현재의 단문 커뮤니케이션 플랫폼으로 전환했다. 비주얼 커뮤니케이션 플랫폼인 인스타그램은 원래 소셜게임 플랫폼이었다. 넷플릭스는 DVD 대여업체로 출발했다가 인터넷 스트리밍 기술을 한 발 앞서 적용하며 지금의 세계적인 콘텐츠 제국이 되었다. 이에 미국 실리콘밸리에서는 기존 비즈니스 모델이 붕괴되었을 때 '넷플릭스되다(netflixed)'라는 말을 쓴다고 한다.

사례들에서 보듯이 피보팅은 사업 자체를 전환한다기보다는 기존의 강점을 살려서 시장 변화에 맞게 비즈니스 모델이나 전략을 바꾸는 것이다. 중요한 것은 '무엇을 축으로 어떻게 바꾸는가'다.

코로나19로 직격탄을 맞은 항공업계의 피보팅 전략을 사례로 살펴보자. 원래는 화물 전용기 외에 여객기의 동체 하부에 있는 벨리카고(belly cargo)가 항공 화물의 중요한 운송수단이었다. 그런데 코로나19로 국경이 봉쇄되면서 항공 화물은 크게 늘어난 반면 여객기 운항은 대폭 줄어들자 항공 화물 운송에 비상이 걸렸다. 항공회사에서는 여객기 좌석에 카고 시트백(cargo seat bag)을 설치하거나 아예 좌석을 철거해서 항공 화물 운송에 나섰다. 성과는 매우 놀라웠다. 국내에서 처음 카고 시트백을 설치해 항공 화물 운송에 나선 항공사는 다른 글로벌 항공사들이 수조 원대의 손실을 입고 있는 상황에서 유일하게 영업이익 흑자를 기록했다. 위기가 왔을 때 피보팅을 통해 기회를 찾아내고 빠르게 대응한 덕분이었다.

또 다른 사례도 있다. 학교에서 온라인 원격 수업을 하면서 급식용 식자재 납품이 중단되자 농가에서는 B2B 시장 대신 B2C 시장으로 눈을 돌렸다. 집에서 쉽게 해 먹을 수 있는 반조리식 밀키트(meal kit) 제품을 온라인으로 판매하기 시작했다. '집콕' 생활을 하는 사람들이 늘면서 신선한 재료로 만든 밀키트는 큰 인기를 얻었다.

지금 우리는 '규모의 경제'보다 '속도의 경제'가 더 중요한 사회로 이동하고 있다. '규모의 경제'에서는 최적의 비용으로 최고의 성과를 내기 위한 철저한 계획과 실패를 최소화하는 전략이 중요했다. 하지만 '속도의 경제'에서는 소비자의 반응을 예민하게 살펴서 그 결과에 따라 계획을 빠르게 수정하고 보완하는 것이 핵심이다.

이제 큰 물고기가 작은 물고기를 잡아먹는 시대가 아니라 빠른 물고기가 느린 물고기를 잡아먹는 시대가 되었다. 결국 속도의 경제에서 좋은 전략이란 '완벽한' 전략이 아니라 '빠르게' 실행할 수 있는 전략이다. 시장이 언제 갑자기 변화할지 예측하기 어려운 불확실성의 시대, 지금의 위기를 타개하고 계속 성장하고자 한다면 과감한 피보팅 전략이 필요하다.

## 공공 영역의 피보팅, 시민 참여 속도를 높여라

피보팅은 소비시장을 넘어 공공의 영역에서도 중요한 전략이다. 성공적인 공공 정책과 서비스를 제공하기 위해서는 그 중심에 시민의 관심과 참여가 있어야 한다. 기업에서 소비자 반응을 살피며 트렌드를 예측하듯, 정부는 시민의 목소리에 귀를 기울이며 트렌드를 감지할 수 있어야 한다. 그리고 피보팅을 통해 시민의 목소리를 빠르게 반영하고 정책을 수정해나가는 노력이 필요하다.

우리 사회에서 일어나는 문제들에 대해 가장 잘 아는 사람은 바로 시민이다. 마스크 재고 확인 앱 개발 등으로 코로나19 초기에 성공적

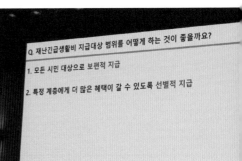

시민들이 모여 코로나19 이후의 정책에 대해 토론한 2020년 서울시민회의 시민총회는 온라인과 오프라인을 결합해 진행되었으며, 토론과 숙의를 거쳐 최종 10가지 정책이 제안되었다.

으로 대응했다고 평가받는 타이완의 오드리 탕(Audrey Tang) 디지털장관은 이런 말을 했다. "진짜 좋은 아이디어는 시민으로부터 나온다. 그래서 코로나19에 맞설 좋은 아이디어는 대부분 시민들이 냈고, 정부는 이걸 증폭했을 뿐이다."

2020년 9월, 서울 시청에서 '2020 서울시민회의 시민총회'가 열렸다. 3000명의 시민들이 모여 코로나19 시대에 필요한 다양한 정책을 제시하고 사회적 합의를 통해 공론화하는 자리였다. 이른바 '집단지성의 장'이 열린 셈이었다. 이 특별한 토론회는 언택트 시대에 맞춰 온라인과 오프라인의 경계를 허무는 방식으로 진행됐다. 시민총회에서는 100일간의 숙의를 거쳐 '돌봄 환경 개선'을 비롯해 최종 10가지 정책을 제안하고 결정했다. 이 과정에서 중심 역할을 한 것은 서울시가 아니라 시민들이었다. 위기를 돌파하고 미래를 변화시키는 원동력은 바로 '행동하는 시민'이라는 점을 여실히 보여준 토론회였다.

포스트 코로나 시대에 시민들의 집단지성은 더욱 중요해질 것이다.

기업이 트렌드를 놓치면 실패할 수밖에 없는 것처럼 정부는 시민들의 집단지성을 외면하면 실패할 수밖에 없다. 효율성을 중시하는 시대에는 집단지성을 모으는 일이 시간 낭비처럼 여겨지기도 했다. 하지만 지금 우리는 인터넷 기술 덕분에 언제 어디서든 누구와도 빠르게 소통할 수 있다. 온라인에서는 실시간으로 수많은 사람들의 의견을 모을 수 있기 때문에 집단지성을 실현하기가 한결 수월하다.

미국도 '9·11 테러' 이후 '리스닝투더시티(listening to the city)'라는 프로젝트를 운영한 적이 있다. 무너진 세계무역센터(WTC)를 재건하기 위해 시민들의 의견을 광범위하게 모으는 대규모 공청회를 연 것이다. 시민들은 공공의 목적에 부합하는 쪽으로 재건해야 한다는 의견을 모았고, 결국 테러 장소에는 추모 공원이 조성되었다.

우리도 코로나19 이후의 사회를 더욱 건강하고 발전적으로 설계하기 위해서는 몇몇 전문가나 행정가가 폐쇄적인 방식으로 정책을 만들어선 안 된다. 보통 사람들의 보통 의견이 상식이 되고 해결책이 되는 방식으로 가야 한다. 그래야 공공 영역에도 휴먼터치가 들어갈 수 있고, 피보팅이 일어날 수 있고, 속도의 경제로 향할 수 있다.

## 우리의 선택이 미래의 속도를 결정한다

—

요즘 가장 많이 주고받는 질문은 "코로나 사태가 언제쯤 끝날까?"다. 사실 이 질문은 "코로나가 종식되면 그 이전으로 빨리 돌아가서 늘하던 대로 계속하고 싶어요"라는 바람을 전제로 하고 있다. 하지만 역사가 증명하듯이 변화의 흐름을 되돌리는 것은 거의 불가능하다. 한번 변화한 행태는 새로운 적응을 시작하게 마련이다.

코로나19가 잠잠해지면 이른바 '보복 소비'로 경제가 회복될 것이라는 낙관적 예측이 있지만, 소비시장이 위축될 거라는 비관적 전망도 강하다. 영국의 경제 전문지 《이코노미스트》는 2020년 4월 커버스토리에서 '90% 경제'를 언급했다. 코로나19 위기에서 벗어나더라도 이전 수준의 경제 회복은 불가능하다는 의미다. 우리가 당분간 회복할 수 없을 것으로 예상되는 10%는 어떤 수준일까? 경제성장률이 1%만 떨어져도 길거리 경제에 미치는 타격은 어마어마하다. 그런 점에서 그 10%는 결코 그저 그런 수준이 아닐 것이다. 기사에서도 "많은 일에서 90%라는 수치는 '그런대로 괜찮은' 편이지만 '경제'에선 비참한 상태를 뜻하게 된다"라고 설명을 덧붙였다.

코로나19로 인한 변화는 개인의 삶 전체에 걸쳐, 그리고 비즈니스 전반에 걸쳐 일어나고 있다. 팬데믹은 우리 사회를 엄청난 속도로 '언택트화'하면서 세상을 다른 눈으로 보게 한다. 지금 우리에게 중요한 것은 코로나19 이전으로 돌아가기 위해 애쓰는 것이 아니다. 언택트와 휴먼터치의 조화를 염두에 두며 새로운 세계의 변화를 예측하고 적응해가는 것이다. 그리고 이는 공감에서 시작된 진정성이 있다면 누구에게나 가능한 일이다.

"바람은 계산하는 게 아니라 극복하는 것이다."

영화 〈최종병기 활〉에서 절체절명의 순간을 마주한 주인공이 마지막 시위를 당기면서 했던 말이다. 위기 상황에서는 바람이 어느 방향으로 불어갈지 예측하는 것보다 바람이 불어왔을 때 최대한 자신의 경험을 살려 빠르게 판단하고 행동하는 것이 중요하다는 의미로 해석될 수 있다. 코로나 팬데믹을 힘겹게 통과하고 있는 지금 우리에게 가장 중요한 것 역시 세상의 변화에 더욱 기민하게 대응할 수 있도록 준비를 해두는 것이다. 사소하고 보잘것없어 보이는 현상에도 거대한 변화의 씨앗이 잉태되어 있을 수 있다. 이를 알고 대비하는 사람이야말로 미래의 주인이 될 수 있다. 이제 미래에 대비하는 우리의 시간이 빛날 차례다.

# 2부

# 청년
## New Generation

明見萬里

# 4장

# 불공정 시대의 청년을 말하다

—

### 청년은 어떻게 '약자가' 되었나

明
見
萬
里

'개천에서 용 나는' 일이 그 어느 때보다 어려운 시대,

청년 세대의 소득률이 급감하고

대한민국의 빈곤 위험집단이

노인에서 청년으로 옮겨가고 있다.

고용 불안과 양극화 속 청년들의 절망이

대한민국의 미래를 잠식하고 있다.

## 탈한국을 꿈꾸는 청년들

━━━━━

일제강점기였던 1929년에 민태원 작가는 〈청춘예찬〉이라는 수필에 "청춘! 이는 듣기만 하여도 가슴이 설레는 말이다"라고 썼다. 그리고 "청춘은 인생의 황금시대다"라고도 썼다. 그런데 90여 년이 지난 2020년의 청춘들도 자신이 '인생의 황금기'를 살고 있다고 생각할까. 미래를 꿈꾸며 가슴 설레는 삶을 살고 있을까.

지금 이 시대를 살아가는 청년들의 처지는 사뭇 달라진 것 같다. 언론에서 청년들을 언급할 때 연관되는 단어들을 연결해보면 청년들의 적나라한 자화상이 그려진다.

이생망? 이번 생은 망했다, 희망이 없다는 것이다. N포세대? 연애,

◆ 2020년 청년의 현실을 보여주는 키워드들

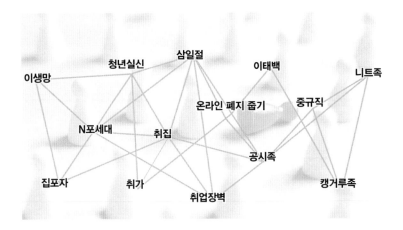

결혼, 출산을 포기했는데 이제는 취업, 주택, 희망, 인간관계, 취미 등 더 많은 것을 포기해야 한다. 청년실신? 취업이 늦어지는 바람에 학자금 대출을 갚지 못하면 신용불량자가 된다. 삼일절? 31세가 되면 절대 취업을 할 수 없다는 참담한 이야기까지 떠돈다. 니트(NEET)족? 학교(Education), 직장(Employment), 사회(Training) 어느 곳에도 속하지 않은 채 아예 취업을 포기하는 사람도 늘고 있다. 온라인 폐지 줍기? 온라인 여기저기를 떠돌며 쿠폰을 모은다. 아껴야 잘사는 게 아니라 아껴야 겨우 먹고살 수 있는 형편이다. 하나같이 청년들의 가난하고 위태로운 현실을 잘 보여주고 있다. 한편으로는 청년 세대를 바라보는 기성세대의 시선과 관점도 고스란히 담겨 있는 것 같다. 기성세대는 과연 오늘날 대한민국에서 청년으로 살아간다는 것이 어떤 것인지 그 삶을 잘 이해하고 있는 걸까?

◆ 탈한국을 꿈꾸는 청년들

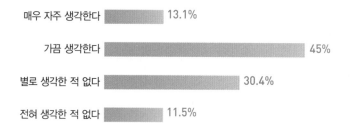

한국을 떠나 다른 나라에서 살고 싶다는 생각을 얼마나 하나

매우 자주 생각한다   13.1%

가끔 생각한다   45%

별로 생각한 적 없다   30.4%

전혀 생각한 적 없다   11.5%

〈KBS 사회 조사〉결과를 보면, "한국 사회의 미래에 대해 어떻게 전망하십니까?"라는 질문에 40대 70.7%와 50대 63.7%가 각각 '낙관한다'는 답을 내놓은 반면에, 19～29세의 청년들은 47.8%만 '낙관한다'는 답을 내놓았다. 절반 이상의 청년들이 한국 사회의 미래를 비관적으로 보고 있는 것이다. 더욱 역동적이어야 할 청년 세대가 오히려 불안하고 움츠러드는 삶을 살아가고 있음을 보여주는 듯하다.

헬조선이니 망한민국이니 하는 말들 역시 청년들의 좌절과 분노를 고스란히 드러내고 있다. 얼마나 희망이 없었으면 지옥에 비유했을까. 차라리 한국을 떠나겠다는 청년들이 늘었다. 아무리 애써도 상상하는 미래는 오지 않을 것 같다는 절망이 등을 떠밀고 있는 것이다. KBS공영미디어연구소가 수도권 지역(서울, 인천, 경기) 거주 만 24～29세 남녀를 대상으로 실시한 〈청년의 삶과 주거에 대한 의견 조사〉(이하〈KBS 청년조사〉) 결과도 이러한 사실을 뒷받침해주고 있다. "한국을 떠나 다른 나라에서 살고 싶다고 생각한 적이 있냐"고 물었더니 응답자의 13.1%가 '매우 자주 생각한다'고 답했고, 45%는 '가끔 생각한다'고 답했다. 10명 중 6명 정도가 한국에서는 삶의 질이 더 나아질 수 없다고 느끼기 때문에 탈출을 꿈꾸고 있는 것이다.

2015년 5월 출간된 장강명 작가의 소설《한국이 싫어서》는 이러한 '헬조선' 세대의 서글픈 자화상을 반영하고 있다. '한국이 싫어서' 호주 이민을 선택한 20대 여성의 이야기를 그린 이 소설에 많은 청년들이 '나도 떠나고 싶다', '내 이야기 같다' 등의 공감을 표하고 있다. 소설 속 주인공이 더 이상 '2등 시민' 취급받고 싶지 않아서 떠났던 것처럼, 젊다는 것이 오히려 모멸이 된 한국 사회의 청년들에게 '탈한국'은 마지막 비상구가 되어버린 것일까.

## 일자리 양극화, 비정규직의 그늘

취업 준비를 위해 광주에서 서울로 올라온 스물아홉 살의 위성경 씨는 배달일을 하고 있다. 하루에 20곳 이상을 배달해야 8만 원을 겨우 손에 쥘 수 있다. 외국 항공사 승무원을 준비했는데 코로나19가 터지면서 면접이 취소되었다. 저녁 5시에 일이 끝나면 13제곱미터의 작은 방으로 돌아간다. 보증금 없이 구할 수 있는 곳이 고시원뿐이었다. 좁은 침대와 책상이 살림살이의 전부이고, 나머지 짐은 여행용 가방 하나에 모두 들어갈 만큼 단출하다. 외국인에게 한국어 가르치는 일을 해보고 싶은데 지금으로선 대학원에 가는 것은 꿈도 꿀 수 없다.

위성경 씨의 일상은 취업난에 허덕이다 단순 서비스직이나 시간제 아르바이트로 몰리고 있는 청년들의 현실을 고스란히 보여준다. 꿈꾸던 미래와 더 멀어지고 있다는 걸 알지만 당장의 생계 때문에 다른 일자리를 찾는 것도 쉽지 않다. 코로나19로 가장 많은 일자리를 잃은 것도 청년들이었다. 그중에서도 서비스직이나 판매직과 같은 대면이 필수적인 직종에서 단기근무나 비정규직으로 일하던 청년들의 일자리가 모두 사라져버렸다.

청년 일자리 문제는 양적으로도 질적으로도 상황이 좋지 않다. 이는 산업구조 재편에 따른 영향이 크다. 좋은 일자리를 가장 많이 만들어내는 산업은 자동차, 철강, 조선, 건설기계와 같은 제조업이었다. 2008년 글로벌 금융 위기와 맞물린 2009년에는 경제성장률 하락과 더불어 제조업 역시 뚜렷한 둔화 추세를 보였다. 제조업 위축은 다른 산업에 미치는 영향도 크거니와 무엇보다 일자리 감축으로 이어진다. 더구나 기업에서 인력 감축을 하는 방식은 기존 인력을 내보내는 것이 아니라 신규 고용을 줄이는 것이다. 청년들의 취업이 어려워지는 것이다. 제조업의 자리를 대신한 것은 IT산업이다. 그런데 IT 분야 일자리 대부분은 전문 기술과 지식을 필요로 하는 데다 대부분 중소기업이라 고용 창출 규모도 크지 않다. 좋은 일자리를 차지하기 위한 경쟁이 더욱 치열해지고 양극화가 심화될 수밖에 없는 상황이다.

이렇게 좋은 일자리를 찾기가 어려운 상황에서 대다수 청년들이 선택하는 것은 단기계약직이나 비정규직 일자리다. 비정규직만 보더라

◆ 2010년 vs. 2020년 비정규직 근로자 규모

2020년 8월 기준 비정규직 근로자 수는 742만 6000명이다. 전체 임금근로자 2044만 6000명에서 36.3%의 비중이다. 2010년 8월에는 568만 5000명이었으니 10년 만에 174만 1000명이 늘어난 셈이다. (출처 : 통계청, 〈2020년 경제활동인구조사 근로 형태별 부가 조사〉)

도 고용 안정성과 임금 수준이 낮다. 고용노동통계 자료를 보면, 2019년 기준 비정규직의 시간당 임금 정액은 정규직의 69.7% 수준이다. 시간당 임금이 낮은 데다 근무시간도 정규직의 68% 정도이기 때문에 실제 수입은 많이 적어질 수밖에 없다. 고용률 수치가 올라가더라도 일자리의 질이 좋아지지 않으면 전반적인 삶의 질은 떨어질 수밖에 없는 구조다.

지금 우리의 사회구조 자체가 아무리 애를 써도 대부분의 청년이 좋은 일자리를 얻는 경쟁에서 실패하게 되어 있다. 입시 지옥을 뚫고 대학에 가더라도 다시 취업 지옥에 허덕여야 한다. "노력해야 성공한다"라거나 "젊을 때 고생은 사서도 한다"라는 기성세대의 말에 청년들은 좌절을 넘어 분노한다. 산업구조 재편과 인구구조 변화 등 사회 전반의 문제를 대충 뭉뚱그려 청년들에게 모두 짊어지라고 떠넘기는 격이기 때문이다.

## 부모보다 못사는 최초의 세대

———

1980년대 초반에서 2000년대 초반 사이에 출생한 '밀레니얼 세대'와 1990년대 중반부터 2000년대 초반 사이에 출생한 'Z세대'를 우리는 'MZ세대'라 부른다. 각종 통계와 지원정책에서 제시하는 '청년'의 연령 기준은 15세에서 39세까지다. MZ세대가 정확히 우리가 청년이라 부르는 세대인 것이다. 이 MZ세대는 풍요의 세대가 아니라 불황의 세대다. 무엇보다 '부모보다 못사는 첫 번째 세대'다.

우리나라는 반세기 만에 성공적인 산업화 과정을 거치며 압축적인 경제성장을 이루어냈다. 1970~1980년대 고도성장기에는 경제성장률이 10%를 넘나들었고, 이후 1980년대 말까지 6.8~12.3%의 경제성장률을 보였다. 1997년 외환 위기 전까지도 6~9%대의 성장률을 기록했다. 경제성장률 10%가 의미하는 바를 달리 설명하면, 개인의 재산도 매년 10%씩 증가할 수 있다는 것이다. 그러면 한 개인의 재산이 2배가 되는 데는 8년밖에 걸리지 않는다. 1970~1980년대에는 부모보다 자식이 더 잘사는 것이 당연한 상식이었다. 부모 세대의 헌신적인 노력도 있었을 테지만, 경제가 큰 폭으로 성장하면서 대학 진학률도 올라가고 대기업 취업률도 계속 올라갔기 때문이다.

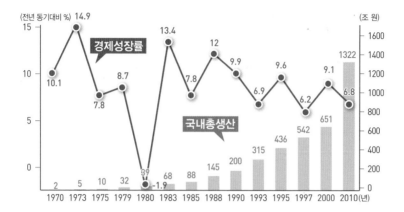

◆ 1970년대~1990년대 한국의 경제성장률 추이

경제성장률이 10%를 넘나들었던 1980년대 고도성장기에 직장생활을 시작한 현재 50, 60대들이 청년 세대의 어려움을 이해하기는 어렵다. (출처 : 한국은행)

　　1980년대에 직장 생활을 시작한 현재의 50~60대에게는 '비정규직'이라는 이름도 낯설겠지만 취업의 좁은 문을 통과하기 위해 이력서를 200군데 이상 보냈다는 어느 청년의 이야기도 믿기 힘든 일일 것이다. 취업 포털 인크루트와 리서치 기관 엠브레인이 실시한 〈시대별 구직활동 현황〉 설문조사 결과를 보면 MZ세대의 취업 경쟁이 얼마나 치열해졌는지 확인할 수 있다. 1970년대에 처음 취직한 직장인들의 평균 입사 지원 횟수는 3.2차례였으며, 1980년대와 1990년대 구직자들은 각각 평균 5.5차례와 5.4차례씩 입사 지원한 끝에 첫 직장을 잡을 수 있었다. 그러나 2000년대 들어서는 그 횟수가 평균 13.9차례로 늘어났다. 30여 년 만에 4.3배로 늘어난 것이다.

　　대학 졸업자는 계속 늘어나는데 일자리는 줄어드니 취업 경쟁이 치

◆ 2010년대 한국 경제성장률 추이

2000년대 들어 경제성장률이 눈에 띄게 둔화하고 저성장이 고착화되었다. 한국은행이 내놓은 2020년 경제성장률 전망치는 -1.1%였다. (출처 : 한국은행)

열해진 것은 당연하다. 몇 년씩 취준생으로 살아야 하니 대학을 졸업하고 취업하고 결혼을 한 뒤에는 내 집을 장만하는 계획을 세우기가 어려워졌다. 그런데 이것이 청년들을 탓할 일은 아니다. 2000년대 들어 우리나라의 경제성장은 눈에 띄게 둔화했다. 고도의 자본화가 이루어진 선진국이 흔히 그런 것처럼 2010년대 들어서는 저성장이 고착화되기 시작했다. 2011년부터 2019년까지 경제성장률은 위의 표에서 보듯이 2~3%대에 머물렀다. 경제성장률이 떨어지면 임금상승률도 저하된다. 수입이 줄면 소비가 줄고 내수도 위축되니, 경기도 안좋아진다. 여기에 저출산과 고령화 문제가 얹어지며 경제 전반에 어두운 그림자가 드리워진다. 언론을 통해 늘 들어온 저성장 시대의 시나리오다.

◆ 2000년 vs. 2019년 취업자 수 비교

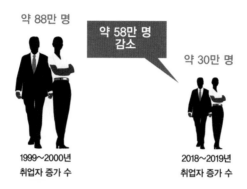

2000년에는 약 88만 명의 취업자가 늘었던 것에 비해 2019년 취업자 증가 수는 약 30만 명에 불과하다.
(출처 : 통계청, 〈경제활동인구조사〉)

경제성장률이 둔화되면서 일자리가 늘어나는 추이도 하향곡선을 그렸다. 2000년에는 1999년보다 88만 2000명의 취업자가 늘었다. 2018년에서 2019년 1년 사이에 늘어난 취업자 수는 절반도 안 되는 30만 1000명이다. 20년이 채 안 되는 기간에 취업자 수 증가율이 3분의 1이된 것이다.

상황이 좋을 때는 한 번 넘어져도 다시 일어날 수 있다고 느끼지만, 상황이 안 좋아지면 여기서 넘어지면 끝장이라는 생각부터 들기 마련이다. 2020년 지금은 상황이 좋지 않을 뿐만 아니라 좋아질 가능성도 크지 않다. 대학교에 다닐 때부터 공무원시험과 교원시험에 매달리는 청년들에게 과연 도전정신이 부족하다고 비난할 수 있을까? 20년 전의 청년들과 지금의 청년들이 같은 선택을 하길 바라는 건 너무 비합리적인 기대가 아닐까?

# 세 살 불평등 여든까지 간다

———

1980~1990년대에 자수성가한 인물들의 성공 신화에 자주 따라붙는 표현이 '개천에서 용 났다'라는 것이다. 그러니까 당시는 '노력만 하면 누구나 잘살 수 있다'는 신화가 자연스럽게 받아들여지는 사회였고, 부모가 가난하고 저학력자여도 그 자녀는 사회의 최상층까지 올라가는 것이 가능했다. 그런데 지금은 개천에서 용이 나오기 어려운 구조가 되었다.

태어난 환경이 사회적 성취에 미치는 영향을 수치로 계산해서 분석한 연구 결과도 있다. 서울대학교 분배정의연구센터의 주병기 교수가 발표한 '개천용불평등지수'가 그것이다. '중졸 이하 학력인 부모의 자녀가 소득 상위 20%에 진입하지 못할 확률'을 의미하는 개천용불평등지수는 1990년 19.7%에서 2016년 34.82%로 높아졌다. 아버지가 중학교까지 졸업했다면 아무리 열심히 공부하고 일해도 고소득자가 되지 못하는 사람이 1990년에는 10명 중 2명이었는데, 2016년에는 10명 중 3명 이상으로 늘어난 것이다.

지금 청년들은 부모의 학력과 직업, 재력에 따라 금수저, 은수저, 흙수저로 나뉜다. 이것은 인생의 출발선이면서 평생의 기준선이 되기도 한다. '흙수저'가 '금수저'를 따라잡기가 거의 불가능해지면서 청년들이 경험하는 '불평등'은 어떻게 해볼 도리가 없을 만큼 골이 깊어졌다. 기회불평등이 소득불평등으로, 다시 기회불평등으로 이어지는 악순환을 만들어낸다.

불평등이 심화한 사회일수록 사회계층 간 이동, 즉 사회유동성(social mobility) 수준이 낮아진다. 한국 사회에서는 더 이상 '학력'이 사회계층 간 이동의 사다리 역할을 하지 못하고 있다. 대학만 가면 성공할 수 있다는 이야기는 이미 오래전부터 유효하지 않다. 사회적 성공이 개인의 능력이나 노력 여하에 따라 결정되지 않고 타고난 환경이나 다른 조건들에 의해 결정된다는 것은 이 사회가 '불공정'하다는 인식을 심어준다. "세 살 불평등 여든까지 간다"는 말이 반박할 수 없는 현실이 되고, 청년들은 생각만 해도 숨 막히는 현실 앞에서 저절로 무릎이 꺾이고 무기력해진다.

청년들의 진짜 속마음은 어떨까. 〈KBS 청년 조사〉에서 "노력하면 잘살 수 있다"라는 말에 얼마나 동의하는지 물었더니 35.6%가 '별로 동의하지 않는다'고 했고, 9.5%가 '전혀 동의하지 않는다'고 답했다. 절반에 가까운 청년들이 "노력하면 잘살 수 있다"라는 말에 동의하지 않는 것이다. 그렇게 생각하는 이유는 무엇일까? 42.2%의 응답자가 '취업난'을 들었다. 아무리 열심히 공부하고 스펙을 쌓아도 저임금의 일자리밖에 구하지 못하는 현실을 지적한 것이다. 그다음 33.8%는 부의 세습 등 사회구조를 원인으로 꼽았다. 점점 더 개천에서 용이 나오기 어려운 사회구조가 청년들의 의지를 꺾어놓고, 희망을 갉아먹고 있는 것이다.

# 청년 우울증, 무기력을 학습하다

━━━

고려대 안산병원 정신건강의학과 한창수 교수는 이 시대 청년들을 지배하는 감정이 '무기력'이라고 진단하면서 이렇게 말한다. "클리닉을 찾는 청년들에게 가장 많이 듣는 말이 '안 될 것 같아요'입니다. 젊은 세대 특유의 긍정적인 태도나 넘치는 활력을 찾아보기 어려워요. 작은 성공의 경험이 자기효능감을 높여주는데, 요즘 청년들은 그런 경험을 별로 못 해본 거예요. 젊은 시절에 마치 은퇴자들이 느끼는 어떤 회한의 감정을 미리 느껴버리는 것 같아요. 그러고 나면 미래를 계획하거나 미래를 기대하는 감정이 없어지는 거죠."

무기력한 상태가 반복되면 우울증으로 이어지기 쉽다. 최근 청년들의 우울증은 주로 '학습된 무기력'을 통해 나타난다. '무기력이 학습된다'는 개념은 1967년에 마틴 셀리그만(Martin Seligman)이라는 심리학자가 개에게 전기자극을 주는 실험을 통해 밝혀냈다. 마틴 셀리그만은 개를 두 집단으로 나눴다. 첫 번째 그룹의 개는 코로 레버를 누르면 전기충격을 스스로 멈출 수 있게 했고, 두 번째 그룹의 개는 코로 레버를 눌러도 전기충격을 피할 수 없고 몸까지 묶여 있어 어떠한 대처도 할수 없게 했다. 일정 시간이 지난 후에 두 그룹의 개들을 모두 작은 담으로 가운데가 분리된 상자 안으로 옮겼다. 전기충격이 가해지자 첫번째 그룹의 개들은 모두 담을 넘어 피했지만, 두 번째 그룹의 개들은 피하려는 어떤 시도도 하지 않고 구석에 웅크리고 앉아 전기충격을 그대로 받아들였다. 자신이 어떤 일을 해도 상황을 극복할 수 없을 것이

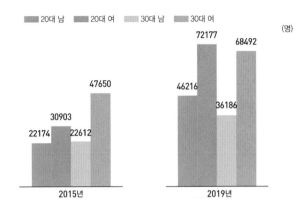

◆20~30대 우울증 진료 현황(2015~2019년)

코로나19 사태 이전의 최근 5년간 우울증으로 진료를 받은 20대는 5만 3077명에서 11만 8393명으로 5년 만에 2배 이상으로 늘어났다. (출처 : 건강보험평가원, 〈국민관심질병통계〉)

라는 무기력이 학습된 것이다.

우울증으로 병원을 찾는 청년들이 늘어나고 있다. 코로나19 사태 이전의 5년간 우울증으로 진료를 받은 20대는 5만 3077명에서 11만 3893명으로 늘었다. 5년 만에 2배 이상으로 늘어난 것으로, 청년층의 정신건강에 빨간불이 켜진 것이다. 2020년에 서른 살을 맞은 지민 씨도 그중 한 사람이다. 미대에 합격했지만 집안 형편 때문에 입학을 포기하면서 우울감이 찾아왔다. 고졸의 학력 때문인지 직장 대신 아르바이트를 전전해야 했다. 그나마 하던 일도 코로나19 사태로 그만둬야 했다. 실직 후 미래에 대한 불안이 그녀의 삶을 송두리째 흔들고 있다.

2020년 실시한 〈KBS 청년 조사〉에 따르면, "최근에 개인적인 문제로 무기력감이나 우울감을 느낀 적이 있습니까? 무기력감이나 우울

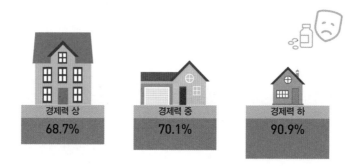

경제력 상 68.7%  경제력 중 70.1%  경제력 하 90.9%

부모의 경제력 수준이 하위에 해당할 경우 10명 중 9명이 무기력과 우울감을 느낀다. 가장 큰 이유는 진로 고민(55.7%) 때문이다. (출처 : KBS공영미디어연구소, 〈KBS 청년 조사〉)

감을 느낀 적이 있다면 어느 정도로 느끼고 계십니까?"라는 질문에 '매우 자주 느낀다'고 답한 사람은 25.8%, '가끔 느낀다'고 답한 사람은 57.6%다. 10명 중 8명 이상이 무기력감과 우울감에 시달리고 있는 것이다.

특히 부모의 경제력이 청년들의 심리 상태에 미치는 영향이 큰 것으로 나타났다. 부모의 경제력 수준이 하위에 해당하는 경우 10명 중 9명이 무기력이나 우울감을 느낀다고 대답했다. 무기력과 우울감을 느끼는 이유를 묻자 55.7%가 '진로 고민(취업, 창업 등)'을 꼽았다. '현재 종사하고 있는 직장, 일과 관련된 문제'를 꼽은 응답자 비율도 16.8%에 이르렀다.

우울증이 낳는 부작용도 만만치 않다. 취업에 잇달아 실패하면 우울증, 대인기피증, 공황장애가 생기면서 더욱 안 좋은 상황으로 빠져들게 된다. 그러다 보면 누가 자신을 감시하는 것 같은 기분에 휩싸이기도 한다. 극단적으로는 망상에 빠지게 된다. 실제로 고시원에 살던 한 청년이 왜 자기를 감시하느냐며 옆방 사람과 다투다가 우발적인 살인을 저지른 사건이 있었다. 취업 실패가 부른 우울증으로 살인사건의 가해자가 되는 이런 상황은 개인에게도 불행한 일이지만 한 사회의 복지와 성장 측면에서도 심각한 경고로 받아들여야 한다.

## 청년이 행복한 나라, 덴마크

―

불행한 청년들을 위해 무엇을 해야 할까? 쉽지 않은 문제이긴 하지만 근본적인 해결은 사회구조를 바꾸는 것에서부터 시작해야 한다. 가령 정규직과 비정규직으로 완전히 갈라진 노동시장을 개혁해야 한다. 우리 청년들이 잠깐 넘어지는 걸 두려워하지 않게 청년수당 같은 사회안전망을 더 갖춰야 한다. 공교육을 강화해서 입시 경쟁에서 벗어나도록 해주는 것도 필요하다. 이건 반드시 청년들만을 위한 것은 아니다. 모든 세대를 위해서 해야 하는 일이다. 만일 이런 노력들이 성공한다면 그 혜택을 보는 것도 청년을 포함한 모든 세대가 될 것이다.

복지국가의 대명사로 불리는 덴마크 사례를 한 번 살펴보자. 사실 덴마크에는 '청년정책'이라는 것이 따로 없다. 교육·노동·산업·주거정책이 이미 청년을 포함한 전 국민에게 필요한 요소를 포괄하고 있어서 청년정책을 따로 마련할 이유가 없기 때문이다.

2020년 OECD가 발표한 '청년고용률' 현황을 보면, 덴마크는 61.2%로 OECD 평균치인 53.9%를 한참 웃도는 수준을 보이고 있다. 반면에 한국은 43.5%로 조사 대상 37개국 중 32위에 머물렀다.

덴마크의 교육 시스템은 크게 공교육과 자유교육(대안교육)으로 나눌 수 있는데, 공교육 시스템 내에서는 초등학교부터 대학교까지 모두 무상으로 지원된다. 만 18세 이상으로 고등학교, 대학교, 대학원에 진학하는 학생들은 국가교육보조금(SU)도 신청할 수 있다. 한화로 약 113만 원인데, 학교 근처 셰어하우스의 월세를 내고 생활비를 빠듯하게 쓸 정도의 금액이다. 생활비를 보조받기 때문에 학생들은 아르바이트에 시달리지 않고 공부에 매진할 수 있다. 등록금 걱정이 없기 때문에 공부하다 적성에 맞지 않아 진로를 바꾸고 싶을 때도 부담이 적다. 부모 입장에서도 자녀의 대학 등록금과 생활비를 마련하느라 허리띠를 졸라매지 않아도 된다.

그렇다고 해서 덴마크의 대학 등록금이 완전 '공짜'는 아니다. 2018년 기준 덴마크의 조세부담률은 44.9%로 OECD 국가 중 가장 높다. 한국인이 체감하는 조세부담률도 낮지 않은데 숫자로 보면 28.4%다. 즉 덴마크의 놀라운 교육복지 시스템은 경제활동을 하는 전 국민이 자기 소득의 절반에 가까운 금액을 세금으로 내는 덕분에 가능한 것이다. 대학 등록금과 생활비를 지원받은 청년들이 사회에 나가 세금으로 그 돈을 갚아나가는 구조인 셈이다.

덴마크 교육의 특징으로 많이 꼽는 것은 소통하는 인간관계를 중시하며 안정감과 자신감을 키우는 데에 많은 시간을 할애한다는 점이다.

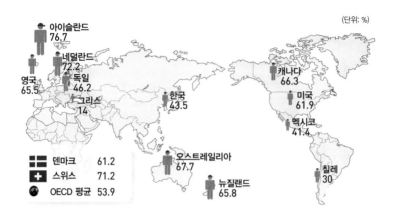

◆ 2019년 기준 OECD 주요국의 청년층(15~24세) 고용률 현황

(단위: %)

- 아이슬란드 76.7
- 네덜란드 72.2
- 영국 65.5
- 독일 46.2
- 그리스 14
- 한국 43.5
- 캐나다 66.3
- 미국 61.9
- 멕시코 41.4
- 칠레 30
- 오스트레일리아 67.7
- 뉴질랜드 65.8

| 덴마크 | 61.2 |
| 스위스 | 71.2 |
| OECD 평균 | 53.9 |

(출처 : OECD)

덴마크 학생들은 지옥 같은 입시 경쟁에 시달리지 않아도 된다. 학교에서 시험을 보긴 하지만, 시험을 잘 보기 위해 공부하지 않고 공부를 더 잘하기 위해 시험을 본다. 시험을 봐도 성적은 내지만 석차를 매기진 않는다. 자신의 꿈과 적성을 찾기 위해 고등학교를 졸업한 다음 대학교에 입학하기 전까지 1년간 여러 가지 활동을 하며 쉬는 시간을 갖기도 한다. 덴마크에서 청년이 직업을 고를 때 가장 중시하는 점은 '내가 이 일을 하며 행복한가'다. 에이브러햄 매슬로(Abraham Maslow)의 '인간욕구 5단계론'에서 꼭짓점인 '자아실현'이 직업 선택의 가장 큰 기준인 셈이다.

사회구성원을 먹고사는 문제에서 해방시킨 덕분에 덴마크는 세계에서 사회유동성이 가장 큰 나라가 됐다. 다시 말해, '개천에서 용 나기 가장 쉬운 나라'가 된 것이다. 사회유동성이 크다는 것은 그만큼 불평등이 적다는 의미도 된다. 부모의 경제력과 무관하게 원하는 사람은 누구나 대학교까지 다닐 수 있고, 취직하면 괜찮은 임금을 받으며 자아를 실현하는 일을 할 수 있다. 그래서 덴마크는 세계에서 가장 행복한 나라, 혹은 두 번째로 행복한 나라가 된 것이다. (참고로, 유엔에서 매년 발표하는 〈세계행복보고서(World Happiness Report)〉를 보면 덴마크는 줄곧 행복지수 1위를 하다가 2017년부터 연속 3년간 핀란드에 1위를 내주었다. 핀란드는 2017~2018년에 '기본소득' 실험을 했다. 2020년 보고서에 따르면, 한국은 153개국 중 61위다. 인간의 행복을 측정하는 기준은 경제, 건강, 삶의 질, 자유, 관계, 정의 등 여러 가지가 있다. 사람들이 가장 중요하게 생각하는 건 경제가 아니라 삶의 질과 건강이다.)

## 청년을 위한 핀셋 정책이 필요하다

———

지금 당장 덴마크처럼 공교육을 모두 무상으로 지원하는 건 어렵다. 조세부담률을 올려 청년 복지 예산을 확보하는 것도 쉽지 않다. 덴마크가 행복 선진국이 된 건 지난 역사 속에서 살 만한 사회를 만들려 노력하며, 수많은 시행착오를 견뎌낸 결과다. 우리나라도 우리에게 맞는 정책을 차근차근 도입해 실험하고 적용해나가는 과정이 필요하다.

2016년 시작된 서울시 청년수당은 월 50만 원씩 최장 6개월간 지급되며, 서울시에 거주하는 만 19~34세 청년 중 중위소득 150% 미만 미취업자나 졸업유예자 등이 대상이다. 교육비, 독서실비 등 직접

◆ 서울시 청년수당 지급 현황

청년수당(2016~2020년)
- **수혜자** 5만 4400명
- **금액** 매달 50만 원씩 6개월간 지급
- **대상** 서울시 거주 만 19~34세

2018 서울시 청년활동지원사업
참여자에 대한
2019년 추적조사 분석

진로 모색 중
24.4%

진로 이행률
75.6%

적인 구직활동뿐 아니라 식비, 통신비, 교통비 등 사업 취지에 맞는 다양한 활동에 사용할 수 있다. 서울시 청년수당을 발판 삼아 취업이나 창업을 하거나 구직 중인 청년은 2019년 기준 75.6%에 달하는 것으로 조사됐다.

　지급 금액과 방법에는 차이가 있지만 서울시 청년수당과 유사한 현금 지원정책을 도입한 지자체는 일곱 군데 정도 된다. 그 가운데 경기도는 2019년 4월부터 청년층을 대상으로 한 '기본소득'을 도입해 실험하고 있다. 고용노동부에서는 청년수당을 전국적으로 확대해 '청년구직활동지원금'을 지급한다. 청년수당은 처음 시작할 때부터 논란이 많았던 정책이다. 지금도 여전히 한쪽에서는 선심성 퍼주기 정책이라는 비판이 나오고 있다. 청년들의 도덕적 해이를 우려하는 목소리도 있다. 그런가 하면 현재의 청년수당을 조건 없는 '청년기본소득' 형태로 확대 개편해야 한다고 주장하는 사람들도 있다.

아직 우리는 '대한민국 청년 문제'의 완벽한 해결책을 모른다. 하지만 어떤 정책이든 처음부터 완벽할 순 없다. 도입하고 실험하는 과정에서 민주적인 토론을 거쳐 수정할 부분은 수정하면 된다. 일단은 부정적 판단을 내리기보다는 적극적으로 정책을 도입하고 실험할 필요가 있다. 정책 실험 과정에 청년들의 이해와 참여를 이끌어내는 것도 중요하다. 그래야 청년 세대에 대한 피상적 인식을 토대로 한 정책이 만들어지지 않는다.

기본적으로 청년정책에는 지원이나 복지가 아닌 '투자'의 개념으로 접근해야 한다. 청년 세대를 포함한 모든 세대의 미래가 청년들의 어깨에 걸려 있기 때문이다. 청년이 미래 한국 경제를 이끌어갈 핵심 인구라는 것은 분명하다. 그런 청년들이 빈곤 계층으로 전락하면 그 부메랑에 맞는 것은 기성세대들이다. 청년들의 삶이 나아져야 한다. 그들이 좋은 일자리를 얻어서 소득이 늘어나야 경제가 선순환할 수 있다. 지금 청년들 삶의 질이 조금 더 나아질 수 있게 지원하는 것은 한국 사회 전체의 미래를 위한 투자다.

# 청년이라는
# 달의 뒤편을 들여다본다는 것

이정환 PD

    KBS 〈명견만리 Q100〉 청년 파트인 '청년은 어떻게 약자가 되었나', '청년의 일, 20대에게 길을 묻다', '14㎡의 위로' 편의 기획을 준비하는 시간은 익숙하면서도 낯선 세계를 맞이하는 느낌이었고, 마치 '달의 뒤편'을 들여다보는 느낌이었다. 가까이 있는데 진짜 모습은 잘 안 보인다고 해야 할까? 사무실에서 잡다한 일들을 도맡아 하는 막내들, 카페에 가면 주문을 받는 젊은 친구들, 음식을 주문하면 집 앞에서 초인종을 누르는 배달원들, 꽃피는 계절이면 도시의 공원을 화사하게 물들이는 연인들, 머리를 들어 잠시만 돌아보면 어렵지 않게 찾을 수 있는 우리의 청년들이다. 하지만 '부모보다 못사는 역사상 최초의 세대'라고까지 일컬어지는 대한민국의 청년을 조사하고 알아가면서 문득문득 당혹감에 휩싸였고, 때로는 동정심의 얼굴로, 가끔은 답답함의 얼굴로 그들이 느끼고 있는 막막함에 대해 공감의 크기가 조금씩 커져감을 느꼈다.

    너무 익숙해지면 소중함을 잃어버린다고 한다. 어쩌면 우리 기성세대는 청년시기를 살아봤었다는 이유로 너무 익숙하게 생각했던 것은 아닐까? 혹은 'Latte is Horse'의 좋은 노스탤지어만 선택적으로 남아 지금의 청년에게 적용하고 있는 것은 아닐까?

"왜 그렇게 버릇이 없느냐? 내가 다른 아이들처럼 땔감을 잘라오게 하였느냐? 내가 다른 아이들처럼 나를 부양하라고 하였느냐?" (기원전 1700년 수메르 점토판)

"요즘 대학생들 한숨만 나온다. 대학생들이 선생 위에 서려하고, 선생들의 가르침에 잘못된 생각들로 도전한다. 그들은 무언가를 배우고자 하는 의지가 없다." (1311년, 스페인의 사제 알바루스 펠라기우스)

"고대 문구에 '젊은 것들은 버릇이 없다'라는 글귀가 있는데 지금도 하는 말을 그 시대에도 한 걸 보면 옛 사람들이 지금 사람들보다 딱히 똑똑한 것 같지는 않다." (1637년, 데카르트의《방법서설》)

고대 수메르 문명에서부터 21세기에 이르는 지금까지 약 4000년간 기성세대가 바라보는 청년에 대한 시각이 큰 변화가 없는 것이 신기할 정도다. 정치, 경제, 문화, 예술 등 심지어 종교까지 거의 대부분의 인류 문명이 비교할 수 없을 정도로 큰 변화를 겪어온 것에 비하면 '기성세대 vs 청년'의 인식 구도는 견고하게 버텨온 것이라 하겠다.

이번 시즌의 〈명견만리〉 프로듀서들은 모두 50대다. 386세대로서 사회에 대한 부채감만큼 권리의식도 높은 세대, 고도성장의 마지막 단물을 빨고 이젠 청년들의 질투 대상이 된 현 사회의 기득권 세대다. 한국 경제가 장기 불황의 늪에 빠지자 '45세가 정년이다', '56세까지 회사에 다니면 도둑놈'이라는 '사오정', '오륙도'라는 신조어까지 탄생시키며 청년들의 공격을 받는 그 유명한 지금의 50대.

그런 50대가 모여 20대 청년 이야기를 한다니, 가르치려 들 게 뻔하고, 그것도 방송 채널이 KBS1… 아뿔싸! 만약 청년들이 KBS 〈명견만리〉에서 청년 기획을 한다는 소식을 들었다면 이렇게 느꼈을 법하다는 생각이 먼저 들었다. 그래서 청년 기획에서 가장 중점을 두었던 부분이 '계몽성 배제'였다는 점을 고백한다. 물론 4000년 유구한 전통을 프로그램 하나가 바꿀 수는 없겠지만 말이다.

기혼, 50대 그리고 자녀를 두었다면 많은 경우 그 집에는 청년 한둘이 산다. 우리 집에도 청년이 산다. 우리 집 청년의 지난 20여 년 드라마 역시 '계몽군주로부터 벗어나고자 하는 성장 드라마'였을 테다. 〈명견만리〉를 제작하면서 문제에 봉착할 때마다 다시 돌아보게 된 사람이 우리 집에 있는 대학생 청년이었다. 가장 익숙하면서도 어쩌면 가장 거리가 먼 관계가 아버지와 아들일 것이기 때문이고, 아들의 '달의 뒤편'에 공감하는 시간도 갖고 싶었기 때문이다. 이렇게 〈명견만리〉 청년 편의 제작에서도 중요한 것은 '내용보다 신뢰와 공감이 우선'이라는 것이 여러 번 재확인되었다. 결론적으로 말하면 3분의 1의 성공이었다고 하겠다. 아들이 청년 기획 세 편 중에 한 편만을 봐줬기 때문이다.

기획 초기에 제작진 스스로 가장 먼저 던진 질문은 '청년은 몇 살일까'였다. 통계청에서는 고용 동향을 발표하면서 청년층을 15세부터

29세까지로 보고 있다. 그리고 정당은 19세에서 45세까지를 청년으로 보는 반면, 2020년에 시행된 청년기본법은 19세 이상 34세 이하인 사람을 청년으로 정의한다. '청년'의 나이가 조사목적이나 과제에 따라 너무 천차만별이다. 왜 그럴까?

어쩌면 청년을 나이로 접근하는 것이 현명하지 않은 것일까? 많은 사람이 동의하는 것은 청년은 인생의 청춘을 맞이하고 있는 사람이라는 것이다. 청춘(靑春)이라는 글자는 각각 푸른색과 봄, 색과 계절을 합친 단어다. '푸르른 봄'의 시기에 부모의 보호를 떠나 자립을 꿈꾸며 '사회 속으로' 들어갈 준비를 하거나 사회 초년을 의미한다고 볼 수 있다. 조금씩 다르긴 해도 20대는 어느 기준에서든 청년에 포함된다.

프로그램 제작이 중반에 이르면서 문득 부모의 울타리에서 벗어나 자기만의 힘으로 '사회 속으로' 들어가려는 20대 아들을 보면서, 조직의 울타리를 벗어나 '사회 밖으로' 나갈 준비를 하는 50대로서 묘한 동질감을 느끼기 시작했다. 방향이 반대이긴 하지만 '사회 속으로' 들어가는 것이 설렘이 아니라 두려움과 막막함이 되는 요즘 20대의 마음은, 쓰임새가 다했다고 '사회 밖으로' 밀쳐지는 50대의 두려움과 막막함을 많이 닮았다는 생각이 들었다.

'청년은 어떻게 약자가 되었나'를 다룬 〈명견만리 Q100〉 4회차 방송에서 장강명 작가는 이렇게 이야기했다. "'여기서 넘어지면 끝장이다'라는 생각이 들면 도전 정신이 생기나요? 몸 사리게 됩니다. 도전하지 않는 것이 합리적인 시대. 이 시대에 누가 청년들을 보고 '요즘 청년들은 도전 정신이 없다'라는 말을 할 권리가 있을까요?"

기성세대 특히 50대로 구성된 제작 프로듀서들이 이번 〈명견만리 Q100〉을 제작하면서, 연금도 없이 사회 밖으로 나갈 준비를 해야 하는 50대라면 어떤 마음이 들까 하는 관점에서 20대의 마음에 감정이입해보려 했다. 아무도 50~60대에게 도전하지 않는다고 타박하지 않는다. 그 나이에 넘어지면 끝장이라는 생각 때문일 것이다. '도전하지 않는 것이 합리적'이기 때문이다. 지금의 20대는 나이만 젊을 뿐, 상황은 50~60대의 그것과 크게 다르지 않은 것 아닐까? IMF 외환 위기 이후 비정규직이라는 개념이 등장하면서 마땅한 직업을 구하기 어려워진 일자리 양극화 상황에서, '사회 속으로'를 준비하는 20대를 이렇게 이해해야 하는 것은 아닐까?

이렇게 우리 집 청년의 고민은 나의 고민과 같은 선상에 놓이기 시작했고, 동질감과 이해도가 조금 높아진 느낌이 들었다. 부모와 자식 같은 터울인 20대와 50대. 같이 있어도 다른 곳에 가 있는 것 같던 아들이 조금은 가까이 다가와 있는 느낌이 들기도 했다. 그래도 방심하면 안 된다. 4000년 유구한 전통이 한 번에 바뀔 리 없으니까.

인간에게는 행동을 유발하는 두 가지의 동기가 있다고 한다. 하나는 '자발적으로 더 좋은 것을 갖고 싶은 욕망'이고 또 다른 하나는 '위험한 것을 피하고 안전해지려는 생존 욕구'다. 풍요롭고 경기가 좋으며 미래가 예측이 가능한 분위기에서는 전자의 욕구가 우선시되고, 불안하고 경기가 나쁘고 미래가 예측 불가능한 분위기에서는 후자의 욕구가 우선시된다. 지금의 20대는 후자의 생존 욕구가 강해지는 것이 매우 당연한 일이라는 점부터 이해할 필요가 있다. 20대의 현실이 50대에게 적용된다면 그들 또한 다르지 않은 선택을 하고 있을 가능성이 높기 때문이다.

도전하지 않을 때 얻는 심리적 이득은 '아직 실패하지 않은 상태'를 더 오래 갖고 있는 것이라고 한다. 자칫 도전했다가 처절한 실패 이후 '넘어진 상태' 그리고 '다시 일어설 수 없는 상태'가 될 수 없기 때문에 새로운 도전을 최대한 유보하고 '가능성이 있는 상태'를 유지하는 심리다. '사회 속으로'를 준비하는 20대에게 도전하라고 채근하기 전에 '사회 밖으로'를 준비하는 기성세대 본인 스스로에게 같은 상황에서도 도전할 것인지 진지하게 되물어야 한다. 물론 20대와 50대를 단순 비교할 수는 없을 것이다. 다만, 불안한 미래에도 사회 참여를 통해 구조를 개선하는 것만큼 '어떻게 살 것인가'에 대한 자신만의 설계 또한 잊지 않았으면 싶다.

김영훈 대학내일 대표는 연평균 10.4%의 고도성장기에 '사회 속으로' 들어간 86세대는 조직의 미래가 나의 미래였기 때문에 조직을 나보다 우선시해도 되었고, 1990년대 등장한 X세대가 조직과 나를 등가로 보면서 '개인주의'가 우리 사회에 등장했으며, 2008년 금융 위기를 관통하며 극심한 고용 감소와 일자리의 질의 저하를 겪으면서 '사회 속으로' 진입을 시작한 밀레니얼 세대가 나타났다고 말한다. '조직보다 나'를 본격적으로 우선하는 세대가 등장한 것이다. 이제 '나'를 볼 때가, '나만의 봄'을 만들 때가 된 듯하다.

역사적으로 가장 불안하고 절망적인 시기에도 나만의 '어떻게 살 것인가'를 지켜낸 두 사람의 이야기로 끝맺음 하고자 한다. (어쩔 수 없는 꼰대인가 싶어 불안하기도 하지만) 먼저 사마천의 이야기다. 중국 전한(前漢) 시대의 역사가로 누가 쓰라고 한 것도 아닌데 15년 동안 《사기(史記)》를 집필해냈다. 기원전 99년, 흉노족 정벌의 명을 받들고 이릉 장군이 압도적인 수의 흉노와 전쟁을 벌였다. 그러나 중과부적으로 오히려 전멸 위험에 처하자 후일을 도모하고자 이릉 장군은 흉노에게 작전상 투항하고 만다. 이 사실을 보고받은 한무제가 대로하여 어떻게 처분할지 회의를 열었는데, 사마천이 눈치 없이 '다른 뜻이 있을 거라며' 이릉 장군을 혼자 변호하다가 한무제의 눈 밖에 나면서 결국 사형을 언도받게 된다.

이때 사형을 피할 수 있는 방법이 두 가지가 있었는데 50만 전이라는 벌금 혹은 궁형(宮刑)으로 대신하면 된다는 것. 궁형은 남자의 경우는 생식기를 거세(去勢)하고 여자는 생식기를 폐쇄하는 형벌로 당시로선 사형보다 더 끔찍하게 여겨졌다고 한다. 50만 전이라는 거금을 낼 수 없었던 사마천은 결국 궁형을 선택하게 되는데, 그때의 심경을 '보임소경서(報任少卿書)'라는 편지글에 담았다.

"사람은 한번 죽지만, 어떤 경우에는 태산보다 무겁고 어떤 경우는 깃털보다 가볍습니다. 선조를 욕되게 하지 않는 것이 최선이고, 궁형은 최악입니다. (중략) 이 일을 완성하지 못할 것을 애석하게 여겼기에 극형을 당하고도 부끄러워할 줄 몰랐던 것입니다."

《사기》를 완성하기 전에는 어떻게든 죽음을 피하고 싶었던 것. 아마도 사마천에게《사기》는 존재의 의미였을 것이고, 《사기》를 쓰고 있지 않았다면 차라리 죽음을 선택하지 않았을까?

그리고 베토벤의 이야기다. 많은 사람들이 알고 있듯이 베토벤은 청력을 잃어버렸다. 귀가 안 들리는 작곡가라니, 베토벤에게는 상상하기 어려운 고난이었을 것이다. 실제로 이때 자살을 염두에 두고 이른바 〈하일리켄슈타트(Heiligenstadt) 유서〉를 쓴다.

"아아! 다른 사람들보다 더 완벽해야 할 그 감각, 예전의 내가 완전하게 갖고 있던 그 감각, 나와 같은 직업 종사자들도 그렇게 완벽하게 갖기 힘든 만큼의 그 감각에 결함이 있다는 걸 어떻게 사람들에게 드러낼 수 있겠는가? 고독하다. 참으로 고독하다. (중략) 친애하는 '희망'이여, 나는 너와 작별하련다."

'희망'과 작별을 고하는 부분에서 고통을 같이 느낄 수 있다. 죽은 뒤에 읽어보고 실행해달라고 동생들에게 보낸 편지 형식이지만 편지 말미에 이런 부분도 있다.

"하마터면 스스로 목숨을 끊을 뻔했다. 그것을 막아준 것은 오직 예술뿐이다. 나에게 맡겨진 이 사명을 완수하기 전까지는 이 비참한 생명을 부지하기로 했다"

베토벤 역시 음악을 자신의 존재 이유로 여겼고, 청력 손상이 돌이킬 수 없을 정도로 심해진 상태가 되어서도 음악이라는 사명을 지키기 위해 삶을 지탱했다. 그에겐 '비참한 생명'이었을지 몰라도 지금의 우리에겐 '은혜로운 삶'이 이어졌다고 할 수도 있겠다. 이때 삶을 포기했다면 〈합창〉 교향곡을 듣지 못했을 테니까.

지금 우리에게 삶의 이유를 물어본다면 무슨 답을 할 것인가? 그 답이 멋지진 않더라도 스스로에게 족할 만한 그 무엇이 있으면 좋지 않을까? 우리 집에 그런 20대 청년이 그런 50대 청년과 같이 사는 기분 좋은 상상을 해본다.

明見萬里

# 5장

# 청년에게
# 일자리의 미래를 묻다

—

비운의 코로나 세대, 요즘 청년들의 잡(job)담

明
見
萬
里

90년대생, MZ세대, N잡러, 그리고 비운의 코로나 세대.

과연 청년은 기성세대의 편견처럼 눈만 높고 안정만 추구하는가?

스펙 공화국의 이면에 일자리 질의 양극화와 '워라밸'의 실종이 있다.

청년 세대의 가치와 권리에 귀 기울이며

일자리 문제의 근본적 해법을 모색한다.

# 청년에게
# 일자리의 미래를 묻다

> 비운의 코로나 세대, 요즘 청년들의 잡(job)담

## 얼어붙은 취업난, 비운의 코로나 세대

———

최근 청년들 사이에서는 '50-3-1 법칙'이라는 신조어가 유행하고 있다. 입사지원 서류를 50군데에 넣고 세 번 면접을 봐야 한 군데에 합격할 가능성이 생긴다는 의미다. 좋은 일자리를 두고 경쟁이 치열해지면서 취업 준비생들의 '스펙(spec) 경쟁'은 격렬하다 못해 살벌할 지경이다. 취업 준비생의 '10대 스펙'이란 것이 있다. 학점과 학벌, 토익, 해외연수, 자격증, 봉사활동, 인턴십과 수상 경력에 심지어는 외모와 인성까지 스펙에 포함된다. 문제는 이렇게 영혼까지 끌어 모아 '역대급 고스펙'을 갖춘다 해도 청년들에게 주어지는 선택지는 그리 많지 않다는 점이다. 팬데믹 이후 불어닥친 '고용 한파'로 가장 큰 타격을 받은 것도 청년들이다. 얼어붙은 취업난 속에 '비운의 코로나 세대'라는 말이 현실화되고 있다.

스물일곱 살의 취업 준비생인 윤기호 씨는 코로나19 이후 채용공고가 눈에 띄게 사라진 것을 보면서 '바늘구멍 취업문'이라는 말을 실감하고 있다. "1년만 일찍 태어났더라면 하는 생각이 들 정도예요. 취업 준비를 마치고 서류를 내려는 순간 코로나19가 터져버렸으니까요. 보통 3월부터 채용공고가 올라왔는데, 지금은 거의 안 올라와요. 채용 사이트에 가봐도 사람 뽑는 회사가 없어요." 윤기호 씨는 2020년 상반기에 20개 회사에 입사지원 서류를 보냈고, 단 한 군데에서 서류합격 통보를 받았다. 더구나 비대면 채용이 많아지면서 화상면접, AI면접 등의 새로운 면접 방식에 적응하는 것도 만만치 않은 일이었다.

 통계청이 발표하는 '고용 동향'에 따르면, 2020년 10월 기준 청년 확대 실업률은 24.4%다. 청년 4명 중 1명이 사실상 실업자인 셈이다. 이런 상황에서 비교적 괜찮은 일자리라고 할 수 있는 '국내 매출액 기준 500대 기업'이 신규 채용의 문을 꽁꽁 닫아걸고 있다. 한국경제연구원이 2020년 9월 발표한 조사 결과에 따르면, 500대 기업 중 채용 계획이 없는 곳은 24.2%였고, 채용 계획을 세우지 못하고 있는 회사는 50%나 되었다.

 입시 지옥을 지나 다시 취업 지옥의 문으로 들어서는 청년들. 대학에 입학하자마자 스펙을 쌓느라 젊음을 제대로 느낄 겨를도 없이 20대를 통과하고 있는 청년들. 이러한 청년들에게 '불합격할 기회조차 주어지지 않는 현실'은 절벽 앞에 서 있는 것처럼 막막하기만 하다.

 그런데도 기성세대는 청년들에게 '스펙이 높아서 눈만 높고 안정을 추구하기 때문에' 대기업과 공무원시험에만 매달린다고 이야기한다.

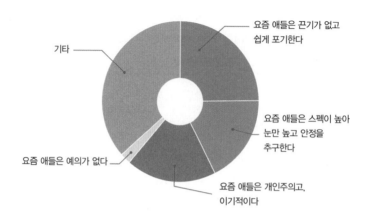

기타

요즘 애들은 끈기가 없고
쉽게 포기한다

요즘 애들은 스펙이 높아
눈만 높고 안정을
추구한다

요즘 애들은 예의가 없다

요즘 애들은 개인주의고,
이기적이다

입시지옥을 지나 다시 취업 지옥의 문으로 들어서는 청년들. 기성세대가 청년들에게 지닌 편견은 청년들에게 또다른 장벽이 된다. (출처 : 뉴닉(Newneek))

또 '끈기가 없고 쉽게 포기하기 때문에' 직장에 들어가서도 버티지 못하는 것 아니냐는 시선도 있다. 그런데 좋은 일자리를 찾는 것이 과연 '눈이 높아서'일까? 고용이 안정적으로 보장되는 일자리를 찾는 건 그만큼 새로운 일자리를 찾는 게 어려워서가 아닐까? 언제든 쉽게 일자리를 찾을 수 있는 환경이라면 청년들도 자신이 하고 싶은 일에 과감하게 도전하지 않을 이유가 없지 않은가.

더구나 코로나19 위기를 겪으며 우리는 오랫동안 안정적으로 일할 수 있는 '고용 안정성'을 더욱 중요한 요소로 생각하게 되었다. 하지만 한국의 고용 안정성은 세계 주요 선진국들과 비교했을 때 매우 낮은 축에 속한다. 2020년 10월 세계경제포럼(WEF)이 27개국에서 설문조사를 실시한 결과, 전체 응답자 중 54%가 '1년 내 실직할 가능성이 있다'고 우려를 표했다. 한국에서는 이 수치가 59%로 세계 평균을 웃도는 것으로 나타났다.

청년들의 일자리 문제가 눈높이 문제가 아니라는 것을 알려주는 또 다른 수치도 있다. 이미 많은 청년들이 하향 취업을 하고 있다. 한국은행이 발표한 〈하향 취업의 현황과 특징〉 보고서를 보면, 4년제 대학 졸업자의 하향 취업률은 2019년 4월 기준 30.53%로 집계되었다. 하향 취업자의 직업은 '서비스 및 판매'가 57%로 가장 많았고, 단순노무도 12%에 달했다.

청년들 사이에서 유행하던 'N잡러'는 2개 이상의 복수를 뜻하는 N에 직업을 뜻하는 잡(job)과 사람을 뜻하는 러(er)가 합쳐진 신조어로 '여러 직업을 가진 사람'을 의미한다. N잡러는 원래 선망의 대상이었다. 본업 외에 복수의 부업과 취미 활동을 즐기며 시대 변화에 언제든 대응할 수 있도록 여러 개의 직업을 가진 사람을 의미했기 때문이다. 하지만 지금은 청년들의 일자리가 급감하면서 고만고만하고 다양한 아르바이트를 힘겹게 전전하는 사람을 일컫는 어감으로 바뀌고 있다.

## 공시 공화국의 이면, 청년만 탓할 일인가

———

이미 수년 전부터 한국에서는 '공시 공화국'이라는 말이 유행할 정도로 많은 청년들이 공무원시험에 매달리고 있다. 잡코리아와 알바몬이 2020년 5월 대학생 및 졸업한 취준생 2013명을 대상으로 조

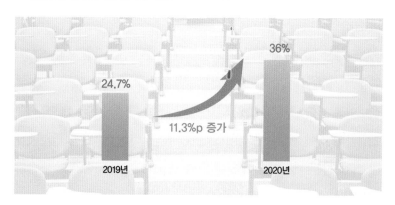

◆ 취준생 중 공무원시험 준비생 비율(2019년 vs. 2020년)

24.7%

2019년

11.3%p 증가

36%

2020년

(출처 : 잡코리아, 알바몬)

사한 결과를 보면, 전체 응답자 중 36%가 '공무원시험을 준비하고 있다'고 답했다. 이는 2019년 동일 조사 당시 24.7%에 비해 11.3%포인트 증가한 수치다. 실제로 2020년 6월 치러진 8·9급 지방직 공무원 공개경쟁임용시험에 약 24만 명이 응시했고, 평균 경쟁률은 10.4대 1이었다.

하루 평균 8.7시간씩 24.3개월을 공부해야 겨우 합격할 수 있을 만큼 많은 노력과 투자가 필요한 공무원시험에 이러한 쏠림 현상이 생기는 이유는 무엇일까. 우리 사회에 공무원보다 더 좋은 보상, 더 나은 무언가를 줄 수 있는 직업이 많지 않기 때문은 아닐까. 사실 공무원의 직업 안정성은 매우 높은 편이다. 선발 과정도 상대적으로 공정해 보인다. 스펙이라든지 외모라든지 부모의 직업이 당락에 거의 영향을 미치지 않는다. 또 근무조건이나 복지도 상대적으로 좋은 편이다. 가령 눈치 안 보고 육아휴직을 쓸 수 있다. 한국 사회에서는 이런 조건

◆ 20대가 전망하는 한국 사회의 미래

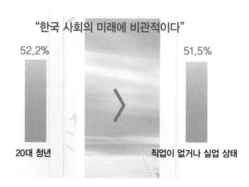

"한국 사회의 미래에 비관적이다"

52.2% 51.5%

20대 청년　　　　　직업이 없거나 실업 상태

(출처 : KBS공영미디어연구소, 국민 여론조사)

을 갖춘 직장을 찾는 것이 너무 어렵다는 것이 청년들의 공통된 하소연이다. 일자리 양극화가 심화하면서 좋은 일자리의 질은 더욱 높아졌지만 숫자는 줄어들었고, 안 좋은 일자리의 숫자는 늘어난 반면에 질은 극도로 나빠졌다.

KBS공영미디어연구소가 실시한 설문조사 결과를 보면, 한국 사회의 미래 전망을 묻는 질문에 20대 청년들 52.2%가 '비관적인 편이다' 혹은 '매우 비관적이다'라고 대답했다. 응답자 중 '직업이 없거나 실업 상태인 사람들'의 경우에는 51.5%가 한국 사회의 미래를 '비관적'으로 전망했다. 청년들이 미래에 대해 얼마나 불안하게 생각하고 있는지를 단적으로 보여주는 수치다.

지금의 청년 세대는 우리 사회의 여러 구조적인 문제들로 인해 가장 고통받는 세대다. 어떤 면에서 보면 심화된 경쟁, 일자리 양극화 등 지금의 청년 세대들이 겪는 어려움은 기성세대들이 오래전부터 쌓아온 문제들이기도 하다. 청년들에게 도전의식이 부족하다며 모든 문제를 청년들의 잘못으로 한정시키는 기성세대의 인식이 바뀌지 않으면 청년 일자리 문제에 대한 해결책을 찾는 것은 더욱 어려워진다.

## 왜 회사에 충성해야 하나요?

—

요즘 청년 세대를 향해 기성세대가 많이 하는 이야기 중 하나가 '애사심이 없고 끈기도 없다'는 것이다. 실제로 첫 직장을 퇴사하는 젊은 직장인의 비율은 87.6%로, 1년 이내에 첫 직장을 퇴사하는 비율도 30.6%였다. 어렵게 취업에 성공한 청년들이 입사와 동시에 이직을 준비하거나 퇴직을 생각하는 것이다. 언론에서는 이들을 '퇴준생', '샐러던트' 등으로 표현하기도 한다. 왜 이러는 걸까? 요즘 청년들, 정말 끈기와 인내심이 부족한 걸까?

퇴사하는 이유를 한번 살펴보자. 2019년 잡코리아에서 678개 중소기업을 대상으로 조사한 바에 따르면, 조기 퇴사를 하는 이유로 '연봉이 낮아서'가 44.2%로 가장 높았다. 그 뒤를 이은 것은 '직무가 적성에 맞지 않아서'와 '실제 업무가 달라서'였다. 이런 조사 결과가 보여주는 것은 청년들이 참을성이 부족해서 회사를 그만두는 것이 아니라는 점이다. 오히려 청년들이 원하는 일자리와 주어진 현실 사이의 괴리가 더 큰 이유로 작용하고 있다.

게다가 직장을 자주 옮기는 건 청년들만의 현상이 아니다. 한국은

◆ 밀레니얼 세대의 조기 퇴사 비율

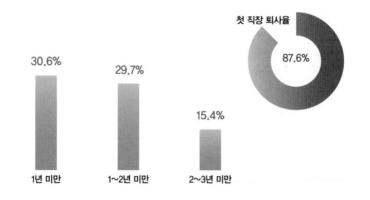

(출처 : 인크루트)

◆ 신입 사원 조기 퇴사 사유

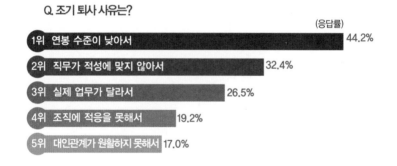

(출처 : 잡코리아)

OECD 국가들 중 손꼽히는 '초단기 근속' 국가다. 2019년 기준 근로
자의 평균 근속 연수는 5.9년으로 다른 OECD 국가들에 비해 현저히

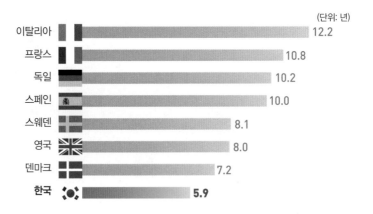

◆ OECD 주요국 근로자의 평균 근속 연수

(단위: 년)

| 이탈리아 | 12.2 |
| 프랑스 | 10.8 |
| 독일 | 10.2 |
| 스페인 | 10.0 |
| 스웨덴 | 8.1 |
| 영국 | 8.0 |
| 덴마크 | 7.2 |
| 한국 | 5.9 |

(출처 : OECD)

낮은 편이다. 2019년 6월 기준 한 사업체에서 10년 이상 근무한 장기 근속자는 전체 근로자의 약 14%에 불과하다.

우리 사회는 이미 1997년 IMF 외환 위기와 2008년 글로벌 금융 위기를 지나면서 '조직이 개인을 끝까지 책임져주지 않는다'는 것을 통렬히 경험한 바 있다. 한 회사에 오랫동안 다니다 나오면 치킨집을 차리는 것 말고는 할 수 있는 일이 없다는 것도 부모님 세대를 통해서 뼈저리게 체감했다. 30년 장기 근속이 자랑이 되는 시대는 이미 지나간 것이다. 지금의 청년들은 "회사의 성장이 곧 나의 성장"이라는 말을 믿지 않는다. 그래서 이렇게 반문한다. "회사에서는 고용을 보장해주지 못하면서 왜 우리에게 충성을 요구하나요?"라고.

# 좋은 일, 좋은 직장의 기준이 달라지고 있다

———

콘텐츠 스타트업 뉴닉의 20대 창업자 김소현 대표는 청년들에게 좋은 일과 직장의 기준이 달라지고 있다며 다음과 같이 말했다. "뉴닉을 구독하는 청년들에게 '당신에게 일이 어떤 의미냐'라는 질문을 했더니 '기본적으로는 돈을 버는 수단이지만, 동시에 나의 행복과 성장, 삶의 의미를 찾는 중요한 수단'이라고 대답한 사람들이 많았습니다." 그러면서 "요즘 서점에 가보면 일과 삶에 대한 책들이 진짜 많잖아요. 그만큼 지금의 청년들은 '내 삶에서 일은 무슨 의미인가'라든가, '나는 무슨 일을 하고 싶은가'와 같은 질문에 많이 노출된 세대라고 할 수 있습니다"라고 덧붙였다.

MZ세대는 다른 세대보다 일과 개인의 삶을 나누어 인식하려는 경향이 강하다. 대학내일20대연구소는 만 19~59세 직장인 남녀 1150명을 Z세대(만 19~24세), 밀레니얼 세대(만 25~39세), X세대(만 40~50세), 86세대(만 51~59세)로 구분해 일과 직업, 직장, 업무와 관련한 인식을 비교했다. 이 조사 결과에 따르면, 20대 초반인 Z세대 직장인의 경우 업무 과정에서 '자신의 능력을 발휘하여 성취와 보람을 느끼는 것'을 가장 중요하게 생각했다. '새로운 지식을 알아가며 발전하고 성장'하고자 하는 욕구 또한 다른 세대보다 높게 나타났다. 밀레니얼 세대의 경우에는 회사생활과 개인의 삶을 철저하게 분리함으로써 업무를 통해 자아실현을 하려는 욕구보다는 회사생활을 '경제활동의 수단'으로 생각하는 경향이 강했다.

◆ 세대별 좋은 일자리에 대한 인식 비교

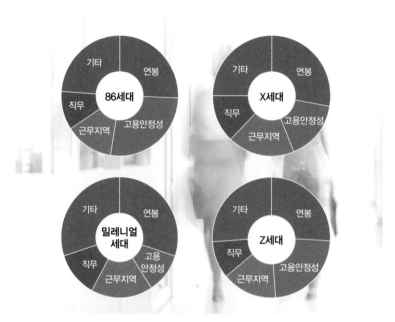

밀레니얼 세대는 회사생활을 '경제활동의 수단'으로 생각하는 경향이 강하고, Z세대의 경우 기타 항목 '자신의 능력을 발휘하고 성취와 보람을 느끼는 것'을 가장 중요하게 생각했다. (출처 : 대학내일20대연구소)

청년 일자리 문제를 이야기할 때 빠지지 않고 등장하는 말이 있다. 앞에서도 언급했던 "청년 구직자의 눈높이를 낮춰야 한다"는 말이다. 그런데 정말 요즘 청년들이 유독 눈이 높은 것일까? 그렇지 않다. 우리는 시대와 관계없이 언제나 '좋은 일자리'를 원했다. 위의 표를 보면 86세대도, X세대도, 밀레니얼 세대도, Z세대도 모두 높은 연봉과 안정된 직장을 원했다. 다만 시대적 상황과 가치에 따라 '좋은 일자리의 기준'이 변했을 뿐이다.

그러면 시대와 세대에 따라 일자리에 대한 인식이 어떻게, 그리고 왜 변할 수밖에 없었는지에 대해 살펴보자. 86세대는 연평균 10.4%의 고도성장을 하던 시기에 회사생활을 시작했다. 조직에 헌신하면서 한국의 눈부신 경제발전을 이끌었다. 대한민국의 미래가 곧 나의 미래라고 생각했다. 그다음 1990년대에 X세대가 등장했다. 86세대가 만들어놓은 경제와 문화의 풍요 속에서 자라는 X세대를 보고 한국 사회는 처음으로 '개인주의'라는 단어를 사용하기 시작했다. 1997년 IMF 외환위기가 찾아왔을 때 직장인이었던 X세대는 조직, 동료와 함께 위기를 극복하면서 끈끈한 공동체 의식을 가지게 되었다. X세대에게는 조직이 곧 나 자신이었다. 밀레니얼 세대가 사회 진출을 시작한 2000년대에 처음으로 '청년 실업'이라는 단어가 등장했다. 저성장·저물가·저금리의 3저 불황, 매년 증가하는 청년 실업률, 비정규직 확산, 구조조정이 그들이 마주한 세상의 모습이었다. 20대 신입 사원에게 희망퇴직을 묻는 저성장의 시대를 살아가는 밀레니얼 세대에게는 회사가 개인의 미래를 책임져주지 않는다는 인식이 강하게 자리 잡았다. 회사의 성장보다 자신의 미래에 더 초점을 맞출 수밖에 없는 이유다.

청년들이 회사에 충성하지 않는다고 해서 일에 대한 성취까지 포기한 것은 아니다. 과거와 다른 방식으로 일하고 있을 뿐이지, 일 자체에 대한 의욕이나 열정이 사그라진 것은 아니다. 조기 퇴사 비율이 높은 것도 그들에게는 어떤 회사에 다니는가보다 어떤 일을 하는가가 더 중요하기 때문이다. 결국 '충성심'이라는 잣대로만 청년 세대를 재단하려 한다면 그들에게 더 좋은 일자리를 제공하고 동기부여를 하려는 노력도 빛을 발하지 못할 것이다.

# 청년을 이해하는 두 가지 키워드: 개인 존중, 공정함

구성원의 절반이 20대 청년으로 이루어진 대학내일의 김영훈 대표는 요즘 청년들을 이해하기 위한 두 가지 키워드로 '개인 존중'과 '공정함'을 제시한다. 기성세대가 20대들에게 '너무 이기적'이라는 비판을 할 때마다 김영훈 대표는 이렇게 되묻는다고 한다. "옛날에는 이기적인 사람이 없었습니까?" 밀레니얼 세대가 개인주의적 성향이 강한 것은 맞지만 그렇다고 해서 세대 전체에 이기적이라는 프레임을 씌워선 안 된다는 것이다.

밀레니얼 세대는 본인의 취향과 가치를 중요시하는 만큼 남의 취향과 가치도 존중해준다. 코로나19 사태가 벌어졌을 때 가장 먼저 코로나맵과 코로나알리미 서비스를 만든 것은 20대 대학생들이다. 지역 상권을 살리기 위해 착한 소비 운동에 먼저 나선 것도, 자가격리 챌린지에 가장 적극적으로 참여한 것도 수많은 20대 청년들이었다. 누가 시키지 않아도 스스로 사회를 위해 행동하는 이들을 정말 이기적이라고 할 수 있을까?

젊은 세대들과 일을 잘하고 싶다면 이들의 가치와 권리도 존중해야 한다. 일찍 일어나는 새가 먹이를 잡는 것은 당연하다. 하지만 새가 일찍 일어나려면 일찍 자야 한다. 많은 회사가 아침 9시 1분은 9시가 아니라고 말한다. 이 원칙이 잘못된 것은 아니다. 하지만 이 원칙을 내세우려면 반드시 함께 이야기해야 할 원칙이 있다. 바로 저녁 6시 1분도 6시가 아니라는 것이다. 구성원이 조직의 의무와 원칙을 따라야 하듯

◆ 청년이 원하는 청년 일자리 정책

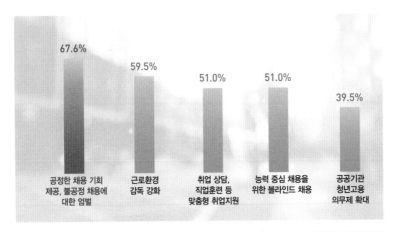

(출처 : 국무조정실 청년정책추진단)

이 회사도 구성원의 권리를 존중하고 지켜주어야 한다.

20대들이 '공정함'에 민감한 이유는 무엇일까. 노력이 결과로 이어지지 않는다는 사실을 계속해서 목격하고 체험해온 세대이기 때문이 아닐까. 이들에게는 애초에 주어진 기회 자체가 적기 때문에 최소한 과정만이라도 공정하길 바라는 것이다. 청년들에게 고용을 촉진하고 일자리의 질을 높이기 위해 필요한 정책을 물었을 때, 가장 첫 번째로 꼽은 것 역시 '공정한 채용 기회 제공과 불공정 채용에 대한 엄벌'이었다.

20대 청년들과 함께 일을 잘하기 위해서는 조직에 명확한 기준이 있어야 한다. 직급이나 위계에 따라 흔들리지 않는 공정한 기준 말이다. 그리고 명확한 기준에 따라 그들을 공정하게 평가해야 한다. 그래야 그들도 조직을 신뢰하고 책임감을 가질 수 있다. 친분을 내세우는 기성세대의 '줄 세우기' 문화는 젊은 세대의 협력을 이끌어낼 수 없다.

## 청년들이 일하고 싶은 기업

―

2018년 기준 중소기업 종사자 수는 1588만 명으로 전체 종사자 대비 89.7%의 비중을 차지한다. 국내 일자리 10개 중 9개가 중소기업에서 나온다는 의미다. 그렇다면 청년들에게 '눈높이를 낮춰서' 중소기업에 들어가라고 하는 대신, 중소기업이 청년들의 '눈높이에 맞춰서' 기업문화와 근무환경을 개선하면 어떨까? 조직만 앞세우는 것이 아니라 개인을 존중해주고, 마음껏 자신의 능력을 펼치게 하되 공정한 기준에 따라 평가해주는 기업이라면 젊은 세대들이 기꺼이 문을 두드리지 않을까?

직원 수 50명 규모의 스튜디오씨드코리아는 디자인 시제품 소프트웨어를 개발하는 회사다. 이 회사는 코로나19 이전부터 유연근무제와 원격근무제를 도입했다. 재택근무를 하는 직원들은 출퇴근 시간을 아낄 수 있어서 그만큼 일에 더 집중할 수 있다. 워킹맘들도 한결 수월하게 육아를 병행할 수 있다. 심리적 안정은 업무 효율로 이어진다.

디자이너 임세희 씨는 입사 당시 들은 이야기 중 두 가지가 인상 깊었다고 한다. "하나는 본인의 가정이 행복해야 일을 잘할 수 있다는 것이었고, 다른 하나는 대표가 일을 시켰을 때 언제든지 '싫어요'라고 말할 수 있다는 것이었어요. 처음 일주일 동안은 '설마 그게 지켜지겠어?' 했는데 3년 동안 그 두 가지 규칙이 안 지켜진 적이 한 번도 없었어요."

구성원들 입장에서 일과 삶의 균형이 잘 지켜진 덕분에 이 회사는 2019년에 '서울형 강소기업'에 선정됐다. 서울형 강소기업으로 선정되면 청년 채용을 했을 때 지원금을 받는다든지 하는 혜택들이 있기 때문에 중소기업 입장에서는 많은 도움이 된다. 청년들 입장에서도 이런 기업이 많아진다면 일자리 선택의 폭이 훨씬 넓어질 것이다.

청년들이 가장 중요하게 생각하는 것은 기업의 규모가 아니다. 그들이 원하는 것은 일과 삶을 조화롭게 유지할 수 있는 근무환경, 자신이 맡은 업무를 통해 성장할 수 있도록 오너십을 부여하는 문화다.

MZ세대 전문 마케팅 에이전시 기업인 대학내일도 세 가지 철학을 통해 청년 세대들과 눈높이를 맞추고 있다. 첫 번째 철학은 '사람이 목적이고, 이익은 수단'이라는 것이다. 조직이 이익을 만드는 과정에서 구성원의 행복도 함께 챙기기 위한 철학이다. 두 번째 철학은 '주인이어야 주인의식이 생긴다'라는 것. 조직의 이익을 함께 나누고 구성원들에게 동기를 부여하기 위한 철학이다. 대학내일은 1년 이상 근무한 직원에게 주식을 소유할 수 있는 권리를 준다. 현재 대표이사를 제외한 전체 구성원이 보유한 주식은 87%다. 나도 회사의 주인이라는 마음으로 일할 수 있는 환경을 만들기 위한 노력이다. 마지막은 '동료의 땀을 탐하지 않는다'는 철학이다. 공정함을 중요하게 여기는 세대인 만큼 구성원이 참여한 노동의 질과 양을 존중하고 제대로 평가하기 위해 노력한다.

대학내일은 코로나19로 힘든 상황에서도 2020년 상반기에 15%의 성장을 이루었다. 조직의 어려운 상황을 자기 개인의 일로 받아들여 스스로 노력한 구성원들 덕분이다. 대학내일은 2020년 상반기 잡플래닛이 선정한 '일하기 좋은 중견·중소기업 1위'에 올랐다.

기술과 트렌드가 급격하게 변화하는 앞으로의 비즈니스 환경에서는 젊은 세대가 중심이 되어 기업의 미래를 이끌어가게 될 것이다. 따라서 청년들이 일하기 좋은 환경을 만드는 것은 기업의 미래를 위한 투자이자 지속 가능한 성장을 위한 핵심 요소다.


## 꿈을 찾는 청년들에게 공공의 지원이 더해지다

중소기업만큼이나 청년들에게 외면받아온 일자리가 지방 도시다. 일자리를 찾아 수도권과 대도시로 청년들이 떠나오면서 지역은 지역대로 청년은 청년대로 힘든 것이 현실이었다. 그런 점에서 지역과 청년을 연결하는 일자리 프로젝트 '넥스트 로컬(next local)'을 주목해볼 만하다. 서울시에서 진행하는 이 프로그램은 청년들이 지역의 자원을 활용하여 창업할 수 있도록 돕고, 창업 이후에도 계속 성장할 수 있도록 지원하고 있다.

강원도 영월군 역시 젊은이들이 일자리를 찾아 하나둘 떠나가며 활기를 잃은 지방 도시 중 하나다. 그런데 이곳에 사람들로 북적이는 특별한 양식당이 있다. 젊은 감각과 지역의 특색을 살린 색다른 맛으로

영월의 지역 특산물을 활용한 이탈리아 요리를 선보이는 식당(좌)과 영월의 역사와 설화에 증강현실을 접목한 게임(우)은 모두 지역과 청년을 연결하는 창업 지원 프로젝트의 지원을 받았다.

인기 만점이다. 이 식당을 운영하는 임송이 씨는 지역 특산물을 활용해 본인만의 레시피를 선보이겠다는 포부로 서울 유명 호텔을 나와 지역 창업에 도전했다.

임송이 씨 역시 지역에서의 도전이 쉽지만은 않았는데, 다행히 서울시 지역상생 프로젝트의 도움을 받을 수 있었다. "넥스트 로컬 프로그램에 들어가면서 교육뿐만 아니라 메뉴 타당성 검토도 받을 수 있었어요. 푸드트럭으로 시작해서 손님들에게 피드백도 받을 수 있었고요."

또 다른 청년 주수현 씨는 지역의 흥미로운 역사와 설화에 증강현실 기술을 접목해 게임 개발에 도전하고 있다. 영월을 여행하면서 각 장소에 해당하는 다양한 캐릭터들을 잡아 봉인하는 형식의 게임이다. "청년 사업가나 대학생들이 직접 공공기관의 문을 두드리는 것은 쉽지 않잖아요. 그런데 넥스트 로컬 프로그램 덕분에 청년들이 지역으로 나아갈 수 있는 지름길을 얻었다고 보면 되죠." 지방 도시에서는 젊은 인재들의 창의적인 아이디어를 필요로 한다. 청년들은 꿈을 펼칠 무대와 지원을 필요로 한다. 이 둘을 연결해주는 통로가 있다면 지역과 청년 모두에게 활력을 불어넣을 수 있을 것이다.

해외 사례를 한 가지 살펴보자. 스페인의 지방 도시 빌바오는 아름다운 문화와 젊음이 흐르는 친환경 도시다. 하지만 불과 30여 년 전만 하더라도 이 도시의 산업과 풍경은 지금과는 정반대의 모습이었다. 1980년대까지만 해도 조선업으로 호황을 누렸지만, 이후 조선업이 쇠퇴하면서 청년 실업률이 50%로 치솟았기 때문이다.

빌바오에 청년들을 다시 불러들인 건 '빌바오혁신팩토리(Bilbao Berri-kuntza Faktoria)'다. 몬드라곤대학에서 운영을 맡은 이곳은 교육, 창업 지원, 성장 지원을 포함해 혁신 창업을 위한 다양한 프로그램을 진행하는 인큐베이터다. 대학과 기업, 스타트업이 함께 입주해 있어 청년들은 입학과 동시에 실전 경험을 쌓을 수 있다. 빌바오혁신팩토리의 첫 번째 원칙은 '하면서 배운다'는 것이다. 교육 프로그램은 100% 실습과 실제 프로젝트 구성으로 짜여 있다. 이곳에는 교수나 강의실도 없다. 다양한 지원을 받으며 청년 스스로 일자리를 만들어간다. 대학 과정이 끝나면 곧바로 창업과 취업으로 이어진다.

빌바오혁신팩토리에는 다양한 프로젝트에 참여하면서 서로의 문제와 성공을 공유하고 함께 해결책을 발견하며 성장을 돕는 매력적인 창업 생태계가 형성되어 있다. 이러한 자유로운 기업문화와 창업 환경을 찾아 일부러 빌바오를 찾는 청년들이 늘고 있다고 한다.

전 세계적으로 제조업의 쇠퇴로 대량 실업의 위기를 겪은 도시는 빌바오 외에도 많이 있다. 하지만 그러한 위기를 극복하고 살기 좋은 도

158

시로 재탄생한 경우는 그리 많지 않다. 빌바오의 가장 큰 자랑거리는 '일자리의 질'이다. 대부분 중소 규모의 기업들이지만 개방적인 커뮤니케이션과 의사결정 방식 덕분에 청년들이 일하기 좋은 기업으로서 환영받고 있다. 빌바오는 꿈을 찾는 청년들의 도전에 공공의 지원이 합쳐져 지역과 청년의 상생을 이루고 있는 좋은 사례다.

'비운의 코로나 세대'라는 이름에서도 느껴지듯 그 어느 때보다 어려운 현실에서 많은 청년들이 고군분투하고 있다. 우리 삶에서 분리할 수 없는 가장 중요한 것이 바로 일과 일터다. 청년들의 일자리와 일터가 나아지지 않으면 우리 사회의 미래도 나아질 수 없다. 우리가 흔들리면서도 계속 나아가는 것은 희망이 있기 때문이다. 그 희망의 열쇠를 갖고 있는 것은 청년들이다. 우리 사회가 청년들의 꿈을 존중해주고 지지해주어야 할 이유다.

明見萬里

# 6장

# 청년 주거 빈곤,
# 탈출구는 있는가

—

청년의 주거가 변해야 사회 전체가 변한다

지하, 옥탑방, 고시원, 가난한 청년들의 종착지 '지옥고'.

젊다는 이유 하나만으로 언제든

박스 하나로 옮길 수 있는 생활을 유지하며

잠재적 난민으로 살고 있는 대한민국 청춘들!

꿈을 좇을 기회조차 앗아가는 청년 주거 빈곤의 현실을 돌아본다.

# 청년 주거 빈곤,
# 탈출구는 있는가

청년의 주거가 변해야 사회 전체가 변한다

## 대한민국 청년, 잠재적 난민이 되다

집은 가장 기본적인 삶의 공간이다. '인간다운 생활을 영위할 수 있는 최소한의 기준을 충족시키는 적절한 주거지에 거주할 권리'인 주거권은 인간에게 주어지는 가장 기본적인 권리다. 그런데 지금 대한민국에는 아예 주거권을 포기한 채 살아가는 청년들이 늘고 있다. 그들에게는 '내 집'은커녕 '최소한의 인간다운 생활을 영위할 수 있는' 제대로 된 방 한 칸을 갖는 것조차 버거운 일이다. 월세 부담을 줄이기 위해 어쩔 수 없이 불법 개조되거나 증축된 임시건물에서 살고 있는 청년들의 경우에는 최소한의 안전과 생존마저 위협당하고 있다.

우리나라 주거기본법에서 정한 1인 가구 최소 주거 면적은 14제곱미터로, 평수로 계산하면 4평 남짓한 크기다. 다른 선진국들과 비교했을 때 우리나라의 최소 주거 면적은 좁은 편에 속한다. 일본은 25제곱미터, 덴마크는 52.4제곱미터, 스웨덴은 40제곱미터, 독일은 40제곱미터다. 주거 빈곤율은 최소 주거 면적에 미달하거나 고시원을 비롯한 주택 이외의 기타 거처와 지하 및 옥상에 거주하는 가구의 비율이다. 또한 월 소득에서 주택 임대료가 차지하는 비율이 20%를 초과하면 주거비 과부담 상태로 역시 주거 빈곤 상태로 본다.

한국에서 청년들은 유일하게 주거 빈곤율이 높아지고 있는 세대다. 전체 세대의 주거 빈곤율은 점차 낮아지고 있는 반면 청년층의 주거 빈곤율만 역주행을 하고 있다. 2019년 한국보건사회연구원의 발표에 따르면, 만 19~34세의 청년 3가구 중 1가구는 최저 주거 기준에 못 미치는 곳에 살거나 월 소득의 20% 이상을 주거비로 지출하는 주거 빈곤 상태인 것으로 나타났다. 특히 서울에 사는 1인 청년 가구의 빈곤율은 40%가 넘는다.

20대 청년들의 독립미디어 '미스핏츠(misfits)'는 동아시아 청년들의 삶을 기록한 책에 이렇게 썼다. "언제든 박스 몇 개에 나눠 담을 수 있도록 인생을 정리한다는 것. 원치 않지만 언제든 떠날 준비를 해야 한다는 것. 도시에서 안정적으로 공간을 빌릴 자본이 없는 청년은 잠재적 난민이다. 원치 않는 이동을 반복하고, 안전하지 않고 익숙하지 않은 공간을 떠돌면서 소진된다. 불안과 상실을 대가로 꿈을 좇을 기회를 얻고, 질 낮은 생활을 감수하는 상황이다."

언제든 여행가방 하나와 박스 몇 개에 인생을 꼬깃꼬깃 넣고, 조건

작은 침대와 책장을 놓고 나면 발 디딜 틈조차 없는 작은 방이 지금 서울에 사는 청년들의 주거 환경이 얼마나 열악한지 보여주고 있다.

에 따라 떠날 준비를 해야 하는 청년들. 그들에게 붙여진 '잠재적 난민'이라는 다섯 글자는 너무도 서늘하고 두렵기조차 하다. 그들이 작은 방 하나를 얻기 위해 가장 먼저 포기하는 것은 미래다. 월세를 버느라 꿈을 좇을 기회조차 잃어버린다. 그다음은 건강이다. 환기도 되지 않는 방에서 인스턴트 음식으로 끼니를 때우다 보면 어느새 몸이 망가져 있다.

2020년 10월, 스물다섯 살 박태건 씨는 서울에 있는 한 회사에 최종 합격했다. 출퇴근에 4시간이나 걸리기 때문에 어쩔 수 없이 서울로 거처를 옮겨야 했다. 하지만 월세 30만 원 이내의 예산으로는 제대로 된 방을 구하기가 어려웠다. 부동산에 주변 시세를 물어보니 월세는 최소 50만 원이고 여기에 관리비나 제세공과금이 붙는다는 답변이 돌아왔다. 박태건 씨가 바라는 건 그저 창문이 있는 방이었다. 환기가 안 되는 곰팡이 핀 고시원 방에 살면서 면역력이 떨어져 대상포진까지 앓았던 경험이 있었기 때문이다. 하지만 30만 원 내외의 예산으로 구할 수

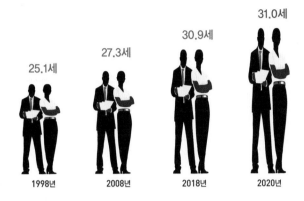

◆ 대졸 신입 사원 평균 연령 (1998~2020년)

25.1세

27.3세

30.9세

31.0세

1998년        2008년        2018년        2020년

(출처 : 인크루트)

있는 집은 창문이 없는 대신 환풍기가 돌아가는 11제곱미터의 작은 지하방뿐이었다. 결국 회사 근처의 고시원을 알아보기로 했다.

박태건 씨처럼 취업이나 학업 때문에 전국에서 서울로 유입되는 청년은 한 해 평균 55만 명이며, 매해 그 수가 증가하고 있다. 그들이 가장 먼저 마주하는 현실은 바로 집이다. 이제 막 상경한 가난한 사회 초년생들에게 서울의 높은 월세는 큰 걸림돌이다. 그러다 보니 그나마 선택할 수 있는 곳은 지하방이나 옥탑방 혹은 고시원, 일명 '지옥고'다. '지옥고'는 이미 10여 년 전부터 청년 주거 문제의 상징이었다.

학업 때문에 서울로 온 청년들의 경우 졸업과 취업 시기가 늦어지면서 주거 빈곤 상태가 더 길어지는 것도 문제다. 취업 포털 인크루트에서 조사한 바에 따르면, 대졸 신입 사원의 평균 연령은 IMF 외환 위기를 겪었던 1998년 25.1세에서 2020년 31.0세로 6세가량 높아졌다.

원인은 취업난으로 졸업을 미루는 대학생들이 많아진 데다 구직 준비 기간도 길어졌기 때문이다. 어학 공부, 자격증 취득 등 취업 준비에 쓰는 돈도 만만치 않다. 2020년 기준 1년간 취업 준비 비용으로 지출한 금액은 평균 378만 원이었다. 이렇게 오랫동안 많은 비용을 들여 취업 준비를 해도 좋은 일자리를 구하는 것은 창문 하나 있는 방을 구하는 것보다 더 어렵다. 극심한 취업난에 높은 주거비 부담까지 겹치면서 더 많은 청년들이 더 궁핍한 삶을 견뎌내고 있다.

## 집이 청년들의 삶을 삼키고 있다

코로나19 이후 집에서 지내기가 너무 답답하다는 하소연을 하는 청년들이 늘어나고 있다. 안전하고 안락한 공간이어야 할 집이 불편하고 벗어나고 싶은 공간이 되어버렸다. 조금 남아 있는 공간에 빨래까지 널고 그야말로 옴짝달싹할 수 없는 좁은 방에 갇혀 지내다 보면 우울감, 무력감까지 찾아온다.

그런데 청년들에게는 버거운 현재보다 더 두려운 것이 있다. 바로 앞으로 다가올 미래다. 좋은 일자리를 찾는 것이 어려우니 눈앞의 생계를 위해 질 낮은 노동을 받아들일 수밖에 없다. 코로나19로 아르바이트하는 것조차 힘들어진 마당에 비좁은 방에서 벗어나기는커녕 더 끔찍한 곳으로 내몰리지 않을까 두렵다. 이런 상황에서 과연 삶이 조금이라도 더 나아질 거란 희망을 품을 수 있을까?

168

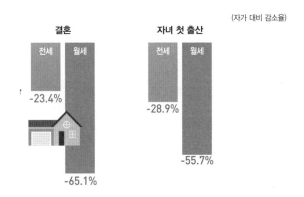

자가에 거주하는 사람에 비해 전세와 월세에 거주하는 사람은 각각 결혼할 가능성이 23.4%와 65.1% 감소했다. (출처 : 한국경제연구원, 〈주거 유형이 결혼과 출산에 미치는 영향〉)

청년들의 주거 빈곤은 삶의 다른 부분, 특히 결혼과 출산에 미치는 영향이 크다. 현재의 주거 빈곤이 미래의 삶을 집어삼키고 있는 것이다. 한국경제연구원이 2020년 10월에 발표한 보고서를 보면, 자가에 거주하는 사람에 비해 전세와 월세에 거주하는 사람은 결혼할 가능성이 각각 23.4%와 65.1% 감소했다. 또한 첫째 자녀를 출산할 가능성 역시 낮아진다. 아이는 둘째치고 결혼마저 생각할 여유가 없는 게 요즘 청년들의 현실이다. 힘든 현실을 견딜 힘은 미래에 대한 희망에서 나오게 마련인데, 지금 청년들에게 희망은 저 꼭대기가 아니라 아예 벽 너머 보이지 않는 곳에 있는 것 같다. 자신의 무능력을 자책하다가 사회에 대한 울분을 토해내고 결국 자포자기 상태에 이르는 청년들. 이런 상황을 청춘이기에 겪는 당연한 과정이라고 치부해도 되는 걸까?

청년의 주거 빈곤은 부모에게서 독립해 혼자 생활하는 청년들만의 문제가 아니다. 부모와 함께 지내면서 여건상 주거 독립을 하지 못하는 청년들도 잠재적 주거 빈곤층으로 봐야 한다. 벼룩시장구인구직이 2020년 7월 조사한 바에 따르면, 20대 청년 10명 중 6명은 부모에게서 독립하지 못한 '캥거루족'이다. 30대에도 독립하지 못한 청년도 10명 중 5명이나 된다. 이들 가운데 상당수는 코로나19로 일자리를 잃는 바람에 다시 부모 집으로 돌아간 경우다.

대학을 졸업한 이후에도 청년들이 분가하지 못하는 이유는 대개 '경제적'인 것으로 그중에서도 '월세' 부담이 가장 크다. 일자리를 갖고 있더라도 월세 부담이 워낙 높다 보니 부모에게서 '주거'를 지원받고 있는 셈이다. KBS공영미디어연구소에서 실시한 설문조사 결과에 따르면, 청년들이 생각하는 '경제적으로 독립해야 하는 이상적인 연령'은 평균 27세로 나타났다. 하지만 실제로 청년들이 경제적 독립을 하는 연령은 평균 30세였다. 이 3년의 간격에서 청년들의 깊은 고민과 한숨이 보인다.

## 청년 세대의 주거 불평등과 빈부 격차

―――

2019년 청년 가구 주거 실태를 보면 만 20~34세 청년 가구 가운데 '자가'에 살고 있는 사람은 전체의 17.2%에 불과했고, 월세 거주 비

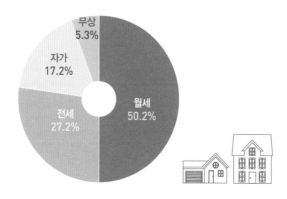

만 20~34세 청년 가구 가운데 월세 거주 비중은 50.2%로, 일반 가구의 월세 거주 비중 23.0%보다 2배가량 높다. (출처 : 국토교통부 〈2019년 주거실태조사〉)

중은 50.2%인데, 일반 가구의 월세 거주 비중 23.0%보다 2배가량 높은 수치다. 2019년 한국보건사회연구원 자료에 따르면, 소득에서 주택 임대료 비중이 20%가 넘는 청년은 24.7%다. 서울에 사는 청년들의 부담은 이보다 훨씬 더 높다. 2020년 11월 서울시가 조사한 바에 따르면, 1인 청년 가구는 한 달 평균 124만 원을 벌고 월세와 관리비로 47만 원을 지출했다. 소득 대비 주거비 비율(RIR)이 38%에 이른다.

　좁아터진 답답한 방에서 탈출하고 싶은 청년들은 집의 기능을 대신할 수 있는 공간들을 찾아 나선다. 이른바 '방의 외부화'다. 카페에서 공부하는 사람을 일컫는 '카공족'이 논란이 되었던 적이 있다. 그런데 그 논란의 중심에 있는 것이 바로 청년들이었다. 그들은 카페를 비롯해 PC방, 찜질방, 코인빨래방 등에서 공부와 식사, 세탁, 휴식 등 생활의 상당 부분을 해결한다. 그러다 보니 월세 외에도 생활비 부담이 늘어날 수밖에 없다. 2020년 7월 기준, 1인 청년 가구의 월평균 소득은 243만 3000원. 소득 중 식비와 주거비, 통신비, 교통비 등의 비중은 43.5%다. 한 달 수입의 약 절반을 기본적인 생활비에 쓰고 있는 셈이다.

이렇게 월세와 생활비에 짓눌려 허덕이는 생활을 하노라면 '나는 언제 내 집을 마련할 수 있을까' 하는 생각에 마음이 무거워진다. KBS공영미디어연구소의 조사 결과를 보면, '누구의 도움도 받지 않고 대출도 없이 서울 소재 34평 아파트를 소유할 수 있는 연령'을 묻는 질문에 청년들의 반 이상이 '평생 어려울 것'이라고 대답했다.

서울시는 아파트 평당 가격이 세계에서 세 번째로 비싼 도시다. 경제정의시민실천연합이 서울 아파트 6만 3000세대의 시세 변동을 분석한 결과, 82.6제곱미터(25평형) 아파트의 평균 가격은 11억 9000만 원이다. 2020년 임금 노동자의 평균 연봉은 3360만 원이므로, 임금을 모두 모아도 서울에서 25평 아파트를 사려면 무려 36년이 걸린다. 현실적으로 임금 전부를 저축할 수는 없으니 한 달에 100만 원씩 저축한다고 가정하면 아파트 장만에 100년쯤 걸린다는 계산이 나온다. 아파트 전세를 구하는 것 역시 녹록지 않다. 2020년 서울시 중소형 아파트의 평균 전세 가격은 5억 원을 돌파했다. 역시나 한 달에 100만 원씩 저축해서 서울의 아파트 전세를 얻으려면 40년 이상이 걸리는 셈이다.

서울의 아파트 가격이 폭등한 이유는 저금리 시대가 되면서 부동산 투자를 하는 사람들이 많아졌기 때문이다. 서울의 아파트 거래 가

서울시는 아파트 평당 가격이 세계에서 세 번째로 비싼 도시다. 연봉 3369만 원을 받는 임금노동자가 서울에서 25평 아파트를 사려면 무려 36년이 걸린다. (출처 : 경제정의시민실천연합)

운데 42%가 투자 목적으로 이루어진다. 2019년 기준 2채 이상의 집을 보유한 사람은 228만 4000명에 이르고, 5채 이상 보유한 사람도 11만 8000명이나 된다. 집을 2채 이상 보유하고 있는 다주택자의 비율은 15.9%다.

청년 세대는 열악한 주거 환경보다 부동산이나 주식과 같은 자산 투자를 통해 확대되고 있는 빈부 격차에 더 좌절하고 분노한다. 더욱이 이러한 양극화는 경기침체 여부와 상관없이 갈수록 심화하는 추세다. 청년들이 열심히 일하고 저축하면서 미래를 준비하는 것이 아무런 의미가 없다며 절망하는 이유다. 더 이상 개천에서 용이 나올 수 없는 시대에 이러한 청년들의 배고픔이 성공의 원동력이 될 수 있다고 말한다면 현실을 너무나 잘못 이해하고 있는 것이다. 넓고 편한 공간에서 주거비 걱정 없이 미래를 준비하는 청년과 언제 더 열악한 주거 환경으로 내몰릴지 모르는 불안한 조건에서 살고 있는 청년이 과연 같은 출발선에 서 있다고 이야기할 수 있을까? 우리 시대의 청년들에게 '불평등'은 절망과 무기력의 동기이지, 희망과 열정의 동기가 아니다.

## 청년 주거지원, 덴마크 사회주택에서 배운다

—

핀란드의 저널리스트 아누 파르타넨(Anu Partanen)이 쓴 《우리는 미래에 조금 먼저 도착했습니다》의 부제는 '북유럽 사회가 행복한 개인을 키우는 법'이다. 저자는 미국 남자와 결혼해 뉴욕에서 살게 되면서 핀란드가 얼마나 괜찮은 나라인지를 깨닫게 된다. 특히 눈길을 끄는 대목은 '자유'에 대한 부분이다. 아누 파르타넨은 미국에서 살아보니 교육제도, 복지제도, 돌봄제도와 같은 공공의 지원이 개인의 자유롭고 행복한 삶에 얼마나 중요한 것인지를 깨닫게 되었다고 썼다. 공공의 지원이 부족한 미국에서는 끊임없이 부모나 이웃에게 의지해야 하고, 때로는 시장이나 은행에 의지해야 했다는 것이다.

핀란드뿐 아니라 유럽 일부 나라에서는 튼튼한 복지제도가 청년들의 삶을 받쳐주고 있다. 그중 한 나라가 바로 덴마크다. 덴마크의 사회주택 공급 비율은 상대적으로 공공임대 비율이 높은 유럽 복지국가들 중에서도 3위를 차지할 만큼 높은 편이다. 이 사회주택 덕분에 덴마크의 청년들은 주거 빈곤으로 내몰리지 않고 더 나은 삶을 위한 노

◆ 사회주택의 비중이 높은 사회주택 선진국 톱3

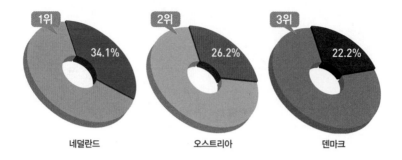

2015년 OECD가 실시한 〈전체 가구 대비 사회주택 가구 비중 조사〉 결과 사회주택 보급률이 네덜란드, 오스트리아, 덴마크 순으로 높았다.

력과 투자를 할 수 있다.

덴마크의 사회주택은 지방정부의 땅을 사회적 기업, 마을기업, 협동조합이 빌려 집을 짓고 저렴한 가격으로 공급하는 주택이다. 150년이 넘는 역사를 지닌 덴마크의 사회주택은 입주 자격과 입주 기간이 정해지지 않았다. 누구나 저렴한 가격으로 좋은 집에서 살 수 있다는 의미다. 덴마크에는 총 58만 5000호의 사회주택이 있다. 덴마크 국민 10명 중 2명이 사회주택에 살고 있으며, 전체 인구 60%는 평생 한 번 이상 이곳에 입주한다.

덴마크에는 '신축 건물의 25%는 공공주택으로 지어야 한다'는 법률 규정이 있다. 가족을 위한 주택, 청년을 위한 주택, 노년층을 위한 주택 등 공공주택의 종류는 다양하다. 면적이 큰 아파트도 있고 작은

학생들만 입주할 수 있는 덴마크 공동주택인 어반리거는 해상 운송에 쓰였던 컨테이너(좌)를 재활용해 지었다. 내부(우)는 컨테이너로 보이지 않을 만큼 쾌적하게 꾸며져 있다. (출처 : Urban Rigger)

아파트도 있다. 자신의 조건에 따라 알맞은 유형의 공공주택을 고르는 것이 가능하다.

이렇게 공공주택이 많은데도 대학이 몰려 있는 코펜하겐의 경우에는 학생들이 거주할 집이 부족하다. 이런 주거 부족을 해결하기 위해 코펜하겐에서는 학생들만 입주할 수 있는 특별한 공공주택 '어반리거(Urban Rigger)'를 지었다. 바다 위에 컨테이너로 지은 수상가옥으로, 약 446제곱미터(약 135평) 규모에 12가구가 입주해 있다. 해상 운송에 쓰였던 컨테이너를 재활용해 지었지만 내부는 컨테이너로 보이지 않을 만큼 쾌적하고 깔끔한 실내에는 침실과 욕실, 부엌까지 갖추어져 있다. 이곳의 주거비는 8400크로네, 한화로는 약 140만 원이다. 룸메이트와 공간을 공유해 주거비를 절감할 수도 있다. 이곳에 입주한 학생들 대부분은 주거비를 나라에서 주는 생활지원금으로 충당하고 있다. 생활지원비는 1인당 최대 6166크로네(약 113만 원)까지 받을 수 있다.

프랑스의 경우에도 인구 1500만 명 이상의 대도시는 공공 임대주택 비율을 전체 주택의 20%로 유지해야 하는 할당제를 실시하고 있으며, 그 비율을 2025년까지 25%로 올릴 계획이다. 에펠탑과 샹젤리제가 있는 도시 중심지에도 임대주택이 들어서고 있다. 일부 지역은 이 할당제를 거부하기도 하고, 어떤 지역의 경우에는 공공 임대주택 임대료가 비싸져서 저소득층이 입주하지 못하는 문제가 발생하기도 한다. 하지만 중요한 것은 임대주택의 질을 높여서 저소득층의 주거 환경을 개선해야 한다는 사회적 공감대가 형성되어 있다는 점이다.

청년 정책의 목표는 청년의 자유롭고 행복한 삶을 응원하는 것이 되어야 한다. 행복한 청년은 이웃과 협력하고 연대하는 적극적인 시민이 되어 무궁무진한 새로운 가능성을 보여줄 수 있기 때문이다.

## 청년의 주거가 변해야 사회 전체가 변한다

청년의 주거 빈곤 문제는 청년들의 자유와 행복만 위협하는 것이 아니다. 현재 20대 청년들의 부모는 대개 50대인데, 한국 사회에서 50대는 인생 이모작을 준비하는 시기다. 인생 이모작이라고 하지만 실상은 훨씬 낮은 소득을 받아들이거나 영세 자영업으로 진입해야 하는 시기일 수도 있다. 여기에 취준생 자녀의 주거비와 취업 준비 비용까지 지원해야 한다면 감당하기 어려운 부담이 될 수 있다. 더구나 노후 준비를 제대로 하지 못해 가난한 노년층으로 전락하게 될 위험마저 있다.

우리나라는 OECD 회원국 가운데 노인 빈곤율 1위다. 통계청이 발표한 〈2020 고령자 통계〉에 따르면 2018년 기준 66세 이상의 '상대적 빈곤율'은 43.4%다. 우리가 자주 목격하는 '폐지 줍는 노인'은 노인 빈곤의 실상을 보여주는 상징이기도 하다.

청년에 대한 투자는 청년만을 위한 것이 아니다. 부모 세대를 위한 투자이기도 하다. 청년의 삶이 달라져야 부모 세대 역시 가난한 노년층으로 전락하지 않을 수 있다. 그런 점에서 청년을 단순한 복지 대상으로 봐서는 안 된다. 향후 우리 사회를 이끌어갈 핵심 계층으로 보고 사회 전체가 관심을 기울여야 한다. 청년들이 사는 곳을 변화시키고, 그들의 꿈을 변화시키고, 그들의 부모를 자유롭게 하는, 이 모든 것이 우리 사회 전체를 변화하게 해줄 것이다.

청년들도 오늘만 보고 살지 않는다. 청년도 성장해서 어른이 된다. 내일을 보며 오늘의 결정을 내린다. 따라서 청년정책은 오늘의 문제를 해결해주는 것뿐만 아니라 내일의 희망을 품게 하는 방향으로까지 나아가야 한다. "젊어서 고생은 사서도 한다"는 식의 말로만 하는 위로가 아닌, 실효성 있는 사회안전망과 여기에 힘을 실어줄 응원이 모일 때 청년의 삶의 자리가 견고해질 것이다.

3부

# 기후
## Climate

明見萬里

· 7 장 ·

# 미래의 도시는 걷는 도시다

—

### 시속 4킬로미터; 미래를 위한 도시 혁명

明
見
萬
里

미세먼지로 가득한 세계의 도시들이

보행 중심의 친환경 도시로 전환하고 있다.

'앉으면 죽고 걸으면 산다'는 말은

우리 건강뿐 아니라 도시에도 유효하다.

거리마다 걷는 사람들로 가득한

활력 넘치는 도시의 미래를 담았다.

# 미래의 도시는 걷는 도시다

시속 4킬로미터, 미래를 위한 도시 혁명

## 보행권 조례를 최초로 만든 도시, 서울의 자화상

    사람이 안전하고 쾌적하게 걸을 수 있는 권리를 '보행권'이라고 한다. 보행권이 대두된 시기와 배경에는 '자동차 대중화'가 있다. 유럽은 1960년대, 일본은 1970년대, 우리나라는 1990년대에 각각 자동차 대중화 시대를 맞이했다. 오랜 세월 사람이 주인이던 도시가 갑자기 자동차 중심의 도시로 바뀌면서, 차를 타고 쌩쌩 달리는 '주행권'에 치여 사람은 도저히 걸을 수도 없을 만큼 문제가 심각해질 즈음 시민들의 보행권 주장이 제기된 것이다.

    전 세계에서 인구 1000만 이상의 대도시 가운데 최초로 보행권 조례를 만든 곳이 바로 대한민국의 수도 서울이다. 1997년 1월에 '서울시 보행권 확보와 보행 환경 개선에 관한 기본 조례', 약칭으로는 '서울시 보행조례'가 만들어졌다.

세계 최초로 보행조례를 제정한 서울, 그러면 지금 서울의 보행 환경은 어떨까? 보행 선진국일까? 보행조례가 처음 제정된 1990년대 중반에 비한다면 많이 좋아졌지만 '보행 선진국' 수준으로 올라서려면 아직 갈 길이 멀다. 도시가 자동차 중심으로 만들어지고 운영되면서 1990년대 중반 이후 서울은 점점 보행삼불(步行三不)의 도시가 되었다. 보행삼불의 도시란 걸을수록 '불안'하고, 걸으면 '불편'하고, 걸어봐야 '불리'한 도시를 가리킨다.

예를 들어 우리나라에서는 신호등이 없는 횡단보도를 상상할 수 없다. 신호등이 초록으로 바뀌어도 차들이 모두 정차할 때까지 조금 기다렸다가 출발해야 한다. 어떤 곳은 초록색 신호가 너무 짧아 달리다시피 길을 건너야 하는 경우도 있다. 하지만 영국의 예를 보더라도, 사람들이 많이 다니는 횡단보도에는 아예 신호등이 없다. 이런 횡단보도를 지브라 횡단보도(zebra crossing)라고 한다. 사람들은 언제든지 편하게 길을 건널 수 있고, 사람이 길을 건널 때는 자동차가 무조건 정차하도록 규정되어 있다. 유럽 국가들의 주택가에는 아예 횡단보도가 없는 경우도 많다. 사람들이 언제든 건널 수 있는 길이기 때문에 굳이 횡단보도를 만들지 않는 것이다.

서울에서는 횡단보도가 없으면 오히려 불편하고 불안하다. 횡단보도가 없는 길을 잘못 건넜다간 무단횡단이 되거나 사고가 일어나기 쉽기 때문이다. 횡단보도 외에도 보행 안전을 해치는 요소가 무수히 많

영국의 지브라 횡단보도에서는 신호등이 없어도 보행자가 길을 건널 때는 자동차가 무조건 정지해야 한다.

다. 사람들이 다니는 보도에 비해 차도가 지나치게 넓고, 이는 차량의 속도를 올리는 데 일조하고 있다. 어린이보호구역(스쿨존)을 제도로 입법화한 것이 1995년이지만, 여전히 통학로에서의 어린이 교통사고가 끊이지 않고 있다.

서울이 보행삼불의 도시가 된 이유가 있기는 하다. 서울의 도시계획이 한창이던 시점이 자동차가 굉장히 많이 늘어난 시점과 맞물리는데, 그 때문에 도시화 단계에서 자동차를 중심으로 도로들이 설계되었다. 반대로 오랜 역사를 지닌 유럽의 도시들은 자동차가 없던 시절에 만들어졌기 때문에 처음부터 사람들이 보행하기 편리한 길을 만들 수 있었다.

사람이 도시의 주인이 되어야 행복한 도시다. 걷는 게 '편안'하고, 걷는 게 '편리'하며, 걸을수록 '편익'이 생기는 도시, 즉 보행삼편(步行三便)

186

의 도시야말로 행복한 도시라고 할 수 있다. 그렇다면 보행삼불의 서울을 보행삼편의 도시로 탈바꿈하려면 어떻게 해야 할까?


## 세계의 '걷는 도시', 무엇이 다른가

——

최근 세계 각국에서 보행자 중심의 도시를 만들기 위한 많은 노력과 혁신이 이루어지고 있다. 그중에서도 가장 눈길을 끄는 곳은 프랑스 파리다. 얼마 전 파리는 도시의 주인을 자동차에서 사람으로 완전히 바꾸겠다는 깜짝 놀랄 만한 계획을 발표했다. 이 계획에는 파리 시내 대부분 지역의 자동차 주행속도를 시속 30킬로미터로 제한하고(한국에서는 도심부의 제한속도를 2021년 4월부터 시속 50킬로미터로 관리한다), 파리 시내 노상 주차장의 4분의 3을 없앤 다음 그곳에 자전거도로와 보행도로 그리고 울창한 녹도를 조성하겠다는 내용이 포함되어 있다. 핵심은 '15분 도시 프로젝트'다. 이 프로젝트는 파리에서 시민들이 출근할 때, 쇼핑할 때, 다양한 여가활동을 할 때 등등 모든 일상생활을 15분 안에 해결할 수 있도록 도시 구조를 근본적으로 바꾸겠다는 야심 찬 '도시 혁명' 프로젝트다.

이는 2014년부터 첫 임기 6년을 마치고 2020년 6월 재선에 성공한 안 이달고(Anne Hidalgo) 시장이 선거 공약으로 내걸었던 프로젝트이기도 하다. 안 이달고 시장의 공약 내용은 건강, 생태, 연대라는 세 가지 키워드로 함축되는데, 그것은 '15분 프로젝트' 역시 마찬가지다. 즉 기

LE PARIS DU 1/4 HEURE

파리의 '15분 도시 프로젝트'는 출근, 쇼핑, 여가활동 등 모든 일상을 바꾸는
도시 혁명 프로젝트의 일환이다.

후 위기가 심각해지는 상황에서 시민들의 건강을 지키기 위해서는 과
도한 개발을 멈추고 도시의 자연과 생태를 존중해야 하며, 또한 강자
들만 살 수 있는 도시가 아니라 약자들도 함께 살 수 있는 따뜻한 연대
의 도시를 만들어야 한다는 의미가 담겨 있다.

　다음은 덴마크의 코펜하겐으로 가보자. 2019년 워크21(Walk21)는 '세
계에서 가장 걷기 좋은 도시'로 덴마크의 수도 코펜하겐을 꼽았다. 워
크21은 사람들의 걸을 수 있는 권리와 기회를 보장하기 위한 운동을

스트뢰에 거리는 시청가 광장에서 콩겐스 광장까지 이어지는 1.2킬로미터의 보행자 전용도로로 오래된 건물을 개조한 상점들이 즐비하고(좌), 곳곳에 화장실과 벤치를 비롯한 편의시설이 마련되어 있다(우).

펼치는 글로벌 비영리단체다.

코펜하겐은 하루아침에 '세계에서 가장 걷기 좋은 도시'가 된 것이 아니다. 코펜하겐은 자동차 대중화가 시작된 1960년대부터 도심부의 도로와 주차장을 보행 공간으로 바꾸는 실험을 50여 년간 지속적으로 추진해왔다. 시민들의 반발을 줄이고 차근차근 설득하면서 천천히 도시를 바꿔온 것이다.

'보행자 천국'으로 불리는 코펜하겐에는 세계에서 가장 길고 오래된 보행자 전용도로 '스트뢰에(strøget) 거리'가 있다. 덴마크어로 '걷다, 산책하다'라는 뜻을 가진 이 거리는 보행자만을 위한 배려가 가득하다. 이 거리에서는 자동차는 물론 자전거도 탈 수 없다. 거리 곳곳의 벤치들은 광장 쪽을 향해 있고, 유동인구가 많은 곳곳에는 지하 화장실이 있다. 걷기를 방해하는 설치물이나 계단이 없고 건물 높이도 6층으로 제한해 보행자들에게 안정감을 준다.

코펜하겐의 도시계획은 1947년에 시작된 '핑거 플랜(Finger Plan)'을 바

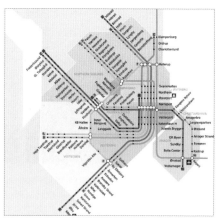

코펜하겐의 도시계획 프로젝트 '핑거 플랜'. 도심이 위치하는 손바닥에서 다섯 손가락(좌)을 따라 대중교통 시설(우)이 이어진다.

탕으로 체계적으로 이루어졌다. 도심이 위치하는 손바닥에서 다섯 손가락을 따라서 기차와 같은 대중교통 시설을 비롯한 각종 인프라를 마련했다. 또한 5개의 축을 따라 주거지나 직장을 배치해서 보행과 대중교통만으로 편리하게 출퇴근할 수 있도록 했다. 그 결과 지금 코펜하겐은 도시 과밀화로 인한 교통체증이 거의 없는 대신 사람들이 즐겁고 편안하게 걸어 다닐 수 있는 도시가 되었다.

덴마크 외에도 유럽에는 걷기 좋은 도시들이 아주 많다. 그중에서도 인상 깊은 혁신을 이루어낸 곳으로 영국 런던을 꼽을 수 있다. 과거 런던은 걷기 좋은 도시가 아니었다. 1990년대 초만 해도 유럽의 다른 도시들에 비해 보행 환경이 뒤처졌고 대기질도 최악이라는 평가를 받았다. 그랬던 런던이 걷는 도시로 거듭날 수 있었던 비결은 무엇일까.

1996년 영국 교통부는 시민들이 왜 걷지 않는지, 어떻게 하면 시민들을 더 많이 걷게 할지 치밀하게 조사하고 연구하기 시작했다. 그러면서 도시 구조를 개편하고 대중교통과 보행 환경을 개선하기 위한 여러 가지 국가 차원의 보행 활성화 전략을 개발했다. 당시 교통부가 발표한 보고서에는 이런 내용이 나온다. "모든 이동의 3분의 1은 보행이고, 1마일(약 1.6킬로미터) 이내 단거리 이용의 80%가 보행이다. 보행은 그만큼 중요하므로 보행을 장려해야 한다."

우리가 이동할 때 시작과 끝은 보행으로 이루어지고 이동 중간도 보행으로 연결된다. 버스정류장까지 걸어가야 하고, 버스를 갈아탈 때도 걸어야 하고, 버스에서 내려 목적지까지 갈 때도 걸어야 한다. 자동차를 운전하더라도 타고 내릴 때나 볼일을 볼 때는 걸을 수밖에 없다. 이렇게 우리의 생활에서 보행이 중요하기 때문에 영국 교통부는 보행 활성화 전략이 반드시 필요하다고 판단했던 것이다.

결과는 대성공이었다. 정부의 각성과 노력 덕분에 시민들은 더 많이 걷게 되었고, 걸을수록 이익이라는 점도 깨닫게 되었다. 시민들은 걸을수록 더 건강해졌다. 시민들이 더 많이 걸으면서 자동차 통행이 줄었고, 교통사고와 소음도 줄어들었다. 미세먼지와 각종 공해도 점점 사라졌다. 걸어 다니는 시민들이 많아지면서 사회적 접촉이 늘고 공동체가 형성되었다. 보행 활성화 전략은 시민들에게 상상했던 것보다 훨씬 많은 편익을 안겨다주었다.

# 탄소 제로의 걷는 도시를 생각하다

─────

　코로나 팬데믹으로 봉쇄 조치에 돌입한 세계의 도시들은 새로운 경험을 했다. 각종 경제활동과 산업활동이 제한되면서 탄소 배출량이 줄어든 덕분에 대기질이 급격하게 좋아지자 이전에는 볼 수 없었던 파란 하늘을 보게 된 것이다. 브라질의 한 해변에서는 멸종위기에 처했던 바다거북 100여 마리가 모습을 드러내기도 했다. 이러한 현상을 경험하면서 우리는 도시의 미래를 위해서는 자연과 공존해야 한다는 점을 다시 한번 깨닫게 되었다. 특히 이산화탄소 배출량은 전 세계에서 가장 많은 관심을 기울이는 환경 문제다. 지구온난화의 주범인 온실가스 가운데 가장 큰 비중을 차지하는 것이 이산화탄소이기 때문이다. 그런데 어떻게 하면 이산화탄소 배출량을 줄일 수 있을까?

　IMF가 발표한 자료에 따르면, 유럽연합 15개국에서 지난 30여 년간 온실가스 배출량 감소를 위해 노력한 결과 제조업, 전력, 건설, 농업 등 대부분의 분야에서 20~30% 감축에 성공했다. 하지만 유독 교통 부문에서만 온실가스 배출량이 20% 증가했다. 우리가 지구를 구하기 위해서는 교통 부문의 온실가스 감축이 급선무라는 의미다.

　교통 부문의 온실가스 배출량을 줄이려면 어떻게 해야 할까? 교통수단 중에서 가장 많은 이산화탄소를 배출하는 자동차의 사용을 획기적으로 줄여야 한다. 교통수단별 이산화탄소 배출량을 살펴보면, 한 사람이 1킬로미터를 이동할 때 승용차는 210그램, 버스와 지하철은 각각 27.7그램과 1.53그램의 이산화탄소를 배출한다. 반면에 자전거의

◆ **유럽연합의 산업별 온실가스 배출량**(1990~2017년)

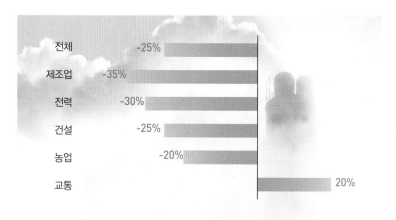

| | |
|---|---|
| 전체 | -25% |
| 제조업 | -35% |
| 전력 | -30% |
| 건설 | -25% |
| 농업 | -20% |
| 교통 | 20% |

유럽연합의 15개국은 30여 년간 제조업, 전력, 건설, 농업 등 대부분의 분야에서 온실가스 배출량 감소를 이뤘지만, 교통 부문에서만 배출량이 20% 증가했다. (출처 : 국제통화기금)

이산화탄소 배출량은 제로다.

이런 점만 보더라도 자동차 중심 도시에서 걷는 도시로의 전환은 지구의 생명과 도시의 미래를 위한 필수 조건이라는 점을 알 수 있다. 지금 전 세계 도시들은 앞 다투어 '차 없는 도시(car free city)'를 선언하고 있다.

스페인의 폰테베드라도 대표적인 '차 없는 도시'다. 1990년대 말 인구 7만여 명의 작은 도시였던 폰테베드라에는 매일 출퇴근하는 차량만 2만 7000여 대였다고 한다. 도로에 넘쳐나는 자동차로 인해 교통체증, 교통사고, 매연 등의 문제가 아주 심각할 수밖에 없었다. 당시 폰테베드라의 교통 상황을 목격한 외신들은 "자동차들만 가득한 사막과 다름없었다"라고 보도했을 정도다.

자동차와 매연으로 넘쳐났던 1990년대 스페인 폰테베드라의 모습(좌)과 차 없는 도시로 거듭난 현재(우).

이때 자동차 때문에 위기에 처한 도시를 구하겠다고 나선 사람이 바로 의사 출신의 미구엘 로레스(Miguel Lores) 시장이었다. 그는 시장 선거 유세에서 이렇게 말했다. "도시에서 자동차를 없애버리겠습니다! 내가 자동차를 소유했다고 해서 우리 도시의 공공 공간을 점유할 권리를 갖는 것은 아닙니다. 도시의 주인이 누구인지 내가 다시 바로잡겠습니다. 도시의 주인은 첫째는 사람, 둘째는 자전거, 셋째는 대중교통입니다. 그리고 넷째가 자동차입니다."

1999년 7월 3일 당선된 미구엘 로레스 시장은 도심부 대부분의 지역을 보행우선구역으로 지정했다. 시내 중심부 도로의 90%, 그리고 외곽도로의 70%가 '차 없는 거리'로 바뀌었다. 시민들이 차를 두고 도보나 자전거로 도심에 들어올 수 있도록 도심 외곽에는 자동차 8만여 대를 수용할 수 있는 주차장을 마련했다. 그 결과 교통량이 90% 감소했고, 대기오염도 60% 줄었다. 시민들의 건강이 좋아졌을 뿐 아니라 교통사고 사망자도 줄었다. 1990년대만 해도 매년 30명 안팎이던 교통사고 사망자 숫자가 점점 줄어 2009년부터는 제로를 기록하게 되었다. 폰테베드라는 세계에서 가장 유명한 도시로 부각되었고, 많은 사람들이 이 도시에 살고 싶다며 몰려들었다.

차 없는 도시가 된 뒤 폰테베드라 시민들의 삶은 크게 변했다. 곳곳에서 아이들이 즐겁게 뛰노는 모습을 볼 수 있고, 거리에서 이웃들을 만나는 횟수도 늘었다. 걸어서 갈 수 있는 동네 상점을 많이 이용하게 되면서 상권도 살아났다. 시민들의 삶은 여유로워졌고, 도시는 점점 더 활기를 띠었다. 이런 도시의 변화에 자긍심을 갖는 사람들이 늘어나면서 도시를 사랑하고 가꾸는 자발적인 움직임들도 생겨났다.

## 걸을수록 이익이다, 걷는 도시의 경제학

세계적인 대도시들이 너도나도 걷는 도시를 선택하는 또 다른 이유가 있다. 바로 경제적 가치 때문이다. 일단 걸어 다니면 이동에 드는 비용을 아낄 수 있다. 이렇게 절약한 돈을 지역경제를 살리는 데 쓰게 되므로 지역의 매출 상승효과를 가져오게 된다. 사람들은 천천히 걸을수록 더 많이 소비하게 된다.

2017년 서울시는 "길은 사람 중심으로 바뀌어야 한다"는 취지 아래 자동차들이 다니던 고가도로를 사람들이 산책할 수 있는 길로 바꾸기 시작했다. 그렇게 해서 태어난 길이 서울역 인근 만리동의 '서울로 7017'이다. 공중 보행길이 만들어지면서 주변 또한 하나의 생활권이

자동차가 다니던 고가도로에서 공중 보행길로 재탄생한 서울로7017(좌)에서는 도심 풍경을 감상하며 편안하게 산책을 즐길 수 있다. '농부의 시장'(우)과 같은 다양한 행사들도 열려 시민들의 발길이 이어지고 있다.

됐고 걷는 거리로 다시 태어났고, 사람의 발길을 사로잡는 다양한 행사가 열리면서 서울의 관광 명소가 되었다.

서울로7017이 만들어지기 전까지 만리동 주변은 노숙자들이 많은 할렘가에 가까웠다. 주변 상권도 죽은 상권이나 다름없었다. 그런데 유명한 식당이나 카페가 늘면서 이곳을 찾는 사람들도 늘어났다. 서울로7017은 개장 1년 만에 주중 및 주말 보행량이 각각 14.7%, 36.1% 증가했다. 걷는 사람이 늘어나면서 주변 상권도 활기를 띠고 있다. 개장 2년 만에 소매업 매출은 140% 증가했고, 카드 매출액도 42% 증가했다. 이곳의 카페나 식당들은 경기 불황에도 직원을 더 채용할 만큼 매출이 꾸준히 증가하고 있다.

서울시의 조사에 따르면, 자동차 이용자보다 대중교통 이용자가 한 공간에 머무는 시간이 3시간 이상 길다. 머무는 시간이 길다는 것은 경제활동을 하기 위한 시간 역시 그만큼 길어진다는 의미다. 특히 서울의 대표적인 보행거리인 홍대 거리, 이태원 거리, 가로수길 등은 20대인구 비중이 높은 지역이다. 이들은 자동차보다 대중교통을 이용하면서 더 많은 소비를 한다.

걷는 사람이 많아질수록 도시가 살아나고 도시 경쟁력 또한 높아진다. 영국 공중위생국은 런던 시민이 하루에 20분씩 걷거나 자전거를 탈 경우 25년간 22억 달러의 의료비를 절약할 수 있다는 연구 결과를 발표했다. 걷는 사람이 많아지기만 해도 한화로 2조 5000억 원 정도의 돈을 아낄 수 있다는 이야기다. 굳이 비싼 돈을 주고 운동하는 대신 걷기만 잘해도 건강을 유지하는 데 많은 도움이 된다. 사실 걷기는 가장 경제적인 다이어트 방법이기도 하다.

일본에서도 걷기의 경제적 가치를 잘 보여주는 사례를 찾을 수 있다. 일본 도야마시의 모리 마사시(森雅志) 시장이 65세 이상 고령자들을 대상으로 만든 '외출정기권' 제도가 그것이다. 이 제도는 외출정기권을 가진 고령자가 버스나 트램(노면전차)을 타고 도야마 시내로 들어오면 요금을 일정액 할인해주는 제도다. 처음에는 재정적 손실을 이유로 반대하는 목소리가 많았지만, 결과적으로는 시내 중심지의 보행자가 무려 18% 늘어나면서 점포들의 매출이 크게 증가했다.

걷기 좋은 도시는 부동산 가치와도 밀접한 연관이 있다. 미국에서는 집을 구할 때 웹사이트 워크스코어(www.walkscore.com)를 참조한다. 워크스코어는 특정 도시 혹은 지역의 보행 친화성(walkability)을 평가해서 100점 만점 기준으로 환산한 점수다. 즉 거주지에서 상점, 식당, 카페, 공원 등 생활편의 시설을 도보로 이용하기에 얼마나 편리한지를 점수로 보여주는 것이다. 가령 뉴욕 맨해튼에서 중산층이 가장 선호하는 구역인 트라이베카는 워크스코어 100점의 보행자 천국이다. 대부분의 편의시설을 대부분의 시민이 도보로 이용할 수 있다는 의미다. 로스앤젤레스의 멀홀랜드 드라이브 지역의 경우에는 워크스코어가 9점밖에 되지 않는다. 차가 없으면 일상생활에 필요한 목적지에 갈 수 없는 수준이다. 워크스코어가 1점 오르면 부동산 가치가 500달러에서 3만 달러까지 증가한다는 연구 결과도 있다. 미국의 부동산업체에서는 워크스코어를 마케팅에 적극 이용하고 있다.

우리나라에서도 역세권, 숲세권, 학세권이라는 표현을 쓰고 있다. 도보로 이용 가능한 거리에 지하철역이 있고, 나무가 울창한 숲이 있고, 학교가 있으면 부동산 가격이 상대적으로 올라간다. '초품아'라고 해서 초등학교가 아파트 단지 안에 있는 경우에는 아파트 가격이 굉장히 비싸진다. 아이들이 자동차의 위협을 받지 않고 걸어서 학교에 갈 수 있다는 것은 매우 큰 가치이기 때문에 이것이 가격에 반영된 것이다.

이런 경제적 가치 외에도 걷는 도시에 사는 시민들은 훨씬 더 많은 사회적 가치를 누릴 수 있다. 몸도 마음도 더 건강한 삶, 이웃과 더 많이 연대하는 삶을 누릴 수 있다. 자연의 소중함을 피부로 느끼며 깨끗한 공기와 쾌적한 환경이라는 보물도 얻을 수 있다.

## 자동차 중심 도시에서 대중교통 중심 도시로

보행권이 확대되고 걷는 사람들이 많아지면 자동차 운행이 불편해지면서 도로의 교통 흐름이 나빠질 것이라는 우려도 있다. 하지만 실제로는 교통 흐름이 더 좋아진다. 이미 걷기 좋은 도시로의 전환에 성공한 도시들이 직접 보여준 결과다.

시소의 원리를 보자. 한쪽이 올라가면 다른 한쪽은 내려간다. 내려간 쪽이 올라가려면 올라가 있던 쪽이 내려와야 한다. 둘 다 한꺼번에 올라갈 수 없다는 뜻이다. 대중교통 중심으로 교통체계를 바꾸려면 대중교통을 편리하게 만드는 것도 필요하지만 한편으로는 자가용 이용을 불편하게 해야 한다. 그래야 자가용 이용을 고집하던 사람들이 대중교통으로 넘어올 수 있다.

세계적인 대도시들이 대중교통 중심의 도시로 거듭난 과정도 비슷하다. 원리는 이렇다. 편리하고 쾌적하며 저렴한 대중교통을 만드는 한편, 자동차가 도심에 들어올 때 징수하는 통행료와 주차요금을 더 올렸다. 차도를 줄이거나 제한속도 기준을 낮추는 등 자동차에 대한 규제를 강화하는 동시에 자전거도로는 늘리고 자전거 이용자에게 파격적인 배려와 혜택을 주었다. 이렇게 자동차를 이용할수록 더 불리하도록 시스템을 바꾸자 사람들이 자가용을 두고 대중교통과 자전거를 이용하기 시작했다.

자동차 중심 도시를 대중교통 중심 도시로 바꾼 모범적인 사례가 있다. 이름 없는 가난한 도시에서 세계적인 생태 도시로 변신한 브라질 쿠리치바다. 쿠리치바는 1970년대 자동차 대중화 시대를 맞으면서 브라질에서 자동차가 두 번째로 많은 도시가 된다. 자동차가 늘면서 온갖 도시 문제가 점점 악화하던 바로 그 시기에 쿠리치바는 매우 창의

세계적인 생태 도시로 거듭난 브라질의 쿠리치바(좌)와 쿠리치바 대중교통의 핵심인 BRT 시스템(우)

적인 아이디어로 교통과 환경 문제를 동시에 해결한다. 그 해결책은 바로 BRT(Bus Rapid Transit)였다. BRT 덕분에 쿠리치바는 세계적인 생태 도시이자 브라질에서 가장 살기 좋은 도시로 변신하는 데 성공했다.

대중교통 중심의 교통체계 개편을 고민하던 쿠리치바는 지하철의 대안을 찾기 위해 오랜 고민 끝에 BRT를 창안해낸다. 대중교통의 꽃은 단연 지하철이지만, 땅속에 건설해야 해서 엄청난 비용이 소요된다. 지하철에 비해 건설비는 저렴하고 성능은 지하철 못지않은 대중교통 수단은 없을까를 고민하던 끝에 찾아낸 것이 바로 BRT, 땅 위로 다니는 지하철이자 간선급행 버스다. BRT 시스템의 건설비는 지하철 건설비의 20분의 1 내지 50분의 1밖에 되지 않는다.

BRT 시스템은 굴절버스, 전용차로, 튜브정류장의 세 가지로 구성된다. 두세 대의 버스를 연결한 굴절버스는 최대 270명까지 수용이 가능하며 문이 5개여서 많은 사람들이 한꺼번에 타고 내릴 수 있다. 이 굴절버스는 스웨덴 자동차회사 볼보(Volvo)와 합작해 세계 최초로 제작

200

한 것이었다. 튜브정류장은 승객들을 비바람과 햇볕, 겨울 추위로부터 보호하기 위해 원통 형태로 설계되었다. 지하철을 탈 때처럼 정류장에 들어올 때 미리 요금을 내기 때문에 사람들은 BRT가 왔을 때 신속하게 타고 내릴 수 있다.

쿠리치바 도시 혁신의 중심에 있는 하이메 레르네르(Jaime Lerner) 전 시장은 성공적인 도시 혁신을 위한 세 가지 원칙을 이렇게 설명한다. 첫째는 '도시 침술'이다. 도시 침술이란 침술이 신체 곳곳에 최소한의 자극을 주어 건강을 회복시키듯 도시에도 최소한으로 개입해 건강한 변화를 만들어내는 도시설계를 뜻한다. 둘째는 '공동 책임 방정식'이다. 도시 문제를 해결하기 위해서는 시장이나 공무원들만 나서서는 안 되고 시민 모두가 공동 책임이라는 생각을 갖고 합심해서 행동해야 한다는 것이다. 쓰레기 분리수거를 처음 도입할 때 어린이들에게 분리수거 방법을 알려주면서 분리한 쓰레기를 가져오면 양에 비례해서 채소를 주는 녹색거래를 운영했던 것이 좋은 예다. 셋째는 '창의적인 디자인'이다. 세계 최초로 설계해서 전 세계 도시로 퍼뜨린 BRT야말로 창의적 디자인의 대표적인 예다.

## 걷는 시민이 도시의 주인이다

하이메 레르네르 전 시장은 개구리가 왕자로 변신하듯 우리 도시도 놀랍게 변신할 수 있다고 이야기한다. 다만 그 변화는 한꺼번에 이루

2002년 여름에 파리는 센 강변의 자동차도로인 조르주 퐁피두 고속도로(좌)의 13킬로미터 전 구간에서 차량 통행을 금지하고 이 거리를 해변으로 탈바꿈시켰다(우).

어지지 않는다. 도시 혁신을 위해서는 시민들이 변화한 미래를 미리 맛보게 하고 공감하게 하는 과정이 필요하다. 무엇보다 시민들이 걷고 싶은 마음이 들도록 세심한 설계와 전략이 필요하다.

시민들이 도시의 주인이라는 걸 몸소 느끼게 해주는 좋은 방법 중의 하나는 '차 없는 날' 행사이다. 1년에 단 하루라도 차 없이 살아보자는 취지에서 하는 행사로서 1997년 9월 22일 프랑스 서부의 작은 항구도시 라로쉐에서 처음 시작되었다.

아주 작은 도시에서의 실험이었지만 그 파장은 매우 컸다. 난생처음 '차 없는 도시'를 접한 시민들의 호응이 놀라웠다. 그러자 프랑스 정부는 이듬해인 1998년에 9월 22일을 '차 없는 날'로 선포했고, 35개 도시들이 참여했다. 그리고 1999년에는 프랑스 66개 도시, 이탈리아 92개 도시가 참여했다. 2000년부터는 유럽 전체의 '차 없는 날'이 되었고, 2001년에는 전 세계의 '차 없는 날'로 선포되었다. 지금은 해마다 9월 22일이 되면 1300개 이상의 도시들이 '차 없는 날' 행사를 함께하고 있다.

특정일이나 특정 시간대에 차량 통행을 막고 도로를 사람들에게 내어주는 '차 없는 거리' 행사도 전 세계 도시에서 하고 있다. 대표적인 예가 뉴욕의 '서머 스트리트(summer street)'다. 뉴욕은 2008년부터 해마다 8월의 토요일 오전 시간대에 브루클린다리에서 센트럴파크까지 가는 11킬로미터의 넓은 도로를 사람들에게 내어준다. 자동차 통행이 금지된 거리에서 사람들은 마음껏 걷고, 달리고, 자전거를 탄다.

더 놀라운 일도 있다. 2002년 여름에 파리는 센 강변의 자동차도로인 조르주 퐁피두 고속도로 13킬로미터 전 구간에서 차량 통행을 금지했다. 그러고는 이 거리를 해변으로 탈바꿈시켰다. 야자수와 파라솔을 설치하고 음악회와 전시회를 열었다. 이 행사의 명칭은 '파리 플라주(Paris Plage)', 파리의 해변이라는 뜻이다. 파리는 매년 이 행사를 열다가 2010년에는 이 도로를 영구 폐쇄했다.

우리나라에도 '차 없는 거리'가 있다. 1997년 인사동과 대학로가 일요일마다 '차 없는 거리'로 변신했고, 2002년 월드컵경기 중에는 시청 앞 광장과 광화문 일대가 '차 없는 거리'로 변해 거리 응원이 이루어졌다. 그밖에도 서울시는 사대문 안 도심부를 녹색교통진흥지역으로 지정하고 차로를 줄이는 대신 자전거도로를 늘리는 작업을 하고 있다. 도로의 폭과 수를 줄이고 보행로를 넓혀 편하게 걸을 수 있도록 도시 공간을 재편하는 '도로 다이어트' 사업도 한창 진행 중이다.

도심 속에 걷기 좋은 길이 많아지고 휴식을 취할 수 있는 공간이 많아지면 거리에 활기가 넘치고 시민들의 삶은 더 좋아질 수밖에 없다.

이런 경험들이 쌓일수록 시민들은 도시 혁신에 더욱 적극적으로 나설 것이다.

흔히 의사들은 "앉으면 죽고 걸으면 산다"고 말한다. 사람만 그런 것이 아니다. 우리 도시도 마찬가지다. 가장 위험한 도시는 사람의 발길이 끊긴 도시다. 사람들이 즐겨 걷는 도시, 거리가 늘 걷는 사람들로 붐비는 도시가 건강한 도시다. 마치 우리 몸에 구석구석 막힘없이 피가 흘러야 건강하듯이 거리마다 걷는 사람들이 가득할 때 우리 도시도 활력이 넘쳐날 것이다. 걷는 도시에는 사람들이 모인다. 걷는 사람들로 가득한 도시에는 활기가 넘치고 경제도 살아난다. 걷는 도시를 만들기 위해 이제 작지만 위대한 발걸음을 내디뎌야 할 때다.

# 걷기만 해도
## 영웅이 되는 도시를 상상하다

이태경 PD

걷는 도시 기획은 사실 나의 기적 같은 체험에서 시작되었다. 5219.5 킬로미터, 2018년 한 해 동안 내가 걸은 거리다. 서울에서 부산을 걸어서 9번 왕복했던 셈이다. 하루 평균 14.3킬로미터, 모든 이동을 두 다리로 했다. 뭐에 씌었는지 걷기에 흠뻑 빠져 살았다. 몸무게도 10킬로 그램이 빠졌고 독서량은 다른 해보다 2배 많아졌다. 몸이 피곤해 11시면 잠이 들었고 새벽 5, 6시에 눈을 떴다. 눈 뜨자마자 자리를 박차고 공원으로 나가는 것으로 하루를 시작했다. 아침에는 온갖 새소리로 감각을 깨우고 근육을 움직였고, 이동 중에는 팟캐스트를 듣거나 메모한 시를 암송하기도 했다. 육체와 정신이 고양됨을 느꼈다. 어느새 나는 걷기 전도사가 되었다.

걷기는 나를 살릴 뿐 아니라 지구를 살리는 일에 동참하는 일이다. 두 다리는 지구온난화를 일으키는 이산화탄소 발생이 제로인 이동 수단 아닌가. 나도 모르게 지구를 구하는 '히어로(hero)'가 된 것이다. 이런 히어로들이 많아지면 미세먼지 없는 푸른 하늘을 맞이하는 날이 앞당겨질 것이다. 어떻게 하면 나 같은 보행 영웅을 많이 만들 수 있을까?

　바로 이 해답을 찾는 강의가 서울시립대 도시공학과 정석 교수와 함께한 '도시의 미래, 시속 4킬로미터'였다. 평균 보행 속도를 시속 4킬로미터라고 했을 때 이를 생활화하는 일에 도시의 미래가 달렸다는 뜻이다. 실제로 걷는 것을 사랑하는 정석 교수는 세계적 도시들이 걷기를 활성화시켜 어떻게 멋지게 변모했는지를 생생하게 설명해주었다. 도시의 중심을 차에서 사람으로 전환시키는 것이 기후 위기에 대응하는 전략뿐 아니라 삶의 질을 높이는 일이라는 점을 강조했다. 파리, 런던, 도쿄, 샌프란시스코 등 세계적인 도시들이 보행 친화적인 정책들을 추진해나가고 있다.

　'행복한 도시는 걷기 좋은 도시, 걷고 싶은 도시, 걷는 도시'라는 정석 교수의 주장은 설득력이 높다. 시민들이 많이 걸을수록 건강해지는 것은 당연하고, 자동차 운행이 줄어 교통사고와 소음 공해도 줄기 마련이다. 걸으면서 자연스럽게 사람들을 만나고 서로 접촉이 늘다 보면 지역 공동체도 형성되기 쉽다. 보행로를 잘 정비해서 사람들을 걷게 하면 지역상권이 살아난다. 서울시정연구원의 자료를 보면 2017년 개장한 서울로7017 주변 상권은 1년에 매출이 약 9% 증가한 것으로 나타났다. 승용차 이용자보다 보행자들이 해당 지역 체류 시간이 길어 더 많은 경제활동이 용이하기 때문이다.

'걷기'의 매력은 정말 끝이 없다. 도시의 미래가 그냥 걷기만 해도 열린다니 이 얼마나 멋진 일인가? 강연 내내 함께한 패널들도 걷기 찬미에 나섰다. 이렇게 신명 나는 아이템도 드물지 않을까.

도시를 자동차 중심에서 사람 중심으로 바꿔내는 일에 우리의 미래가 달려있다. 사람들을 행복하게 만드는 일이 꼭 거창할 필요는 없다. 그냥 인간의 리듬대로 자연스럽게 걸을 수 있는 환경만 마련해주면 된다. 걷다 보면 사람들과 자연스럽게 어울릴 수 있게 되고 그들과 하나 됨을 느낄 수 있다. 속도를 줄이고 천천히 도시를 걷다 보면 새로운 선물들을 받게 될 것이다. 마치 피가 막힘없이 돌아야 건강하듯이, 사람들이 즐겁게 걸을수록 도시는 건강해지고 활력이 넘치게 될 것이다.

明見萬里

# 8장

# 세계,
# 그린으로 턴하다

—

기후 위기에 대응하는 새로운 성장 전략

明
見
萬
里

지구 종말 시계가 가리키는 현재 시간,

23시 58분 20초.

지구 온도 상승을 1.5도에서 멈추기 위해

전 세계의 발 빠른 그린턴 행보가 이어지고 있다.

기후 악당으로 지목된 한국의 현실을 돌아보고

기후 시민으로서 실천으로 옮길 수 있는 기후 행동을 모색한다.

# 세계,
# 그린으로 턴하다

기후 위기에 대응하는 새로운 성장 전략

## 코로나19, 정말 기후 위기 때문일까

2020년 1월, 지구종말시계는 23시 58분 20초를 가리켰다. 이 시계가 자정을 가리키면 지구는 인간의 힘으로는 되돌릴 수 없는 선을 넘었다는 의미다. 2018년만 해도 2분가량 남았던 지구 종말까지의 시간이 100초로 줄어들었다. 1947년 미국 〈핵과학자회보(Bulletin of Atomic Scientists)〉에 의해 지구종말시계가 처음 만들어졌을 때 지구의 가장 큰 위협은 '핵무기'였다. 그러나 2007년에 한 가지 위기가 더 추가되었다. 바로 '기후변화'다.

지구 오염의 가장 심각한 결과가 '기후변화'다. 요즘은 심각성과 긴급성을 강조하기 위해서 '기후 위기'라고 한다. 기후 위기는 이미 우리

◆ 코로나 팬데믹과 기후 위기의 발생 관계

일상 깊숙이 영향을 미치고 있다. 2020년 7월 인천 지역의 수돗물에서 '깔따구류 유충'이 발견되었다. 기온이 올라가 깔따구류 곤충이 번식하기 좋은 환경이 조성되면서 생긴 일이다. 2020년 여름에 우리는 한반도 기상 관측 이래 최장기로 기록된 54일간의 장마를 겪기도 했다. 이 역시 기후변화로 인한 자연재해였다.

2018년 10월에 기후변화정부간협의체(IPCC)는 〈지구온난화 1.5도〉라는 특별보고서를 전 세계 195개 회원국들의 만장일치로 채택했다. 이 보고서에는 지구온난화로 인한 피해를 방지하기 위해서는 지구 기온 상승폭 목표치를 섭씨 2도에서 1.5도로 낮춰야 하며, 이를 위해서는 2030년까지 전 세계의 온실가스 배출량을 2010년 대비 45% 줄여야 한다는 권고가 담겼다.

지구의 대기는 80%의 수증기와 온실가스로 구성되어 있다. 온실가스는 온실효과를 통해 지구가 일정 온도로 따뜻하게 유지될 수 있도록 만들고, 수십만 년 동안 지구의 생물체들은 그 온도에 맞게 적응해왔다. 그런데 지구의 온도가 오르게 되면 이 온도에 적응하지 못한 동식물이 감소하거나 멸종하게 된다. 특별보고서는 만약 지구의 온도 상승폭이 1.5도를 넘게 되면 지구 생태계가 돌이킬 수 없을 만큼 파괴될 것이라고 경고했다.

지구의 온도 상승은 인류 경제와 실생활에도 치명적인 결과를 안겨준다. 지구 온도가 1.5도 상승하면 어업 수확량이 약 150만 톤 감소한다. 2도 상승하면 300만 톤 이상 감소하게 된다. 2019년 미국 럿거스 대학교에서 전 세계 38개 생태 지역의 어류 개체군 데이터를 바탕으로 1930년부터 2010년까지 어류의 이용이 어떻게 변화했는지를 조사했다. 그 결과 전 세계 바다에서 기후변화로 인해 어업 수확량이 가장 많이 줄어들고 있는 곳은 바로 한반도 동해였다.

한반도는 지난 106년 동안 연평균 기온이 1.4도 올라갔고, 연 강수량은 124.1밀리미터 증가했다. 여름은 19일 더 길어졌고, 겨울은 18일 더 짧아졌다. 전문가들은 2030년이 되면 우리나라가 항시적인 폭염에 시달릴 것으로 예측한다. 이대로라면 21세기 말에는 강원도에서 감귤 재배가 가능해진다.

그렇다면 코로나 팬데믹 역시 기후 위기가 불러온 것일까? 세계적인 경제학자이자 미래학자인 미국 경제동향연구재단(FOET) 제레미 리프킨(Jeremy Rifkin) 이사장의 이야기를 들어보자. "WHO가 국제적 비상사태를 선포한 것이 이번 코로나 팬데믹이 처음은 아닙니다. 2009년

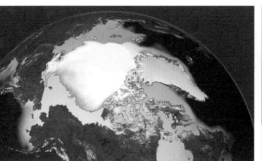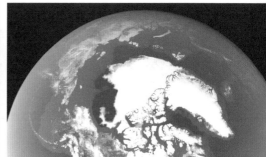

1980년(좌)과 2020년(우)의 북극 해빙 위성 데이터. (출처 : NASA)

신종플루(H1N1), 2014년 야생형 소아마비, 2014년 서아프리카의 에볼라, 2016년 지카 바이러스, 2018년 콩고민주공화국의 에볼라에 이어 여섯 번째입니다. 이러한 일이 일어나는 가장 큰 이유는 문명이 지구의 야생을 대부분 제거했기 때문입니다. 100년 전에는 지구의 86%가 자연 그대로의 야생이었지만, 오늘날에는 22%밖에 남아 있지 않습니다. 이대로 가면 20년 이내에 0이 될 겁니다. 인간에게 자연의 야생 상태를 유지하는 것은 매우 중요한 일입니다. 야생을 제거하면 동물들이 도시화된 곳으로 훨씬 빨리 이주하게 되고, 바이러스는 동물들에게 자신의 몸을 올려 문명에 더 가까워집니다. 코로나 팬데믹은 시장에서 기이하고 특이한 야생동물을 구매해서 일어난 것이 아닙니다. 기후변화로 인해 일어난 일입니다."

코로나19가 기후변화로 인해 발생했다는 직접적이고 과학적인 근거를 찾기는 매우 어렵다. 하지만 기후변화로 인해 숲이 파괴되면서 야생동물과 인간의 거리가 가까워진 것은 사실이다. 숲이 파괴되면 서

오른쪽 사진은 지구 온도가 상승하면서 녹아버린 알래스카 뮤어 빙하의 모습으로 2004년 촬영된 것이다. 1941년의 왼쪽 사진과 비교하면 기후변화로 인한 심각한 위기 상황을 실감할 수 있다. (출처 : NASA)

식지를 잃은 야생동물들이 인간의 거주지로 옮겨올 수밖에 없고, 그렇게 되면 인간이나 가축을 숙주로 해서 바이러스를 옮길 수 있게 되는 것이다.

　기후변화로 인한 위기 징후는 세계 곳곳에서 발견된다. 2020년 9월 미항공우주국(NASA)과 국립빙설데이터센터(NSIDC)가 위성데이터를 분석한 결과에 따르면, 최근 북극 해빙은 1970년대 후반 관찰을 시작한 이래 2012년에 이어 두 번째로 가장 많이 줄어든 모습을 보였다고 한다. 215쪽 사진을 보면 약 40년 전에 비해 북극 해빙이 얼마나 줄어들었는지를 확인할 수 있다. 1980년에 비해 알래스카 빙하 역시 빠르게 녹고 있다. 위의 1941년과 2004년의 알래스카 뮤어 빙하 사진을 비교해 보면 2004년에 이미 빙하가 완전히 녹아 강이 된 모습을 확인할 수 있다. 2020년 여름 남극의 최고 기온은 섭씨 20.75도까지 올라갔다.

빙하가 녹으면 해수면도 올라가지만, 인류가 모르는 바이러스가 깨어날 수도 있다. 게다가 온도 상승으로 습도와 일사량이 달라지면 바이러스의 활동성을 예측하는 것이 불가능해진다. 또 다른 팬데믹이 계속해서 일어날 수 있다는 이야기다. 기후 위기는 이제 인류 전체의 생존이 달린 문제가 되었다.

## 기후 위기와 경제 위기의 상관관계

—

2020년 1월 20일, 국제결제은행(BIS)은 "기후변화는 자연생태계와 시민사회를 위협할 뿐 아니라 화폐와 금융의 안정성까지 흔들어 금융 위기를 초래할 수 있다"고 강조하면서, 기후변화로 인한 금융 위기를 '그린스완(green swan)'이라고 이름 붙였다. 그린스완은 블랙스완을 변형한 단어다. 검은 백조를 의미하는 블랙스완은 '예외적이고 발생 가능성이 없어 보이지만 일단 발생하면 엄청난 파급력을 지닌 사건'을 가리킨다. 그린스완은 블랙스완과 비슷하지만 다르다. 미래에 반드시 실현될 것이라는 확실성이 있고, 지금까지 발생한 금융 위기들과 비교할 수 없을 만큼 시장에 미치는 영향이 크다는 점에서 그렇다. 이미 그 징조는 시작되었다. 이번 팬데믹으로 인한 경기침체는 1997년의 외환 위기, 2008년의 세계 금융 위기와 비교했을 때 3배나 빠른 속도로 진행되었다.

코로나 팬데믹은 기후 위기가 환경 문제로만 끝나지 않는다는 것을 명확히 보여주었다. 코로나19 이후 한국뿐 아니라 세계 대부분의 국가들이 마이너스 성장률을 기록하며 경기침체에서 벗어나지 못하고 있다. 더 나아가 전문가들은 두 가지 이상의 악재가 겹쳐지는 복합 위기인 '퍼펙트 스톰(perfect storm)'을 걱정하고 있다. 퍼펙트 스톰은 원래 둘 이상의 태풍이 충돌하여 그 영향력이 폭발적으로 커지는 현상을 말한다. 지금 전 세계는 기후 위기에 경제 위기가 합쳐진 거대한 태풍의 영향권 안에 있다.

기후 위기와 경제 위기는 '동전의 양면'이라고 할 수 있다. 기후 위기가 계속되면 1차 산업이 가장 우선적으로 타격을 입는다. 가뭄, 홍수, 폭염 등 기후에 가장 영향을 많이 받는 것이 1차 산업이기 때문이다. 1차 산업에서 생산된 것을 가공하거나 원료로 사용하는 제조업도 마찬가지이며, 서비스업도 예외는 아니다. 가령 눈이 안 오면 스키장에서 일하는 사람들이 일자리를 잃는다. 장마가 길어지면 해수욕장이 영업을 할 수 없어 여기에서 일하는 사람들이 일자리를 잃는 것은 물론이고 주변 음식점과 상점들도 영향을 받게 된다.

기후 위기는 코로나 팬데믹을 불러온 중요한 원인이고, 팬데믹은 경제 위기를 동반하며, 경제 위기로 인해 사람들은 일자리를 잃고 생계에 위협을 받는다. 결국 기후 위기는 우리의 일상생활과 경제에 피할 수 없는 막대한 영향을 미치고 있는 것이다.

하지만 이것이 결론은 아니다. 위기는 위험과 기회를 합친 말이다. 독일의 저명한 사회학자 울리히 벡(Ulrich Beck) 교수는 《위험사회》라는 책에서 "재난은 부정적 부수효과를 가져오지만 긍정적인 부수효과도 가져온다"고 설명했다. 만일 기후 위기가 없었다면 우리는 현재의 방식을 획기적으로 변화시킴으로써 더 나은 미래를 만들어갈 수 있는 기회를 얻지 못했을 것이다. 울리히 벡 교수의 말처럼, 사회 전체를 완전히 탈바꿈하는 수준으로 바꿔나가려는 노력을 기울인다면 기후 위기는 우리에게 '해방적 파국'이라는 변화를 가져다줄 수도 있을 것이다. 해방적 파국이란 '심각한 재난과 같은 파국 상황에서 도리어 길을 찾는다'는 의미다. 기후 위기는 우리의 일자리를 빼앗을 수도 있지만 반대로 일자리를 만들어줄 수도 있다.

## 기후변화에 대응하는 청사진, 그린뉴딜

기후변화는 이미 심각한 재앙을 예고하고 있다. 지금 이대로라면 30년 후에는 지구의 문을 닫아야 할지도 모른다. 지금 우리에게 그린으로의 대전환이 필요한 이유다.

우리나라는 기후변화에 적극적으로 대응하기 위한 발 빠른 움직임을 보이고 있다. 2020년 7월 정부에서는 한국판 '그린뉴딜(Green New Deal)'을 발표했다. 그린뉴딜이란 '기후환경 문제에 대응하면서 일자리를 창출하고, 신산업을 육성하는 정책'을 뜻한다. 국가 차원에서 그린뉴딜을 선언한 것은 유럽연합에 이어 두 번째다. 한국판 그린뉴딜에는 2025년까지 73조 원을 투자해서 일자리 65만 개를 만들겠다는 계획이 포함되어 있다. 구체적인 실행 전략의 핵심은 도시의 에너지 소비

◆ **서울시 온실가스 배출 비중**(2017년 기준)

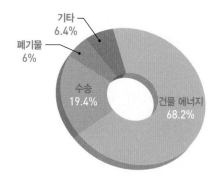

건물, 수송, 폐기물로 인한 이산화탄소 배출량은 서울 지역 온실가스 전체 배출량의 94%에 달하는 3대 주범이다. (출처 : 서울시 서울연구원)

를 효율화하는 리모델링, 재생에너지의 이용 확대 등 에너지를 만드는 방법과 사용하는 방법 모두를 바꾸는 것이다.

서울시 역시 2020년 7월 복합 위기 대응을 위한 서울판 '그린뉴딜'을 별도로 발표했다. 2022년까지 2조 6000억 원을 투입해 건물, 수송, 숲, 에너지, 자원순환 등 5대 분야에서 2만 6000여 개의 일자리를 창출한다는 방침이 담겼다. 2030년까지 온실가스를 2005년 대비 40% 감축하고, 2050년까지 '탄소중립'을 달성하겠다는 목표로 여러 가지 사업을 추진하고 있다.

서울시에서 추진하는 그린뉴딜에는 서울 지역 온실가스 배출 비중의 약 94%를 차지하며 3대 주범으로 꼽히는 건물, 수송, 폐기물로 인한 탄소 배출량을 선제적으로 줄이기 위한 사업도 포함되었다. 기존의 노후 건물을 에너지 절감형 건물로 바꾸는 '그린 리모델링'도 그중 하나다. 그린 리모델링을 진행하는 건물의 지붕에는 두께 150밀리미터의 단열재를 설치해서 단열이 강화되도록 하고, 프레임 위에는 태양광 패널을 설치한다. 이와 같은 그린 리모델링을 통해 기존 대비 약 70%의 에너지 비용을 절감할 수 있다. 서울 지역에서 온실가스 배출 비중이 두 번째로 큰 것은 '수송' 부분이고, 그중에서도 자동차가 탄소 배출량이 가장 많다. 최근에는 환경을 생각하는 시민들 사이에서 수소차와 같은 친환경 자동차를 선택하는 비중이 늘고 있다. 이런 변화에 발맞추어 순수 국내 기술로 수소 생산과 충전을 동시에 해결하는 시설도 생겨났다. 쓰레기 가스에 있는 메탄의 순도를 높여서 바이오 가스로 만드는 설비다. 관련 인프라도 확대된다. 2025년까지 전기차와 수소차 충전 인프라 900곳이 새로 들어설 예정이다.

서울시에서는 미세먼지와 탄소 배출을 억제하기 위한 직접적인 규제도 마련했다. '노후 경유차 운행 제한 시스템'을 마련한 것이다. 미세먼지 계절관리제 기간에는 배출가스 5등급 차량 중 저공해 조치를 하지 않은 차량의 운행이 제한되고, 시영 주차장 105곳에서 5등급 차량의 주차요금을 50% 할증하여 적용한다. 아울러 2035년부터 휘발유와 경유를 사용하는 내연기관차는 사대문 안 진입을 금지하고, 내연기관차의 신규 등록도 불허하는 정책을 추진하고 있다.

# 그린 시대의 새로운 성장 동력을 찾아라

─────

지금까지 탄소중립을 선언했거나 추진 중인 국가는 우리나라를 포함해 120여 개국에 이른다. 탄소중립이란 경제활동 과정에서 발생하는 탄소 배출량만큼 신재생에너지 발전, 탄소 배출권 구입 등의 탄소 감축 활동을 통해 탄소 배출량을 상쇄시키는 것을 말한다.

유럽연합은 2019년 12월에 '2050년 탄소중립'을 목표로 하는 기후변화 청사진인 '유럽 그린딜(European Green Deal)'을 내놓았다. 유럽 그린딜의 핵심은 탄소중립 경제로의 전환을 '신성장동력'으로 삼아 경제 위기를 극복하고 국제 경쟁력을 확보하는 것이다. 유럽연합 집행위원장 우르줄라 폰 데어 라이엔(Ursula von der Leyen)은 "유럽연합의 그린딜은 탄소중립 대륙을 만들기 위한 우리의 비전입니다"라고 말하며 향후 10년간 약 1400조 원을 투자해 그린 신사업을 육성하겠다는 계획을 발표했다.

전력의 75%를 원전에서 생산해온 프랑스 역시 그린 도시로의 전환을 시작했다. 그중 선두주자로 주목받는 도시는 보르도다. 전기 트램을 설치하고 자전거도로를 확충하는 등 지속 가능한 도시로 거듭나기 위해 노력하고 있다. 현재 15% 수준인 재생에너지 비율을 10년 뒤에는 32%까지 끌어올릴 계획이다.

보르도의 한 자연사박물관은 얼마 전 리모델링을 하면서 폐기물도 나오지 않고 탄소 배출도 75% 이상 줄일 수 있는 새로운 에너지원을 선택했다. 온도가 일정한 도시 하수의 열을 이용하는 '지하 열 회

지하 하수도에 버려지는 폐수의 열을 이용해 에너지를 만드는 '지하 열 회수 시스템'을 도입한 자연사박물관. 이 친환경 에너지 시스템은 폐기물도 나오지 않고 탄소도 배출하지 않는다.

수 시스템'을 도입한 것이다. 하수관 바닥에 특수한 장치를 설치해 하수의 열을 회수한 뒤 이를 박물관으로 보내 건물 전체 냉난방에 활용한다. 박물관은 이 시스템으로 건물에 필요한 열에너지의 100%를 해결했다.

산업혁명의 나라 영국도 세계 최고의 해상풍력 국가로 탈바꿈하고 있다. 2020년 현재 영국은 전 세계에서 해상풍력 발전량 1위를 차지하고 있다. 해상풍력만으로 9.7기가와트의 전기를 생산한다. 영국의 해양 관광도시인 브라이튼의 경우, 지난 2018년부터 관광객이 눈에 띄게 늘었다. 바다 위에 116기의 풍력기를 갖춘 400메가와트급 '램피온(Rampion)' 해상풍력기 대단지가 들어선 덕분이다. 이 해상풍력단지에서는 연간 35만 가구에 공급할 수 있는 전력이 만들어지고, 그 결과 연간 60만 톤의 이산화탄소 배출이 감축된다. 해상풍력단지는 전력 공급, 이산화탄소 절감 외에 지역 어민들의 일자리까지 만들었다. 어선을 가진 어민들이 관광객들을 대상으로 해상풍력단지 투어에 나서고

램피온 해상풍력단지(좌)를 찾는 관광객들은 현지 어민들의 어선을 타고 투어를 할 수 있다. 해상풍력단지 덕분에 어민들에게 해상 투어 가이드(우)라는 새로운 일자리가 생겼다.

있는 것이다. 관광객들은 해상풍력단지의 엄청난 규모와 풍광에 한번 놀라고 재생에너지의 어마어마한 잠재력에 다시 한번 놀란다.

2021년 1월 20일 미국 대통령으로 취임한 조 바이든(Joe Biden)은 기후 위기 대응과 친환경 에너지 육성 정책을 주요 선거 공약으로 제시했다. 구체적으로는 파리기후협약 재가입, 2050년 탄소중립 달성, 신재생에너지 활성화, 전기차 개발 지원 등이 포함되었다. 선거 연설에서 조바이든 대통령은 "기후변화에 맞서 싸우겠다는 과감한 약속을 지키는 어려움을 잠시도 과소평가하지 않습니다. 그러나 동시에 그 누구도 약속을 지키겠다는 나의 결심을 과소평가해서는 안 됩니다"라고 말했다. 새로 출범한 바이든 행정부는 태양광, 수소, 풍력 등 청정에너지 분야에 4년간 2조 달러(약 2234조 원)를 투입해 관련 인프라를 확충하고 100만 개의 일자리를 창출할 것을 목표로 제시했다. 또 2030년까지 미국 전역에 50만 개의 전기차 충전소를 추가로 설치하고 새로 생산되는 모든 버스를 무탄소 전기 버스로 전환한다는 내용의 정책도 내놓았다.

중국이 국가 정책으로 '녹색'을 공식적으로 언급한 것은 2016년이다. 그린뉴딜이라는 말을 직접 사용하지는 않지만, 환경 보호를 국가 핵심 정책의 하나로 간주하고 신재생에너지 등에 대한 투자를 지속하고 있다. 또한 친환경 차량에 대한 적극적인 보조금 정책으로 전기차 시장 활성화를 견인하고 있다. 중국은 재생에너지와 전기차 시장의 '큰손'으로 떠오르며 관련 산업을 빠르게 성장시키고 있다. 환경 분야를 새로운 산업군으로 육성함으로써 기후변화 문제를 극복하겠다는 중국형 그린뉴딜로 봐도 무방할 것이다.

## 그린이 만들 새로운 산업, 새로운 일자리

기후 위기에 잘 대응함으로써 우리는 지구 생태계를 지키는 것뿐만 아니라 새로운 산업, 새로운 일자리를 창출할 수도 있다. 산업계의 지각변동은 이미 시작되었다. 그 핵심에는 'RE100' 캠페인이 있다. RE100은 재생에너지를 뜻하는 'Renewable Energy'의 머리글자에 숫자 100이 붙은 것으로, 이 캠페인의 목표는 '기업에서 사용하는 전력을 100% 재생에너지로 조달하는 것'이다. RE100은 국제비영리단체인 기후그룹(The Climate Group)과 탄소정보공개프로젝트(Carbon Disclosure Project)가 2014년 개최한 '뉴욕 기후 주간(Climate Week NYC)'에서 처음 발족되었다. 2021년 1월 기준 구글과 애플 등 284개 글로벌 기업이 RE100 캠페인에 동참하고 있다.

우리나라 입장에서 RE100이 특히 중요한 이유는 경제에서 수출이 차지하는 비중이 크기 때문이다. RE100 기준에 맞추려면 해외에 수출하는 제품을 생산할 때 100% 재생에너지를 사용해야 한다. 그런데 국내 기업에서 이 조건을 맞추지 못하면 결국 수출을 포기하거나 해외 공장으로 가야 하는데, 그러면 일자리도 만들기 어려워진다.

유럽연합을 중심으로 논의되고 있는 '탄소국경세' 역시 향후 우리 경제에 커다란 영향을 미칠 변수다. 탄소국경세는 '유럽 그린딜'에서 추진하고 있는 계획 중 하나로 온실가스 배출량이 많은 국가의 수입품에 더 많은 관세를 부과하는 조세정책이다. 이는 아직까지 석탄연료 비중이 높은 한국 기업들의 해외 수출에 걸림돌이 될 것이다. 수출 제품을 생산하기 위해 사용한 전력이 100% 재생에너지가 아니라면 탄소국경세를 내야 할 수도 있기 때문이다.

RE100이나 탄소국경세와 같은 국제적인 흐름은 기존 산업의 몰락과 함께 우리나라 경제에 큰 타격을 줄 수도 있지만, 새로운 산업의 약진을 가속화하고 일자리를 창출하는 동력이 될 수도 있다. 실제로 이미 재생에너지가 많은 일자리를 만들어내고 있다. 국제재생에너지기구(IRENA)의 발표에 따르면, 2019년 기준 전 세계 재생에너지 분야의 일자리는 1146만 개로 집계되었다. 2012년 728만 개였던 것과 비교하면 57.4% 증가했다. 태양광 관련 일자리가 375만 개로 전체의 3분의 1가량을 차지하고 있다.

국제재생에너지기구는 각국에서 재생에너지 확대가 적극적으로 추진된다면 2050년 재생에너지가 세계 전력 생산의 86%를 담당하게 될

◆ 세계 재생에너지 기술별 고용 현황

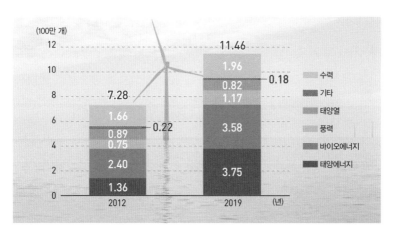

(출처 : 국제재생에너지기구, 〈재생에너지와 일자리-2020 연례 보고서〉)

것이라고 전망했다. 에너지 종류별로는 태양광이 63%, 바이오에너지
가 101%, 풍력이 39% 성장할 것으로 예상했다. 이에 따라 2050년 재
생에너지 분야의 전체 일자리 수는 4190만 개에 이를 것으로 전망하
는 한편, 만일 적극적인 전환 없이 현행 정책을 유지한다면 2050년 재
생에너지 분야 일자리는 2560개에 그칠 것이라고 내다봤다.

다가올 그린 시대에 새로운 일자리를 가장 많이 만들어낼 분야는 재
생에너지 분야다. 특히 풍력발전 분야의 일자리 창출 효과가 크다. 풍
력발전기의 블레이드(blade) 디자인, 풍력 터빈 설계 및 제작, 풍력발전
시스템 운영 관리, 풍력발전기 유지 보수 등의 세부 분야에서 앞으로
더 많은 인력이 필요하게 될 것이다. 재생에너지 분야 외에도 에너지
효율, 전력망 등의 분야에서도 신규 고용 창출이 이루어지고 있다. 전
기를 사고파는 직업이 생겼는가 하면, 아껴 쓰고 남은 전기를 거래하

는 직업도 생겼다. 친환경 건축물의 설계, 시공, 관리, 컨설팅 등에 필요한 인력 수요도 증가할 전망이다. 구체적으로는 지역별 일조량, 풍량, 기류 등의 환경을 분석하고 이를 바탕으로 에너지 효율을 높이는 건축 계획을 수립하는 건축 전문가가 유망 직업으로 떠오르고 있다.

그밖에도 재생에너지 분야에서 새롭게 만들어질 산업과 직업은 무궁무진하다. 최근 급부상하고 있는 한 신생 기업의 사례를 살펴보자. '스타스테크'는 불가사리를 활용해서 친환경 제설제를 만들어내는 스타트업이다. 기존의 제설제는 도로 파손과 자동차 부식 등 부작용이 적지 않았다. 이 업체에서는 제설제의 이런 한계를 극복하기 위해 불가사리에 주목했다. 불가사리 뼛가루에서 추출한 탄산칼슘을 기존 제설제에 코팅했더니 놀라운 효과가 나타났다. 불가사리에서 추출한 탄산칼슘은 다공성 구조체(물질 내부가 수많은 구멍으로 이루어진 구조체)를 갖고 있어 제설 과정에서 발생하는 염화이온을 빨아들이고 환경오염을 방지하는 역할을 했다. 뿐만 아니라 눈 녹이는 속도가 기존 제설제에 비해 1.6배 상승한 반면, 차체나 도로를 부식시키는 부작용은 매우 낮아서 기존 제설제의 0.8% 수준에 불과했다. 그동안 처치 곤란한 쓰레기로 돈 들여 소각 처리를 해야 했던 불가사리가 친환경 제품으로 거듭나며 혁신을 선도하는 생산 원료가 된 것이다.

스타스테크 양승찬 대표는 "친환경 기술이 미래의 먹거리"라고 말하면서 친환경 분야의 다른 스타트업 관계자들에게 이렇게 조언했다. "탄소 배출량을 줄이면 결과적으로 기업의 이윤 창출에도 도움이 됩니다. 장기적으로는 환경적인 가치를 염두에 두지 않고 비즈니스를 추진할 경우 기업의 지속적인 운영이 어려워지는 상황이 발생할 겁니다. 환경을 위하는 새로운 스타트업들, 작은 기업들이 큰 기업들과 시너지를 내서 사회에 더 큰 선한 영향력을 미칠 수 있도록 노력해야 하고, 여기에 정부 차원의 적절한 지원이 뒷받침되어야 합니다."

## 우리는 모두 기후 시민이 되어야 한다

───

미래는 결정된 것이 아니라 우리가 만들어가는 것이다. 기후 위기로 인해 지구 종말을 맞이할지 해방적 파국을 맞이할지는 우리의 대응에 달려 있다는 뜻이다. 우리는 기후변화의 원인을 알기 때문에 대응도 할 수 있다. 그 첫걸음은 우리 모두 자발적인 '기후 시민'이 되어 기후 행동에 나서는 것이며, 가장 중요한 것은 이산화탄소 발생량을 줄이는 것이다. 지구 온도를 높이는 온실가스 중에서 이산화탄소의 비중이 가장 크기 때문이다.

탄소배출량을 줄이기 위해서는 무엇보다 '소비'를 잘해야 한다. 우리의 소비 행위는 선거에서의 투표권과 비슷한 역할을 한다. 특정 상품이나 서비스를 구매하는 경제적 선택을 '화폐투표'라고 부르기도 한다. 기후 시민으로서 우리는 친환경적인 생산, 포장, 유통을 통해 시장에 나온 제품을 선택할 수 있다. 환경을 해치는 제품이나 서비스에는 돈을 쓰지 않겠다고 선언할 수도 있다. 2018년 3월 영국에서 시작돼 유럽을 중심으로 세계 각국으로 퍼져나간 '플라스틱 어택(Plastic Attack)'

플라스틱 어택은 슈퍼마켓이나 마트 등에서 물건을 구매한 뒤 과대포장된 플라스틱 포장재와 비닐봉지 등을 내용물과 분리해 해당 매장에 돌려주는 방식의 환경 보호 운동이다.

캠페인이 한 예가 될 수 있다. 플라스틱 어택은 슈퍼마켓이나 마트 등에서 물건을 구매한 뒤 과대포장된 플라스틱 포장재와 비닐봉지 등을 내용물과 분리해 해당 매장에 돌려주는 방식의 환경 보호 운동이다.

에너지 소비를 줄이는 것도 중요하다. 전기 제품을 덜 사용하거나 에너지 효율이 높은 제품을 사용해야 하고, 자가용 대신 대중교통이나 자전거를 더 많이 이용해야 한다. 육류 소비를 줄이는 것도 탄소배출량을 줄이는 좋은 방법이다. 유엔 식량농업기구(FAO) 자료에 따르면, 축산업에서 발생하는 온실가스의 규모가 전체 온실가스 배출량의 16.5%에 달한다. 가축의 장내 발효와 분뇨, 그리고 그 처리 과정에서 나오는 온실가스가 축산업 배출량의 무려 63%를 차지한다.

개인적인 실천만으로 기후 위기를 극복하기는 어렵다. 법과 제도가 필요하다. 결국 기후 시민으로서 관련 정책과 법을 잘 만들고 시행할 사람에게 투표권을 행사해야 한다. 그리고 필요하다면 법과 정책을 만들어달라는 요구도 할 수 있어야 한다. 개개인이 직접 하기 어려우니 관련 시민단체를 지원하는 것도 방법이다. 이른바 '기후의 정치학'이 필요한 것이다.

우리나라도 '탄소중립'이라는 목표를 향해 가고 있는 국가들의 대열에 합류했다. 일각에서는 "과연 탄소중립이 가능하겠는가"라는 의문을 제기한다. 실질적인 탄소중립을 이루기 위해서는 개인, 기업, 정부 모두가 다양한 피해와 불편을 감수해야 한다는 우려도 나온다. 어느 정도 맞는 말이다. 30년 이내에 탄소중립을 달성하겠다는 것은 결코 만만한 목표가 아니다. 하지만 잊지 말아야 할 것은 탄소중립으로 가는 과정에서 우리가 감수해야 할 피해와 불편보다 탄소중립을 이루지 못했을 때 감당해야 할 위기 상황이 훨씬 더 심각하리란 것이다.

인간은 지구의 일부일 뿐, 자연을 살리는 것이 곧 우리가 사는 길이다. 우리는 지금까지 당연하게 여겨왔던 삶의 많은 부분을 바꿔야 할 것이다. 자연과 공존하는 삶으로 돌아가야만 경제를 살릴 수 있고 일자리도 생겨난다. 또한 그래야만 다음 세대에게도 희망을 전할 수 있다.

# 기후변화를 멈추지 못하면
# 바이러스는 다시 찾아올 것이다

이태경 PD

2016년 시베리아 툰드라 초원에서 순록을 치던 목동 한 명이 갑자기 죽었다. 직전까지 순록 고기를 먹으면서 즐거워했던 열두 살 소년이었다. 평소에는 순록을 먹을 생각도 못 하는데 마침 이유도 없이 순록 한 마리가 쓰러지자 주인이 건네준 것이었다. 횡재한 기분으로 집에 돌아와 가족과 나눠먹었다. 행복한 저녁이었다. 그러나 이는 소년에겐 마지막 저녁이었다. 아무 이유도 없이 소년은 죽었다. 다만 그의 몸에 물집만 몇 개 발견되었을 뿐이다. 그냥 그의 죽음을 슬퍼하고 그를 보내면 끝날 일이었다.

그런데 인근 초원에서 이유도 없이 순록들이 죽기 시작했다. 무려 2300마리가 죽었다. 소년의 가족도 발열과 복통이 심해서 멀리 대도시까지 이송되었다. 그들의 발병 원인을 좀처럼 찾기 힘들었다. 병원은 보건당국에 보고했고 소년이 사는 동네로 러시아 과학자들이 급파되었다. 죽은 순록의 사체에서 일명 '시베리아 역병'이라 불리는 탄저균이 발견되었다. 1941년 이후 처음으로 시베리아에 탄저균이 나타난 것이다. 조사팀은 이상 고온으로 영구동토층이 녹아 탄저균이 나온 것으로 발표했다.

이 이야기는 2016년 시베리아 야말로네네츠 자치구에서 일어난 사건을 재구성한 것이다. 기온이 상승해 땅이 녹자 동토에 갇혀 있던 바이러스가 다시 살아난다는 사실이 엄청난 공포감을 불러일으킨다. 이쯤 되면 세계 곳곳을 다니며 감염병 바이러스를 찾아내려는 과학자들의 분투가 무색해진다. 바이러스의 정체를 알아야 백신과 치료제를 만들 수 있는데 갑자기 전파력이 막강한 정체 모를 바이러스가 나타난다면 속수무책일 수밖에 없지 않은가.

2020년 6월 코로나19로 전 세계가 고통과 불안의 시간을 보내고 있을 때 한 장의 사진이 사람들을 경악하게 했다. 러시아 모스크바 광장에서 여름옷을 입고 피서를 즐기는 러시아 사람들의 모습을 담은 사진이었다. 러시아 기상 관측 이래 128년 만에 가장 더운 6월이었다고 한다. 러시아의 동토가 녹아 정체 모를 바이러스가 창궐할지도 모른다는 공포가 겹쳐지기에 충분했다.

과거 50만 년 동안 지구의 기후변화를 분석한 연구에 따르면 지구의 평균 기온이 1.5도 이상 상승하면 동토가 빠르게 녹을 것으로 예상된다. 산업혁명기인 1880년 이후 이미 지구의 기온은 0.8도 이상 증가했으며 현재 추세라면 2100년까지 약 3~5도가 증가할 것으로 보인다. 이미 늦었다는 절망적인 전망도 있지만 조금이라도 온난화 속도를 늦추기 위해 과학적으로 가장 시급한 대책이 온실가스 배출을 억제하는 것이다. 한마디로 이산화탄소 배출량 제한은 생존의 과제다. 그렇다면 우리가 할 수 있는 일은 무엇일까? 싫든 좋든 모든 나라와 주요 기업들이 온실가스 감축을 결의할 수밖에 없다. 이는 경제를 운운하며 회피할 수 없는 문제다. 현재 인류에게 부여된 가장 중요한 숙제인 온실가스 억제를 함께 풀기 위해 이번 〈명견만리〉에서 기후 위기와 도시의 미래를 기획했다.

KBS 〈명견만리 Q100〉, '세계 그린으로 턴하다'에 출연한 서울대 환경대학원 윤순진 교수는 정말 열정적인 연사였다. 녹화 전 리허설 때만 해도 지쳐 보이고 내용도 합의가 충분히 되지 않은 상황이었지만 하룻밤 사이 윤 교수는 생동감을 되찾고 강연의 전달력도 높아졌다. 세계적인 에너지 전환 흐름과 중요성에 대해 엄청난 열정을 가진 분이었다. 함께 강연을 준비하면서 재생에너지 전환이 생명을 지키는 생존 차원뿐 아니라 새로운 산업을 만들어내고 경제 혁신을 가속화시키는 산업적 가치도 있다는 사실을 확인했다. 에너지 전환에 있어서 많은 사람들이 올바른 지식을 갖게 하는 것이 얼마나 중요한지 새삼스럽게 알게 되었다.

하지만 강연 내용 중 전기세가 너무 싸다는 교수님의 주장은 개인적으로 이해하기 힘들었다. 아무리 외국 사례를 들어 근거를 제시해도 우리나라 전기료를 올리자는 주장은 받아들이기 어렵지 않을까. 윤 교수의 진심은 미래를 위해 에너지 전환 비용을 국민 모두가 분담하고 궁극적으로 에너지 소비를 줄이자는 것이었을 것이다. 미래를 위한 불편을 감수하기 위해서는 국민 모두 이 문제의 절실함을 공유해야 한다. 문제의 심각성에 더해 에너지 전환과 관련된 정확한 정보가 제공되어야 한다고 보는 것이다.

에너지들 간의 효율성, 안정성 등은 상당히 깊이 있는 과학적 연구의 대상이다. 과학계에서는 각종 조사와 연구로 에너지 전환과 관련된 보고서를 내놓고 있다. 그런데 프로그램을 제작하면서 살펴보니 각 에너지별로 서로 다른 목적과 관점으로 데이터를 제공하고 있는 것이 눈에 띄었다. 공영방송의 제작자로서 보다 엄밀한 팩트 체크가 필요하다는 자각이 들었다. 특히 강연자의 생각과 다를 경우 논의를 바탕으로 조금 더 진전된 형태의 지식을 만드는 것이 중요하다는 점을 깨닫게 되었다. 기후 위기에 대응하기 위한 에너지 전환의 필요성은 충분히 전달했으나 시간의 부족으로 구체적인 방법까지는 정리하지 못해서 아쉬움이 남는 기획이었다.

明見萬里

# 9장

# 더 늦출 수 없는
# 에너지 대전환

—

지속 가능한 에너지 패러다임으로 전환하라

明
見
萬
里

한국의 1인당 이산화탄소 배출량은 세계 4위.

우리는 왜 석탄과 원전에서 자유롭지 못할까?

석탄화석 에너지에서 재생에너지로의 전환은

전 세계 각국의 공통 과제이자 화두다.

빠르고 정의롭게 탈탄소 사회로 가는 방안은 무엇인가.

# 더 늦출 수 없는
# 에너지 대전환

지속 가능한 에너지 패러다임으로 전환하라

## 한국은 왜 기후 악당이 되었나

─

글로벌 대기오염 조사 기관인 에어비주얼(AirVisual)이 발표한 〈2019 세계 대기질 보고서(2019 World Air Quality Report)〉에 따르면, 한국은 OECD 회원국 중 초미세먼지 오염 농도 1위로 최악의 대기오염 국가다. OECD 회원국 내 도시 중에서 초미세먼지 오염이 가장 심각한 100대 도시의 목록에 한국 도시는 61곳이나 포함되었다. 2018년 조사에서는 44개 도시가 포함됐으나, 2019년에 17개 도시가 추가로 포함된 것이다.

OECD는 이미 2016년에 "한국은 대기오염에 제대로 대처하지 않으면 40여 년 뒤인 2060년 OECD 회원국 가운데 대기오염으로 인한

◆ 한국 온실가스 총배출량 및 증감률

우리나라 온실가스 총배출량은 2017년에 2.3%, 2018년에 2.5%증가했다. 2019년부터 감소하는 추세를 보이고 있지만 탄소중립은 여전히 요원한 목표다. (출처 : 환경부, 국가온실가스통계)

조기 사망률이 중국 다음으로 가장 높고 경제 피해도 가장 클 것이다"라는 예측을 내놓은 바 있다.

한국은 미세먼지뿐만 아니라 온실가스에서도 최악의 성적표를 받았다. 지난 20여 년 동안 주요 선진국들이 화석연료 사용을 줄여 온실가스 배출량을 낮추는 사이 한국은 배출량을 지속적으로 늘려왔다. 2000~2019년 온실가스 배출량 증가율을 보면, OECD 평균이 5% 감소하는 동안 한국은 오히려 평균 2.0% 증가했다. 특히 한국의 1인당 이산화탄소 배출량은 12.4톤으로 세계 4위다. 1990년 약 5.8톤에서 120% 이상 증가한 것으로, 세계에서 가장 빠른 속도로 증가하고 있다.

2019년부터 온실가스 배출량이 감소하는 추세를 보이고 있지만, 이 정도로는 2050년 탄소중립은 고사하고 2030년의 감축 목표마저 달성

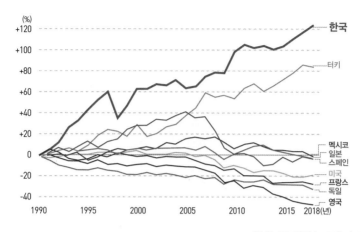

◆ 주요 OECD 국가의 1인당 이산화탄소 배출량 변화(1990년 기준 상대평가, 절대량 기준)

(출처 : 글로벌탄소프로젝트(GCP))

할 수 있을지 미지수라는 것이 전문가들의 의견이다. 한국은 2015년 유엔에 제출한 '국가온실가스감축목표(NDC)'에서 '2030년까지 온실가스를 배출 전망치(온실가스 감축을 위한 인위적 조치를 취하지 않았을 때의 배출량) 대비 37% 감축'하겠다고 밝혔다. 그런데 영국의 기후변화 연구 기관인 기후행동추적(CAT)은 이러한 목표가 파리기후변화협정에서 정한 '지구의 온도 상승을 1.5도로 제한하겠다'는 목표에 비추어 매우 미흡하다고 평가하며 한국을 호주, 뉴질랜드, 사우디아라비아와 함께 '세계 4대 기후 악당(climate villain)'에 포함시켰다. 기후행동추적은 한국이 감축 목표를 '배출전망치' 대비로 잡은 것에 대해서도 지적했다. 유럽 국가들은 1990년 배출량 대비 40~45%를 감축하겠다고 약속했기 때문이다. 기후행동추적은 만일 한국의 감축 목표를 세계의 모든 국가들에 적용한다면 2030년에 지구 온도는 3~4도 상승할 것이라고 분석했다.

세계 주요 선진국들에 비해 산업화 시기가 늦은 우리나라로서는 상대적으로 촉박한 시기에 탄소중립을 이루어야 하기 때문에 기존 산업의 경쟁력 약화와 일자리 감소 등의 부담이 훨씬 더 클 수밖에 없다. 하지만 어차피 탄소중립은 피할 수 없는 길이다. 그렇다면 서둘러 에너지 전환을 이루고 새로운 기회를 찾는 것이 현명한 선택이지 않을까.

## 저무는 화석연료, 에너지 전환이 시급하다

미세먼지 농도와 이산화탄소 배출량을 올리는 주범은 화석연료다. 그런데도 한국의 화석연료 의존도는 낮아지지 않고 있다. 2020년 8월 발표된 〈2020 OECD 한국경제보고서〉에 따르면, 한국은 1차 에너지 공급에서 화석연료 비율이 80%나 되고, 그중 31%를 석탄이 차지하고 있다.

유럽 국가들을 중심으로 세계 주요 선진국은 석탄 경제와의 이별을 눈앞에 두고 있는 상황이다. 스위스, 벨기에, 노르웨이는 이미 석탄 발전을 완전히 중단했다. 유럽 주요 국가들도 2015년 파리기후협약 이후 석탄 발전 감축을 최우선 과제로 시행하고 있다. 미국은 2010년부터 2019년 1분기까지 546개의 석탄발전소를 폐쇄했다. 중국은 2016년에 석탄발전소 30기의 증설 계획을 전격 취소했다.

이런 세계적인 흐름과는 반대로 한국에서는 아직까지 60기의 석탄

발전소가 가동 중이다. 게다가 강릉, 삼척, 서천, 고성에 추가로 7개의 석탄발전소를 짓고 있다. 지금 계획대로라면 2030년대에도 30~50기의 석탄발전소가 운영될 것으로 예측된다.

우리나라 석탄발전소의 절반이 위치한 충청남도, 그중에서도 당진에는 원전 6개에 맞먹는 석탄발전소 단지가 있다. 당진에서만 2019년 한 해 2900만 톤의 이산화탄소가 배출되었는데, 이는 우리나라 전체 이산화탄소 배출량의 4%에 해당하는 규모다. 환경부에서 조사한 대기오염물질 배출량 1위 지역이다.

석탄발전소에서 발생하는 미세먼지와 이산화탄소는 대기질에만 영향을 미치는 것이 아니라 지역 주민들의 삶도 크게 위협한다. 충청남도에서 발표한 주민들의 건강검진 결과를 보면, 당진 화력발전소 인근 주민들은 다른 지역에 비해 질병 발생률이 높은 것으로 나타났다. 한 지역 주민은 "우리는 밥에 석탄가루를 넣어서 먹고 있는 거나 마찬가지예요. 그렇게 석탄가루를 먹으면 금방은 아니더라도 서서히 죽어갈 거 아닙니까. 이대로는 마을에 미래가 없어요"라며 울분을 토하기도 했다.

미세먼지는 건강뿐 아니라 행복감까지 갉아먹는다. SDSN은 〈2020 세계행복보고서〉를 발간하면서 자연환경이 행복감에 미치는 영향을 정량적으로 분석한 결과를 발표했다. 대기오염, 평균기온, 녹지율 등의 자연환경이 행복지수에 미치는 영향을 분석한 결과 행복감에 가장 큰 악영향을 끼친 요소는 '미세먼지'였다. 미세먼지와 초미세먼지 농도가 1% 높아지면 행복지수는 각각 0.0064점, 0.0036점 감소하는 것으로 나타났다.

미국 경제동향연구재단의 제레미 리프킨 이사장은 한국이 지금보다 더 빠르고 과감하게 석탄 경제에서 벗어나야 하며, 에너지 전환을 이뤄내기 위해서는 "이를 악물고 견뎌야 한다"고 조언했다. "화석연료를 모두 태운 2차 산업혁명은 우리를 지구온난화와 멸종으로 이끌고 있습니다. 이제 우리가 어디로 가야 할지에 대해 고민해야 합니다. 한국은 세계에서 일곱 번째로 많은 이산화탄소를 배출하는 국가입니다. 태양광, 풍력과 같은 재생에너지의 발전 비용이 점점 더 낮아지고 있으며, 조만간 화석연료의 발전 비용보다 더 저렴해질 겁니다. 지금 전 세계적으로 석탄산업이 파산하고 있습니다. 한국이 지금 화석연료의 사용을 중단하지 않는다면 정보통신, 모빌리티 등의 4차 산업혁명과 그린뉴딜로의 전환을 이루어낼 수 없을 것입니다."

지금 한국이 받아든 '에너지 전환 성적표'는 초라하기 그지없다. '기후 악당'이라는 오명까지 얻은 한국은 국제사회의 따가운 눈초리를 받고 있다. 제레미 리프킨 이사장이 "이를 악물고 버텨야 한다"고 말한 것은 오랫동안 석탄 경제의 그늘에서 호황기를 누렸던 기존 산업계 입장에선 화석연료에서 재생에너지로의 전환이 환골탈태에 가까운 고통을 수반하기 때문일 것이다. 문제는 그렇다고 해서 그 고통을 회피한다면 더욱 혹독한 대가를 치러야 한다는 것이다. 이미 우리는 어마어마한 숫자가 찍힌 고지서를 받아들었다. 그중 하나는 세계 최대 규모의 노르웨이국부펀드(GPFG)로부터 날아온 것이다. 이 국부펀드는 한국전력이 매출액의 30%를 석탄에서 얻는 전력 기업이라는 이유로 투자 대상에서 제외했다. 그리고 약 1540억 원의 투자 금액도 곧 회수하겠다고 밝혔다. 한국전력 외에도 국내 6개 기업에 대한 투자를 금지해 비상이 걸렸다.

## 값싼 전기의 역설

화석연료 시대를 마감하고 재생에너지 시대로 전환하는 문제는 전 세계 국가들의 공통 과제이기도 하다. 우리나라도 이미 지구의 온도 상승을 1.5도 이내에서 지켜내기로 약속했다. 이 약속은 반드시 지켜 져야 한다. 이 약속을 지키기 위해서 선결 과제가 몇 가지 있는데, 그중 하나가 '전기요금' 문제다. 〈2020 OECD 한국경제보고서〉에서도 "한국의 저렴한 전기요금 정책이 재생에너지의 시장 진입은 물론 향후 전력 수요 관리에 대한 투자를 저해한다"고 평가했다. 기업을 비롯한 전력 생산업체로서는 낮은 전기요금이 곧 낮은 수익성으로 이어지기 때문에 적극적으로 재생에너지 발전 시장에 뛰어드는 것이 어렵다는 것이다.

한국은 전 세계에서 전기요금이 가장 저렴한 국가다. 국제에너지기구(IEA)가 2020년 12월에 발표한 〈국가별 가정용 전기요금〉 보고서에 따르면, 2019년 기준 한국의 가정용 전기요금은 OECD 26개 주요국 가운데 가장 저렴하다.

한국은 전기요금 중 세금의 비중도 매우 낮은 편에 속한다. 우리가

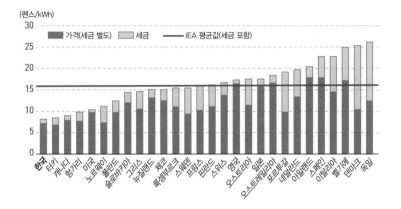

◆ IEA 2019년 국가별 가정용 전기요금

(펜스/kWh)

■ 가격(세금 별도)　■ 세금　── IEA 평균값(세금 포함)

한국의 가정용 전기요금은 킬로와트시(kWh)당 8.02펜스(약 116원)로 26개 주요국 평균 요금의 절반 이하 수준이었다. 요금이 가장 비싼 국가는 독일로 한국 요금의 3배가 넘는 26.17펜스(약 388원)다. (출처 : 국제에너지기구)

내는 전기요금에는 부가가치세 10%와 전력산업기반기금 3.71%만 세금으로 부과된다. 덴마크나 독일의 경우에는 전기요금 중에 세금이 차지하는 비중이 절반이 넘는다. 전기를 생산·송전·배전하기 위해서는 다양한 사회적 비용과 환경 비용이 발생하는데, 지금의 전기요금 체계는 이러한 비용을 충분히 반영하지 못하고 있다.

다만 2021년 1월부터는 연료비 연동제와 기후환경요금의 별도 부과 고지 제도가 도입되었다. 연료비 연동제는 전기를 생산할 때 쓰이는 석유, 가스, 석탄 가격의 변동분을 3개월 단위로 전기요금에 반영하는 것을 말한다. 그리고 기후환경요금은 신재생에너지 의무 할당 비용, 배출권 구매 비용, 미세먼지 저감 비용 등 환경 비용을 전기요금 고지서에 새 항목으로 만들어 소비자들에게 알리는 것이다. 2021년 1월

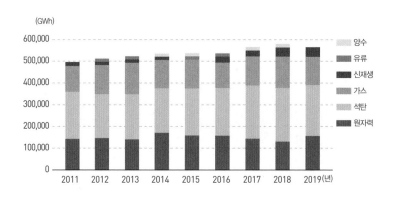

한국의 석탄 발전량 비중은 원자력, 석탄, 가스, 신재생 등 다른 에너지원에 비해 40%를 상회하며 가장 높다. (출처 : 한국전력공사, 〈연도별 한국전력통계〉)

부터 적용되는 기후환경 요금은 킬로와트시당 5.3원으로 전체 전기요금의 4.9% 수준이다.

지금까지 우리나라는 전력소비량이 늘어날 때마다 석탄화력발전소를 증설하는 손쉬운 방법을 선택했다. 우리나라의 에너지 정책은 1970년 동력자원부 시절부터 '대규모 에너지를 값싸게 공급하는 것'을 가장 중요하게 여겼다. 먹고살기 위해 공장을 세우고 제품을 만들어 수출하는 것에 집중했던 것이다. 그러다 보니 전기를 생산하는 비용, 즉 발전 단가가 상대적으로 저렴한 석탄화력과 원자력을 주로 육성할 수밖에 없었다.

GDP 기준 세계 10위의 경제대국이 된 지금도 산업 성장을 위해 값싼 전기를 공급하는 정책은 계속되고 있다. 한국전력공사의 〈연도별 한국전력통계〉를 보면, 석탄의 발전량 비중이 40.4%로 가장 높다.

이제 더 이상 낮은 전기요금이 경쟁력이 되는 시대는 지났다. 지금 우리는 전기를 생산하는 비용의 75%만 부담하고 있다. 이제는 전기 요금을 현실화해서 석탄 발전 비중을 줄이고 재생에너지로의 전환을 서둘러야 한다.

## 탈석탄으로 가는 세계

세계 각국의 탈석탄 움직임이 본격화되고 있다. 국제 환경 단체 그린피스(Green Peace)의 보고서에 따르면, 2019년 전 세계의 석탄발전 설비 용량은 34.1기가와트 증가했다. 새로 가동된 설비 용량 가운데 약 3분의 2는 중국이 차지하고 있다. 중국을 제외하면 전 세계 석탄발전은 2018년 대비 3% 감소했다. 특히 유럽연합과 미국이 각각 −24%, −16%로 감소폭이 컸다. 이에 따라 전 세계의 석탄발전 설비 평균 가동률은 51%로 사상 최저치를 기록했다.

지금 세계 주요국은 2030년까지 석탄발전량을 2010년 대비 80% 이상 감축하기 위해 노력하고 있다. 그중에서도 영국의 발 빠른 행보와 전환이 국제 사회의 주목을 받고 있다. 사실 영국은 세계 최초로 전기 생산에 석탄을 사용한, 석탄과 떼려야 뗄 수 없는 나라다. 그래서인지 특히 런던의 대기오염은 악명이 높다. 1952년 사상 최악의 스모그로 6일 동안 유아와 노약자를 포함해 약 1만 2000명이 호흡기 질환으로

◆ OECD 국가들의 석탄발전소 폐쇄 및 신규 가동 현황

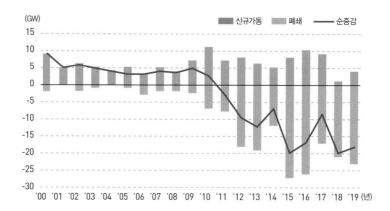

세계 각국의 탈석탄 움직임이 본격화되며 석탄발전은 2018년 대비 3% 감소해, 세계 석탄발전 설비 평균 가동률은 51%로 최저치를 기록했다. (출처 : 그린피스, 〈붐앤버스트 2020〉)

사망했다. 그리고 2015년 60명의 환경 전문 변호사로 구성된 환경 단체 클라이언트어스(Client Earth)가 정부를 상대로 미세먼지 관리에 대한 책임을 묻는 집단소송을 제기했다.

영국 정부는 대기오염의 주원인인 석탄 사용을 줄이기 위해 화력발전소를 폐쇄하기 시작했다. 2025년 탈석탄을 목표로 화력발전소 전면 폐쇄를 계획하고 있다. 2017년 4월에는 산업혁명 이후 135년 만에 처음으로 '석탄 없는 하루'를 보냈다. 영국은 화석연료 대신 지속 가능하고 오염이 없는 재생에너지로 눈을 돌렸다. 특히 탈석탄에 따른 부족한 발전 용량을 해상풍력 발전으로 대체하고 있다.

영국 남부의 루이스시 시민들은 마을에 재생에너지를 보급하기 위해 정부의 지원을 받아 '오베스코(Ovesco)'라는 재생에너지 서비스 협동

영국 루이스시의 재생에너지 협동조합 오베스코는 태양광발전 설비를 운영하며 마을 공동체의 재생에너지 확산을 이끌고 있다. 뿐만 아니라 많은 일자리를 만들어냄으로써 지역경제 활성화에도 기여하고 있다.

조합을 만들었다. 마을의 맥주 창고 옥상에는 총 545장의 패널이 설치된 태양광발전 시설이 있다. 맥주 창고는 옥상을 빌려주는 대가로 오베스코로부터 전기를 제공받는다. 이 맥주 창고에서 생산하는 선샤인 에일(Sunshine Ale) 맥주는 마을의 대표적인 브랜드 상품이 되었다. 오베스코는 2007년 맥주 창고 옥상의 태양광발전을 시작으로 지역사회 공동체의 재생에너지 확산을 돕는 시민단체로도 활동하고 있다. 이들의 활동은 지역경제에 많은 활기를 불어넣었다. 특히 시설 관리, 운용, 보급 등 에너지산업과 관련된 많은 일자리가 생겨났다. 특별한 기술이 없는 사람도 직업훈련을 받으면 일자리를 구할 수 있다.

2019년 기준 영국 전체 발전량의 36.9%를 재생에너지가 담당했다. 전체 발전량에서 석탄이 차지하는 비중은 2.1%로 1990년 대비 71.7% 포인트 줄었다. 석탄발전 축소가 온실가스 배출량 감축에 큰 기여를 하고 있는 것이다.

# 재생에너지로의 전환과 경제적 효과

─────

세계 각국이 탈석탄을 향한 발걸음에 속도를 더하고 있는 이유는 단순히 환경오염을 막기 위해서만은 아니다. 재생에너지가 경제성장을 촉진하고 일자리를 창출하는 핵심 수단이 될 것이라는 전망 때문이다. 미국 리뉴어블워크(Renewable Work)가 발표한 보고서에 따르면, 5900메가와트 규모의 재생에너지 발전 설비가 건설되면 연간 2만 8000개의 일자리가 생기고, 시설의 운영과 유지 관련 일자리도 3000개가 생긴다.

국제재생에너지기구의 〈재생에너지와 일자리 - 2020 연례 보고서〉에 따르면, 재생에너지의 고용 창출 효과가 화석연료 대비 3배 높은 것으로 나타났다. 100만 달러를 투자했을 때 창출되는 전일제 일자리 개수가 재생에너지는 평균 7.49개, 화석연료는 평균 2.65개로 분석되었다. 재생에너지 가운데 고용 창출 효과가 가장 큰 것은 태양광이다. 2019년 기준 태양광발전 설비 용량 1메가와트당 고용은 전 세계 평균 7.4명이다.

오스트리아의 귀씽이라는 작은 마을은 대표적인 에너지 자립 마을로서 전 세계의 주목을 받고 있지만, 이전까지는 오스트리아에서 가장 궁핍한 지역 중 한 곳이었다. 이 마을 사람들이 경제적 어려움을 겪는 가장 큰 이유는 난방비였다. 굉장히 추운 지역인 데다 난방용 석유를 모두 수입에 의존했기 때문이다. 당시 귀씽은 한 해 에너지 소비로만 약 400억 원을 지출했다. 그래서 석유를 대체할 에너지를 찾기 시작했는데, 바로 귀씽의 풍부한 산림자원을 활용한 우드팰릿이었다. 목재

◆ 재생에너지의 일자리 창출 효과

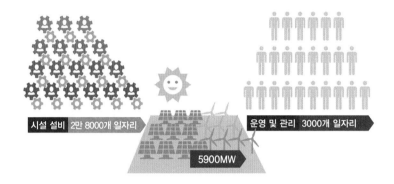

시설 설비 2만 8000개 일자리

5900MW

운영 및 관리 3000개 일자리

(출처 : 리뉴어블워크)

를 이용해 신재생에너지인 우드팰릿을 만들고 이것으로 열병합발전을 해서 각 가정에 전기와 열을 공급했다. 우드팰릿은 낮은 비용으로 고품질의 에너지를 생산할 수 있는 신재생에너지원으로서 귀씽을 100% 에너지 자립 마을로 만들어준 일등공신이다. 이후 귀씽을 벤치마킹해 각종 신재생에너지를 연구하고 개발하기 위해 대학교와 기업들이 모여들기 시작했다. 궁핍했던 마을이 재생에너지 덕분에 새롭게 살아난 것이다. 이렇게 주민 참여형 에너지 전환을 이루어낸 지역사회는 크게 세 가지를 얻는다. 첫째는 에너지 자립이고, 둘째는 지역경제 활성화이며, 셋째는 지역주민들의 건강과 행복이다.

　세계적 금융회사들도 석탄발전 등 화석연료산업에서 자금 지원을 중단하고 있다. 화석연료에 투자하지 않기로 약속하는 '파슬 프리 캠페인(Fossil Free Campaign)'에는 2020년 3월 기준 1187개 금융기관이 참여했다. 유럽투자은행은 2021년부터 석탄을 비롯한 모든 형태의 화석연료에 자금을 지원하지 않기로 했다.

금융회사들은 석탄에 대한 투자를 철회하는 한편 재생에너지산업과 에너지효율산업에 대한 투자를 늘리고 있다. 탈석탄 금융, 기후 금융이 늘고 있다. 지구 환경에 해를 끼치는 기업에는 더 이상 투자하지 않겠다는 것이다. 미국 석유회사 엑손모빌의 사례가 대표적이다. 엑손모빌이 온실가스 감축을 촉구하는 주주들의 요구에 반발하자 투자자들은 등을 돌렸고, 결국 이 거대 기업은 92년 만에 다우존스지수에서 퇴출당했다.

## 한국 재생에너지산업의 현주소

전북 익산에 위치한 산업단지. 태양광 제조업체인 넥솔론은 이 지역을 대표하는 기업이었다. 태양광 발전기의 기판을 생산하는 넥솔론은 한때 6000억 원의 매출에 1000명의 정직원이 일하는 회사였지만, 2011년부터 실적 악화로 어려움에 처했다. 결국 파산으로 경매에 부쳐졌다가 2020년 10월에 반도체 관련 핵심 부품을 생산하는 업체에 낙찰되었다.

중국 정부가 태양광산업을 육성하기 시작한 것도 2011년이었다. 넥솔론의 실적은 이때부터 급격히 하락했다. 직접적인 원인은 중국 태양광 회사들의 저가 공세였다. 원가 경쟁력에서 20% 이상 차이가 나는

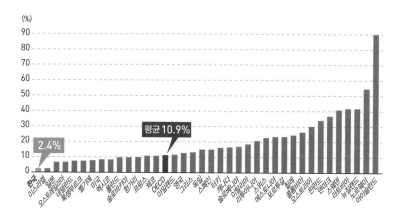

◆ OECD 37개국 재생에너지 비중(2019년)

한국의 재생에너지 비중은 2.4%에 불과해 OECD 37개 국가들 가운데 최하위다. (출처 : OECD)

상태에서 출혈 경쟁을 계속할 수밖에 없었던 것이다.

중국 정부는 태양광산업을 신흥 산업으로 지정하고 전폭적인 지원에 나섰다. 한 해 투자 규모만 무려 11조 원에 이를 정도였다. 하지만 우리나라는 재생에너지 관련 산업을 육성하는 데에는 소극적인 반면 재생에너지 보급률을 높이는 데만 치중했다. 전국에 재생에너지 시범 마을을 만들고 정부보조금을 지원했지만, 번번이 실패했다. 주민 참여형이 아닌 정부 주도형 보급 정책이 낳은 한계였다.

정부 주도형 재생에너지 보급 정책의 가장 큰 문제점 중 하나는 소통 부족으로 인한 지역주민들과의 갈등이다. 주민들의 동의 없이 일방적으로 추진되는 에너지 정책은 주민들의 불신을 키우고, 결국 재생에너지 보급의 걸림돌이 된다. 2017년 경남 양산의 주민들 역시 정부에서 풍력발전기를 추가 선설하겠다는 계획을 발표하자 충분한 대화와 협의 없이 부지가 선정된 것에 불만을 토로하며 반대에 나섰다. 발전소와 가까운 곳의 마을 주민들이 겪어야 할 소음 공해와 더불어 풍력발전기 설치로 인한 토사 붕괴 등의 위험도 제시되었다.

이런 갈등을 최소화하기 위해서는 어떻게 해야 할까? 먼저 객관적인 정보 공개가 이루어져야 한다. 사업의 절차가 투명하고 공정하게 이루어져야 한다. 이를 바탕으로 지역주민들과 공감대를 형성하는 것이 중요하며, 공정한 이익 분배 역시 빼놓을 수 없는 중요한 요소다.

정부에서 추진하는 재생에너지정책이 실패를 거듭한 결과, 우리나라의 재생에너지 비중은 OECD 국가들 가운데 최하위를 기록하고 있다. 2019년 기준 한국의 재생에너지 비중은 2.4%로 OECD 평균인 10.9%를 한참 밑돌았다. 정부 주도의 재생에너지사업이 갖는 한계도 문제지만, 재생에너지를 둘러싼 각종 잘못된 정보와 오해들도 큰 걸림돌이다. 재생에너지 설비 건설을 반대하는 지역 주민들이 가장 먼저 내세우는 것 중 하나는 생태 문제이다. 가령 산에 풍력발전기를 세우면 생태계가 망가질 위험이 있다는 주장을 한다. 하지만 풍력발전단지가 들어선 태기산을 보자. 이전에는 생태등급 2등급이었던 지역이 풍력발전기가 들어선 이후에 1등급으로 상향되었다. 이유는 생물종이 늘어난 덕분이다. 풍력발전기가 들어서자 다른 개발 사업이 중단되면서 오히려 산림을 보호하는 효과를 낳았던 것이다.

## 전력수급, 중앙집중 공급형에서 독립 분산형으로

우리나라가 재생에너지 비중을 늘리는 데에는 또 다른 한계가 있다. 바로 대형 전력회사에 집중된 '전력수급 방식'이다. 획기적인 변화를 위해 일본에서 좋은 선례를 찾아볼 수 있다.

일본은 후쿠시마 원전 사고로 원자력발전소 가동이 중단되면서 전력 수급에 차질을 빚었다. 이 때문에 거대 전력회사와 원자력에 대한 불신이 커지면서 전력 산업의 혁신이 일어났다. 전력시장을 개방해 지자체 전력업체에서 전기를 생산·공급할 수 있도록 한 것이다. 그 결과 재생에너지 마을이 곳곳에서 생겨났다. 기업도 전기를 자급자족하는 형태로 변하고 있다. 동일본 대지진 피해 지역에 위치한 도요타자동차 공장에서는 자체적으로 전력을 생산할 수 있는 발전시설을 운영하고 있다. 이 발전시설에서 가스를 태워 생산한 열과 전기를 공장에서 사용한다. 공장에서 사용하는 전기 중 70%는 자가발전을 통해 충당한다. 남는 에너지는 인근 농장과 마을에 저렴한 가격으로 공급한다. 일본 각 지역에서 건설한 재생에너지 발전소는 1000곳을 넘어섰다. 이는 지역주민들과의 오랜 합의 과정을 거쳐 이루어낸 결과다.

에너지산업을 공기업이 독점하는 구조에서는 전기의 수요 예측에 따른 비용 문제와 블랙아웃 상황에서 빠른 복구가 어렵다. 특히 에너지가 공공재라는 인식이 강해 비용의 현실화도 문제가 된다. 우리나라 역시 거대 전력회사에 전기의 생산과 공급이 집중된 '중앙집중형' 구조에서 탈피해 각 지역에서 전기를 생산하고 소비하는 '지역 기반 분

◆ 중앙집중형 vs. 독립 분산형 전력 시스템

재생에너지 발전 비중을 높이기 위해서는 대규모 전력망을 이용한 '중앙집중 공급형'에서 각 가정, 기업,
마을 단위로 발전설비를 갖추고 전력을 공급하는 형태인 '독립 분산형'으로 전력 수급 시스템을 전환해야
한다.

산 전원' 시스템으로 전환되어야 한다. 이런 자급자족형 전력 체계가

갖는 장점은 여러 가지다.

첫째, 발전소 건설에 대한 주민수용성을 높일 수 있다. 전력을 생산

하는 지역과 소비하는 지역이 불일치하는 데서 오는 갈등이 더 이상

일어나지 않는 것이다. 둘째, 재생에너지 관련 일자리가 생겨난다. 자

연스레 지역경제 활성화에도 도움이 된다. 셋째, 전기를 생산하는 곳

과 소비하는 곳이 가깝다 보니 전력을 내보내기 위한 송배전 비용이

적게 든다. 발전소에서 생산한 전기의 10%는 소비자에게 전달되는 과

정에서 손실되는데, 이 손실을 막아 전기의 효율을 높일 수도 있다. 전

력거래소에 따르면, 분산형 전원을 확대해서 송전설비를 추가로 설치

하지 않을 경우 30년간 6조 원의 비용을 절약할 수 있다고 한다.

# 에너지 자립 공동체, 에너지 프로슈머 시대

분산형 전력 공급 체계로 전환이 가속화되면서 또 다른 변화가 나타나고 있다. 바로 시민의 역할이다. 지금까지 에너지 생산은 정부의 몫이었고, 시민은 그저 사용할 뿐이었다. 하지만 기술의 발달로 시민 개개인이 생산의 주체가 되는 시대로 바뀌고 있다.

충청남도 아산에 자리 잡은 '예꽃재 공동체 마을'은 화석연료를 전혀 사용하지 않는 에너지 자립 마을이다. 태양광으로 전기를 만들고 지열로 난방을 한다. 독특한 집 모양도 에너지를 아끼기 위해 고안해 낸 것이다. 마을이 들어설 때부터 설계에서 건축까지 에너지 절감을 최우선으로 고려한 덕분에 전원주택임에도 불구하고 유지 비용이 저렴하다. 난방비의 경우 40%가량의 절감 효과를 보고 있다.

지금 세계 각국에서는 직접 전기를 만들어(producer) 소비(consumer)하고 판매하는 '에너지 프로슈머(energy prosumer)' 시대가 열리고 있다. 전력사업자로부터 일방적으로 전기를 공급받는 시스템에서 탈피해 개인 간 전력을 거래하는 시장이 확대되고 있다. 개인 간 전력 거래를 돕기 위한 에너지 공유 플랫폼도 늘어나는 추세다.

네덜란드의 반데브론(Vandebron)이라는 에너지 기업은 2014년 4월에 재생에너지를 거래할 수 있는 온라인 시장을 개설했다. 반데브론이 개설한 사이트에서 소비자들은 직접 전기를 사고팔 수 있다. 사이트에는 풍력발전, 태양광, 바이오에너지 등을 누가 얼마나 생산했는지에 대한 정보가 공개되어 있다. 소비자가 전기를 생산한 사람과 직접 거래

에너지 자립 마을, 예꽃재 마을의 각 가구는 지붕에 설치된 태양광 발전설비를 통해 전기를 생산한다. 유난히 많은 창을 만드는 등 에너지 절감을 위해 집의 설계에도 많은 공을 들였다.

하기 때문에 전력회사가 일방적으로 정한 요금이 아니라 소비자들끼리 가격을 정할 수 있다.

이제 에너지를 어떤 방법으로 생산하고 소비할지 시민들이 직접 결정하는 세상이 되었다. 어떤 에너지 연료를 이용할 것인가는 우리의 선택에 달려 있다. 지금 당장 재생에너지로만 전력을 생산할 수는 없다. 그것은 지금의 현실과는 너무나 먼 이야기다. 하지만 지금까지 석탄과 원자력에 치우쳤던 정책은 바꿔야 한다. 석탄, 가스, 원자력 등의 에너지를 적절하게 믹스해서 사용하는 한편, 재생에너지의 발전 비중을 빠른 속도로 높여가야 한다.

## 에너지산업의 정의로운 전환과 포용 성장

독일이나 덴마크와 같은 나라들과 비교할 때 매우 더딘 속도이긴 하지만, 한국의 에너지 전환도 주민의 참여를 넓히기 위한 기반을 마련해가고 있다. 그런데 에너지 전환에서 우리가 절대 놓쳐서는 안 될 가치가 있다. 바로 '정의로운 전환과 포용 성장'이다. 에너지 전환 과정에서 일자리를 잃는 사람이나 경제적 손실을 보는 기업들이 생길 수밖에 없는데, 이들을 뒤에 남겨두지 말고 포용해서 함께 가야 한다는 것이다. 2015년 채택된 파리기후변화협정에도 저탄소 경제로 전환하는 과정에서 발생할 수밖에 없는 다양한 경제주체 간의 이해관계 대립에 대해서 '정의로운 전환'을 해야 한다는 주문이 담겨 있다.

최근 무서운 신조어가 하나 생겨났다. '에어포칼립스'라는 말인데, 공기를 뜻하는 '에어(air)'와 세상의 종말을 뜻하는 '아포칼립스(apocalypse)'의 합성어다. 공기로 인해 종말을 맞을 수 있다는 위기의식에서 나온 말이다. 이는 미래를 생각하지 않고 눈앞의 이익만을 좇는 우리에게 보내는 경고의 메시지이기도 하다.

우리 사회는 그동안 전속력으로 산업화의 길을 달려왔다. 앞으로 달려 나가는 데만 급급해서 뒤를 돌아보지 못했다. 1760년대 1차 산업혁명 이후 260여 년간 우리는 석탄연료를 기반으로 경제발전을 이루며 더 많은 풍요와 편리함을 누려왔다. 그러는 동안 지구는 천천히 파괴되었고 지금은 심폐소생술이 필요한 지경에 이르렀다. 이제라도 과감하게 '탈석탄'을 선언하고 에너지 패러다임을 바꿔야 한다. 그 과정은 물론 매우 험난하겠지만, 그것이 인류 전체가 공멸하는 최악의 길을 피할 수 있는 유일한 방법이다.

# 공공재라는 덫,
# 값싼 전기의 역설

김은곤 PD

처음 출발은 순수한 호기심이었다. 신재생에너지 사용을 늘리면 과연 우리나라도 에너지 자립이 가능할까? 태양과 바람이 화석연료 대신 전기를 생산할 수 있을까? 그렇게만 된다면 연료 고갈을 걱정하지 않아도 되고, 탄소배출량도 크게 줄어들지 않을까? 무엇보다 전기요금, 가스요금 등 에너지 비용이 훨씬 저렴해지지 않을까? 이렇게 좋은 걸 국가와 개인들은 왜 적극적으로 도입하지 않는 걸까?

여러 가지 질문을 던져보았지만, 아직은 시기상조라는 결론을 얻었다. 100% 에너지 자립을 위해서는 지금보다 훨씬 발전 효율이 좋은 태양광 패널이 개발되어야 한다. 태양광 패널을 설치할 수 있는 입지도 넉넉하게 필요하다. 풍력발전기의 블레이드는 워낙 고가인 데다 유지보수 관련 기술도 상당히 까다로워 개인이나 작은 공동체에서 도입하는 데 어려움이 따른다. 좁은 국토 면적에 에너지 의존형 산업 비율이 높은 한국에서 신재생에너지만으로 100% 에너지 자립을 이루는 건 아직은 시간이 좀 더 필요하다.

　그런데 이러한 물리적인 시기상조보다 더 큰 문제가 있다. 바로 우리 사회에 뿌리 깊게 자리 잡은 관성의 법칙, 즉 '경로의존성'이다. 우리의 사고 습관은 한 번 일정한 경로를 따르게 되면 의존성이 높아져 나중에 그 경로가 비효율적이라는 것을 알게 되더라도 다른 경로로 옮겨가기가 어렵다. 개인적인 삶의 양식, 일하는 방식을 포함해 사회 제도와 국가 정책의 실행 측면에서도 마찬가지다. 그중에서도 에너지 정책은 유달리 경로의존성이 강하다. 그 이유는 우리 사회에서 에너지가 '공공재'이기 때문이다. 공공재이다 보니 정부에서 가격을 통제한다. 국민은 에너지 생산에 드는 비용보다 훨씬 저렴한 비용만을 부담하고 있다. 그로 인해 발전사업을 하는 공기업은 매년 적자를 기록하고, 우리의 세금으로 그 적자를 보전하고 있다.

　전 세계 기후변화의 주범은 석탄, 석유와 같은 화석연료의 사용이다. 우리가 경제 발전에 급급해 화석연료 사용을 충분히 줄이지 못하고 있는 동안 지구온난화로 인한 홍수, 산불, 미세먼지 등 환경 문제가 이미 위험 수위를 넘어서고 있다. 뒤늦게 전 세계 국가들이 뜻을 모아 행동에 나서고 있다. 화석연료 사용을 억제해 탄소배출량을 제로로 만들겠다는 것이다. 산업혁명의 원조인 영국마저 화력발전소를 폐기하고 있는 상황에서 우리나라는 여전히 화력발전과 원자력발전을 포기하지 못하고 있다. 바로 값싼 전기의 역설 때문이다.

시대의 패러다임이 변하고 있다. 지금껏 도로를 주름잡았던 내연기관 자동차들은 새로 밀려 들어오는 전기차 물결 속에 그 입지가 줄어들고 있다. 테슬라, 애플 등 전기차 관련 기업들의 주가는 천정부지로 치솟았다. 오랜 전통의 내연기관 자동차를 생산하던 업체들은 대세의 흐름에 거스르지 않기 위해 전기차, 수소차 등 신사업 설비에 대한 투자를 아끼지 않고 있다. 치열한 생존경쟁에서 살아남기 위해서다.

그래서 생각의 전환을 해봤다. 만약 공공재라고 여겼던 '에너지'가 민간에 이양된다면 어떨까? 세제 혜택을 받는 공기업 대신 민간 기업들이 전기를 생산하고 공급한다면? 아마도 전기요금이 현실화되면서 매우 비싸질 테고, 그러면 효율이 높은 에너지원 개발에 박차를 가하게 되지 않을까? 이런 생각을 실현한 나라가 있다. 바로 일본이다.

일본은 2016년 전력시장을 완전히 개방했다. 누구나 원하는 전력업체를 선택해 필요한 만큼 전기를 구매할 수 있고, 또 누구나 전기를 판매하는 생산자가 될 수 있다. 이렇게 전력시장이 민간에 개방된 계기는 바로 후쿠시마 원전 사고였다. 거대 전력회사와 원자력에 대한 불신이 전력 소비 패턴에 변화를 불러일으켰다. 전력시장이 개방되면서 지역에서 필요한 전기는 지역에서 직접 생산하기도 한다. 온천으로 유명한 나카노조 마을은 태양광, 소수력, 지열 등 지역 내 재생에너지를 활용해 지역 경제를 활성화했다. 지자체에서 스스로 전력업체를 만들어 지역 주민들에게 저렴하게 전기를 공급하고, 잉여 전기로 수익을 올리는가 하면, 관련 일자리도 늘어나 일석삼조의 효과를 낳았다.

일본을 돌아본 후 우리의 현실을 비교해봤다. 한국의 전력시장과 공급망은 한국전력공사를 중심으로 한 중앙집권형 구조이다. 전기 생산에서 공급, 판매까지 공기업 주도로 관리되고 있다. 충남 당진의 대규모 화력발전소에서 생산되는 전기는 기나긴 송전선을 타고 인구와 시설이 밀집된 수도권으로 공급된다. 만일 원전 사고라도 발생한다면 국가적인 블랙아웃은 피할 수가 없는 상황이다. 에너지 자립을 할 수 있는 지자체나 기업이 과연 얼마나 될까? 서울시의 전력자립률은 2020년 기준 11.1%에 불과하고, 그중 재생에너지 비율은 불과 9.5%에 그친다. 재생에너지 확충을 위해 고민했던 지자체에서도 비중 확대는 미미한 수준이었다. 그렇다면 여전히 우리에게 에너지 자립은 요원한 일일까?

에너지 전환을 위한 여러 대안을 찾던 중 기억에 남는 마을이 있다. 바로 충남 아산의 예꽃재 마을이다. 33가구에 불과한 이 마을은 100%에 가까운 에너지 자립을 이루었다. 마을 주민들은 태양광으로 전기를 만들고 지열로 난방을 한다. 한 가정에서 태양광을 통해 생산되는 전기량은 4인 가족 평균 전기 사용량보다 많다. 주민들의 전기요금은 0원. 사용하고 남은 전기는 다음 달로 이월된다. 요원할 것만 같았던 일이 에너지 자립 시범 마을에선 가능했다.

그렇다면 문제는 원점으로 돌아온다. 패러다임 변화에 따라 경로도 변화해야 한다는 것! 당장은 비용이 많이 들고 오랜 시간이 걸릴지도 모른다. 누군가는 여전히 비용 대비 효율이 높은 화석연료 에너지를 포기하는 건 경제 발전의 원리에 역행하는 것이라고 비판할지 모른다. 값싼 전기를 포기할 수 없다는 여론도 있을 것이다. 민감한 세금 문제는 정치적으로 유권자들의 표심을 얻기에 너무나도 달콤한 유혹이다. 공과금을 낮춰주겠다는데 마다하는 유권자가 어디 있을까. 문제는 바로 이러한 공공재의 덫, 기존 체계를 벗어나지 않으려는 경로의존성에 있다. 에너지가 더 이상 공공재가 아닌 개별 소비재가 되면 어떨까. 답이 보이지 않을 때는 코페르니쿠스적 전환이 필요할 경우가 있다.

# 4부

# 신뢰
Trust

明見萬里

# 10 장

# 저신뢰 위험 사회의 경고

—

무너진 공적 신뢰, 어떻게 회복할 것인가

明見萬里

사회적 신뢰도가 10% 올라가면

경제성장률은 0.8% 상승한다.

그러나 한국은 신뢰, 즉 사회적 자본 최하위권 국가.

우리의 성장 잠재력을 좀먹고 있는

혐오와 불신의 자리를 다시 신뢰로 채우기 위해

근본적인 변화가 필요하다.

# 저신뢰 위험 사회의
# 경고

무너진 공적 신뢰, 어떻게 회복할 것인가

## 무너진 공적 신뢰

—

한국 사회에서 데이트 폭력, 층간 소음, 보복 운전, 흡연 갈등, 고독사 등과 같은 다툼과 갈등이 끊이지 않고 있다. 언론 보도에 따르면 2019년 한 해에만 사기, 무고, 위증 등의 거짓말 범죄가 47만 6806건이 접수되었다. 이러한 다툼과 갈등의 밑바탕에는 서로를 믿지 못하고 적대시하는 불신이 자리 잡고 있다.

우리는 낯선 사람을 어떤 태도로 대할까? 2020년 《시사IN》과 KBS 공영미디어연구소가 실시한 〈코로나19 이후 한국 사회 인식 조사〉에 대해 공동으로 조사 결과를 살펴보면, 가족과 친척이나 이웃에 대한 신뢰도는 높아졌지만 '낯선 사람'에 대한 신뢰도는 크게 떨어졌다. 물

◆ 코로나19 이후 한국 사회의 신뢰도 변화

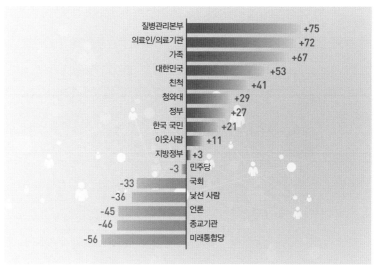

코로나19 이후 가족과 친척, 이웃에 대한 신뢰도는 높아졌지만 대인신뢰도는 크게 떨어졌다. (출처 : KBS공영미디어연구소)

론 한국 사회에서 대인신뢰도가 갑자기 낮아진 것은 아니다. 한국정책리서치에서 2019년에 발표한 〈대인신뢰도 조사〉 결과를 보더라도, 한국 사회에서 '대부분의 사람을 믿을 수 있다'고 생각하는 사람은 10명 중 3명 정도에 불과했다.

미국 스탠퍼드대학교 경제학과의 프랜시스 후쿠야마(Francis Fukuyama) 교수는 1995년에 출간한 저서에서 한국을 '저신뢰 사회'로 분류하면서, 혈연이나 지연을 중심으로 사람들이 뭉치는 '연고주의'가 저신뢰 사회의 대표적인 현상이라고 지적했다. 그는 한 사회의 발전에 필요한 것은 사적 연고를 넘어선 타인에 대한 신뢰와 상호호혜성이라고 주장했다.

그렇다면 공적 영역에서의 신뢰도는 어떨까? 국가와 정부, 의료기관에 대한 신뢰도는 향상된 반면에 국회, 언론, 종교기관에 대한 신뢰도는 크게 떨어졌다. 특히 '우리나라에서 법은 공정하게 집행되고 있다'라는 항목에 '그렇다'고 대답한 비율은 18%밖에 되지 않았다. 2019년의 같은 조사 응답률인 10%에 비하면 다소 올라간 수치지만, 여전히 사법(司法) 영역에 대한 불신이 매우 깊다는 것을 알 수 있다. 한국행정연구원에서 조사한 '기관별 신뢰 정도 차이'를 보더라도 검찰과 법원은 국회와 더불어 가장 낮은 신뢰도를 얻은 3대 기관이다.

지금 우리 사회는 국민의 신뢰를 바탕으로 만들어진 법과 제도로 운영되고 있다. 이는 신뢰가 사라지면 사회와 국가 역시 존속할 수 없다는 의미이기도 하다. 그런데 최근 몇 년간 우리 사회에서 벌어진 일련의 사건들은 그 신뢰가 점점 무너지고 있음을 보여준다. 국가가 법과 제도를 모두에게 공정하게 적용하고 있다는 믿음이 사라지고 있다. 그만큼 '법을 믿지 못하겠다'는 사람, '억울하다'는 사람이 늘고 있다. 신뢰가 사라진 자리를 채우는 것은 혐오와 분노다.

그 이유는 '공적 시스템에서 원칙이 지켜지지 않는다'는 불신 때문이다. 특히 법 집행의 형평성에 대한 의심, 즉 우리 사회의 법이 힘 있는 사람에게는 관대하고 그렇지 못한 사람에게는 가혹하다는 차별 의식이 더욱 분노를 키운다.

# 강자 중심의 사회가 불신을 키운다

우리 사회의 많은 사건들이 농성이나 시위에 해결을 의지하고 있다. 원칙적으로는 법으로 해결되어야 할 문제들이지만, 법을 신뢰할 수 없으니 개인들이 나서는 것이다. 그러면 왜 법을 신뢰하지 못하는 걸까? 앞에서도 언급했듯이, 이 사회가 권력을 가진 강자에게는 유리하고 그렇지 못한 약자에게는 한없이 불리한 구조로 되어 있다고 믿기 때문이다.

재심 전문 변호사로 불리는 박준영 변호사는 재심 사건을 맡으면서 이 사회가 얼마나 약자에게 불리한지 확인했다고 말한다. 영화 〈재심〉의 모티브가 되었던 '약촌 오거리 사건'이 대표적 경우다. 익산시 약촌 오거리에서 택시기사가 여러 차례 흉기에 찔려 숨진 채 발견되었는데, 당시 최초의 목격자이자 근처 다방에서 오토바이 배달을 하던 열다섯 살 소년이 범인으로 지목되었다. 소년은 경찰의 강압적인 수사에 허위 자백을 하고 말았다. 당시 소년이 입은 옷과 신발에서 어떤 혈흔도 발견되지 않았지만, 정황증거와 진술만으로 재판이 진행되었다. 3년 후에 택시기사를 살해한 진범이 잡혔지만 검찰은 구체적인 물증이 없다는 이유로 경찰의 구속영장 신청을 받아들이지 않았다. 2010년에 10년간의 억울한 옥살이를 끝내고 출소한 소년은 재심을 청구했고, 2016년 마침내 무죄 판결을 받았다. 하지만 이 과정에서 당시 소년을 폭행하고 강압적으로 수사했던 형사나 진범을 풀어준 검사는 어떤 처벌도 받지 않았다.

◆ OECD 주요국 정부 신뢰도 순위 (2019년)

| 국가 | 순위 | 신뢰도 |
|------|------|--------|
| 스위스 | 1위 | 85% |
| 룩셈부르크 | 2위 | 76% |
| 덴마크 | 6위 | 63% |
| 체코 | 19위 | 42% |
| **대한민국** | 22위 | 39% |
| 일본 | 24위 | 38% |
| 프랑스 | 24위 | 38% |
| 미국 | 30위 | 31% |
| 스페인 | 32위 | 29% |
| 이탈리아 | 32위 | 21% |

(출처: OECD)

흔히 재벌들에 대한 처벌을 두고 우스갯소리로 '징역 3년, 집행유예 5년'이라고 말한다. '35법칙'이라고 표현하기도 한다. 경제적 어려움 때문에 15만 원을 훔친 사람은 비슷한 전과가 있다는 이유로 징역형을 받는가 하면, 대기업 총수는 기업과 사회에 막대한 손실을 끼치고도 집행유예로 나오는 게 현실이다. 한국 사회가 과연 '만인이 법 앞에 평등한' 사회인지 다시 묻지 않을 수 없다.

공적 신뢰는 문제가 공정하고 정의롭게 해결되는 모습을 국민이 직접 확인하고 경험하는 과정을 통해서만 쌓일 수 있다. 하지만 지금의 강자 중심 사회구조는 공적 신뢰를 쌓아가기는커녕 점점 더 허물어뜨리고 있다. 열심히 노력한 만큼 정직하게 보상을 받을 수 있으리란 믿음, 법이 시시비비를 가려 억울한 사람이 없게 해줄 것이란 믿음을 쌓아가기에는 우리 사회의 전반적인 영역에서 양극화와 불평등이 빠른 속도로 심화하고 있다.

　사법 영역에 대한 불신은 정부에 대한 낮은 신뢰로 이어진다. 코로나19 방역에 성공했다는 평가와 함께 정부에 대한 신뢰도가 상승했다고는 하지만, 여전히 절반 이상의 사람들이 정부를 신뢰하지 못하고 있다. 2019년 OECD 회원국의 정부신뢰도 조사 결과에 따르면, 한국 정부에 대한 국민의 신뢰도는 39%로 OECD 36개 회원국 가운데 22위를 기록했다. 2017년 24%까지 하락했던 것에 비하면 상승한 수치이지만, OECD 평균인 45%에는 여전히 미치지 못했다.

## 잃어버린 독립성과 투명성

—

　우리 사회의 낮은 공적 신뢰도를 보여주는 또 다른 사례로 '국민연금'을 들 수 있다.

　11년째 맥줏집을 운영하고 있는 한 자영업자는 갈수록 매출은 떨어지고 원자재비는 높아지는 상황에서 인건비부터 줄였다. 손님이 아주 많은 시간대가 아니면 혼자서 모든 일을 하고 있다. 이런 어려운 상황에서 매달 9만 원씩 내는 국민연금은 부담이 될 수밖에 없다. "국민연금이 당연히 내야 하는 의무라고 생각은 하지만, 보장되는 금액도 충분하지 않고, 그마저도 받을 수 없을지도 모른다는 불안감에 국민연금 내는 게 더 꺼려져요."

　시장조사 전문기업 엠브레인트렌드모니터가 2019년에 실시한 조

사에 따르면, 국민연금제도에 신뢰감을 가지고 있는 직장인(15~59세)
은 10명 중 2명에 불과했다. 특히 젊은 세대는 국민연금에 대한 신뢰
도가 낮았다. 20대 신뢰도는 10%, 30대는 15.2%에 불과했다. 국민연
금이 고갈되어 노후에 연금을 받지 못할 위험이 있다고 생각하는 사람
도 68.4%나 되었다.

　국민연금에 대한 신뢰가 이토록 바닥에 떨어진 이유는 무엇일까? 많
은 사람들이 국민연금이 어떻게 운영되고 있는지, 어떤 제도를 통해서
어디에 투자되고 있는지 잘 모르고 있는 것도 하나의 이유다. 소통의
부재가 불신을 낳는 것이다. 국민과의 소통도 부족했지만, 연금 운영
과정 자체가 투명하지 못했던 것도 큰 이유로 작용했다. 지난 2015년
삼성물산과 제일모직 합병 당시 외부 전문가가 참여하는 주식의결권
전문위에서 결정할 필요가 있다는 의견이 있었지만, 국민연금 기금운
용본부는 본부 직원들로만 구성된 투자위원회를 개최해서 합병에 찬
성했다. 이 결정이 내려지기까지 당시 대통령 지시로 보건복지부 장관
이 압력을 넣었던 것으로 밝혀졌다.

　이런 일이 가능했던 이유는 국민연금의 투자 결정 구조가 독립적이
지 못해서였다. 국민연금의 최고 의사결정 기구는 보건복지부 장관을
위원장으로 하는 기금운용위원회다. 국민연금기금운용본부에서는 기
금운용위원회의 기능을 "기금운용의 최고 의사결정 기구로서 기금운
용 지침(투자정책서), 연도별 운용 계획, 운용 결과 평가 등 기금운용에 관
한 중요 사항을 심의한다"라고 설명하고 있다. 하지만 지금까지 기금
운용위원회는 기금운용에 대한 주도권을 실질적으로 행사하지 못한

◆ 국민연금 기금운용위원회 구성

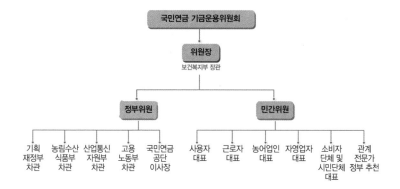

채 형식적으로만 존재했다. 실질적 투자를 담당하는 기금운용본부에 인사와 예산에 대한 권한이 없는데, 어떻게 정권의 영향을 받지 않고 독립적인 의사결정을 내릴 수 있겠는가. 외형상으로는 독립적으로 결정할 수 있는 조직과 제도를 갖췄지만, 외부 영향을 받기 쉬운 구조이다 보니 삼성 합병과 같은 이해할 수 없는 결정이 나온 것이다. 그 결과는 국민연금의 손실로 이어졌고 국민의 불신만 키웠다.

국민연금의 운영 손실과 불신은 우리의 미래를 직접적으로 위협하고 있다. 국민연금은 대표적인 공적연금으로서 많은 사람이 중요한 노후 대비책으로 생각하고 있다. 더구나 우리 사회는 2008년에 이미 고령 사회로 진입했다. 우리나라의 2020년 65세 이상 고령 인구는 전체 인구의 15.7%인 812만 5000명이다. 2025년에는 고령 인구 비중이 20.3%에 이르러 초고령사회에 진입할 것으로 전망된다. 15~64세 생

◆ **매년 상승하고 있는 노년부양비**(2012~2021)

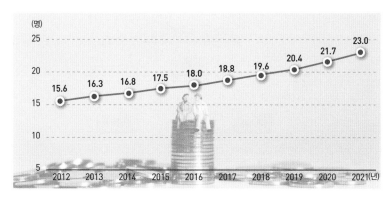

우리 사회가 고령화되면서 생산 가능 인구 100명이 부양하는 노년층 인구 비율, 즉 노년부양비가 2012년 15.6명에서 2021년 23명으로 매년 상승하고 있다. (출처 : 통계청)

산 가능 인구 100명에 대한 65세 이상 고령 인구의 비율을 의미하는 '노년부양비' 역시 가파르게 상승하고 있다.

초고령 사회로 진입하면 '노인 복지지출'은 늘어날 수밖에 없고, 대표적인 노후 복지인 국민연금 지출도 커질 것이다. 2020년 국민연금 수급자는 561만 명이었지만, 2024년에는 690만 명으로 증가할 것으로 예상된다. 더구나 우리나라 노인 빈곤율은 OECD 회원국 평균의 3배가 넘을 정도로 높은 편이다. 노인 인구 중 절반에 가까운 숫자가 상대적 빈곤 상태에 놓여 있다. 이는 복지 혜택이 필요한 노인 인구가 그만큼 많다는 이야기도 된다.

현재 상황으로선 국민연금 개혁이 반드시 필요하다. 국민연금을 받을 사람은 늘어나고 있는데, 국민연금을 낼 사람은 줄어들고 있기 때문이다. 국회예산정책처에 따르면, 국민연금 적립금이 2056년이면 고

갈된다고 한다. 보험료율은 올리고 소득대체율은 낮추는 '더 내고 덜 보장받는' 국민연금 개혁을 고민하고 있지만 쉽지 않은 일이다. 사회 구성원들의 합의가 우선되어야 하기 때문이다. 이 합의는 정부가 국민의 돈을 투명하게 사용하고 그 혜택이 확실히 국민에게 돌아올 거란 믿음이 있어야 하는데, 지금 우리에게는 그 믿음이 부족하다. 국민연금에 대한 불신이 결국 국민의 노후를 위협하는 요인으로 작용하고 있다.

## 공적 신뢰가 사회발전에 미치는 영향

국민연금의 사례에서도 볼 수 있듯이, 공적 기능을 담당하는 기관이 독립성과 투명성을 잃어버린 사회구조는 사회적 자본(social capital)에도 치명적인 영향을 미친다. 사회적 자본이란 사람들 사이의 협력과 호혜성을 바탕으로 하는 신뢰, 규범, 네트워크 등 일체의 사회적 자산을 가리킨다. 사회를 움직이는 무형의 자산인 '사회적 자본'은 경제 자본 못지않게 한 사회가 발전하기 위해서 꼭 필요한 자본이다. 그중 '신뢰'가 사회적 자본의 핵심이다.

미국의 정치학자 로버트 퍼트넘(Robert Putnam)은《사회적 자본과 민주주의》라는 책에서 민주주의와 경제발전이 '사회적 자본'의 축적과 발전에 기초하고 있음을 이탈리아 남부와 북부를 비교해 설명하고 있다. 이탈리아 남부는 힘 있는 정치가들이 지방정부에 개입하는 경향이 강했다. 공무원들은 맡은 일을 성실하게 하기보다 정치인과 인맥을 쌓는데 집중했다. 공적 기관에 대한 시민들의 신뢰도는 자연히 떨어졌다. 그래서 같은 이탈리아인데도 밀라노를 비롯한 북부에 비해 경제와 사회의 모든 측면에서 발전이 늦어졌다. 같은 법과 제도 아래에 있는 한 나라의 두 지역이 이렇게 큰 격차를 보이게 된 것은 바로 '공적 신뢰'라고 하는 사회적 자본의 차이 때문이라는 것이 로버트 퍼트넘의 설명이다.

그렇다면 한국 사회의 사회적 자본은 어떤 수준일까? 영국 민간 기관인 레가툼연구소(Legatum Institute)가 발표한 '2020 레가툼 번영지수'에 따르면, 한국은 세계 167개국 가운데 28번째로 살기 좋은 나라다. 하지만 사회적 자본 부문은 139위로 최하위권에 머물렀다. 레가툼연구소가 2007년부터 매년 발표하는 번영지수는 사회적 자본 이외에도 교육, 보건, 자연 환경, 투자 환경 등 12개 세부 항목을 평가하는데, 한국은 교육과 보건 부문을 비롯해 대부분의 항목에서 좋은 평가를 받은 반면에 유독 사회적 자본 부문에서 낮은 점수를 받았다.

공적 신뢰가 낮은 사회에서는 법질서가 흔들리기 쉽고 정부정책도 빈번하게 공격을 받는다. 함께 힘을 모아야 할 때 무능력이 드러나기 쉽고, 소통 과정은 훨씬 복잡하고 까다로워진다. 이는 공적 영역에서의 효율성이 낮아지는 요인이 되며, 이로써 발생하는 비용은 다시 국민이 껴안게 되는 악순환이 발생한다.

세계은행의 연구 결과에 따르면, 사회적 신뢰도가 10% 올라가면 경제성장률도 0.8% 상승한다. 다시 말해, 사회적 신뢰도가 낮으면 경제적 효율성과 성장 잠재력까지도 저해할 수 있다는 이야기다.

# 공적 기관은 왜 정권의 영향에서 자유롭지 못한가

———

그렇다면 다른 국가에서는 공적 신뢰를 유지하기 위해 어떤 노력을 기울이고 있을까? 120년 전 세계 최초로 사회보장제도를 실시한 독일의 사례를 살펴보자.

'노인들을 위한 도시'로 불리는 독일의 바트키싱엔시는 휴양을 즐길 수 있는 쉼터로 각광받는 곳이다. 이곳을 찾는 대부분의 노인은 연금을 받으며 생활하고 있다. 국민의 노후 대책을 위해 독일이 지출하는 비용은 GDP의 10%이고 이 비중은 점차 늘어나고 있다.

독일 역시 고령화와 노동인구 감소로 연금 재정에 적신호가 켜진 지 오래다. 결국 2000년대 초반 '더 내고 덜 받는' 연금 개혁을 단행했다. 현재 독일의 연금 수령 연령은 65세인데, 2030년까지 67세로 올릴 계획이다. 또 국민연금의 소득대체율도 최대 42%로 감축할 예정이다. 소득대체율은 '생애 평균 소득 대비 노후 연금 수령액 비율'을 말한다.

연금을 받는 시기는 늦어지고 받는 연금액은 적어지는 개혁이 국민들 입장에서 달가울 리 없다. 하지만 대부분의 독일 국민은 이런 변화를 받아들였다. 독일의 연금 개혁이 성공적이라는 평가 받는 배경에는 연금공단에 대한 국민의 신뢰가 자리하고 있다.

독일의 공적연금을 관리하고 운영하는 연금공단에서는 국민과의 소통에 많은 노력을 기울이고 있다. 재정 예산을 투명하게 공개하는 것은 물론, 피보험자들에게 연금 수령액과 수령 신청이 가능한 시점을 정기적으로 알리고 있다. 브로슈어나 신문 기고를 통해 알리고 전국을 순회하며 강연회도 개최한다. 또 전국에 다양한 서비스센터를 설치해 국민이 연금에 대한 정보와 조언을 얻을 수 있도록 돕고 있다.

또한 독일연금공단은 특정 기관으로부터 감독을 받거나 정권의 영향을 받지도 않는다. 재원 마련과 관리 절차 모두 민주적인 방식으로 선출된 대표와 자문위원회가 결정한다. 연금공단에는 절반이 노동조합, 절반이 고용주로 구성된 자문위원회가 있다. 이 위원회는 정치로부터 독립되어 있으며, 연금공단에서 일어나는 특정 사항을 통제하고 함께 결정한다.

독일의 사례에서 우리가 배울 수 있는 교훈은 공적 기관이 독립적으로 운영되려면 정치권이 개입할 여지를 없애야 한다는 것이다. 국민연금 운영에서 우리나라와 독일의 가장 큰 차이점은 자치적으로 운영된다는 것이다. 독일에서는 연금 수혜자와 피보험자들이 연금공사 대표와 자문위원들을 투표로 선출한다. 연금을 내는 사람들이 연금 운영에 간접적으로나마 참여하며 투명성을 유지하고 있다.

## 시민과 언론이 권력의 감시자가 되어야 한다

공적 시스템에 대한 국민들의 신뢰를 회복하기 위해서는 더욱 근본적인 변화가 필요하다. 모든 공적 기관이 정치권력으로부터 자유롭고 특정 세력의 이익을 위해 움직이지 않는다는 걸 국민의 눈으로 확인할 수 있어야 한다. 그리고 이러한 변화의 출발점은 '정치'가 되어야 한다.

세계 어느 나라를 가든 신뢰도가 가장 낮은 집단이 바로 국회다. 독일도 별반 다르지 않다. 지위를 이용해 사적인 이득을 취하다 정치 생명이 끝나는 정치인들은 어디서나 찾아볼 수 있다. 크리스티안 불프(Christian Wulff) 전 독일 대통령도 집을 사려고 특혜성 사채를 썼는데, 이 사실을 보도하려 한 언론에 압력을 행사한 것이 알려져 사임했다.

독일에서는 정치권에 대한 언론과 시민의 감시 기능이 강력하게 작동하고 있다. 불프 전 대통령의 부정이 밝혀진 것도 언론이 압력에 굴하지 않았기 때문에 가능했다. 독일뿐만 아니라 세계 여러 나라의 시민단체들이 정치권력에 대해 활발한 감시활동을 벌이고 있다. 정치권력이 법적으로 보장된 권한 이상을 행사하지 못하도록 하기 위해서다.

미국의 '예산 낭비를 감시하기 위한 시민 모임'의 경우, 26센트짜리 나사를 91달러에, 7달러짜리 망치를 436달러에 구매한 국방부의 구매 낭비를 폭로하고, 불필요한 기지를 폐쇄하는 데 반대하는 의원들의 명단을 공개해서 국방부 예산 절감에 크게 기여했다. 영국의 시민단체 PCaW(Public Concern at Work)는 공익 제보 시스템이 제대로 돌아갈 수 있도록 감시하고 내부고발자를 지원하기도 한다. 일반 기업은 물론 공공기관에서 벌어지는 비리나 부정을 보복에 대한 위험 없이 제보할 수 있도록 지원하고 있다.

시민들의 감시활동은 정치권력에 의한 비리를 드러내고 문제를 바로잡을 기회를 만든다는 점에서 정치발전의 매우 중요한 요소다. 하지만 강원랜드 사건과 같은 채용 특혜, 서울교통공사 등 공기업의 고용

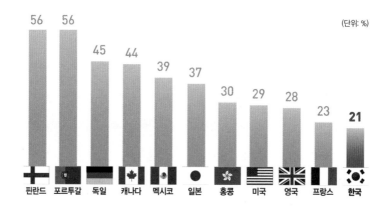

◆ 국가별 언론 신뢰도 지수(2020년)

(단위: %)

핀란드 56
포르투갈 56
독일 45
캐나다 44
멕시코 39
일본 37
홍콩 30
미국 29
영국 28
프랑스 23
한국 21

(출처 : 로이터저널리즘연구소)

세습과 같은 권력형 비리가 끊임없이 이어지고 있는 우리나라의 상황은 과연 시민의 감시 기능이 제대로 작동하고 있는지 돌아보게 한다.

언론의 역할과 책임 역시 '권력의 감시'에 있다. 하지만 우리나라 언론의 신뢰도를 보면 그 책임을 다하고 있는 것으로 보기 어려운 수준이다. 영국 옥스퍼드대학교 부설 로이터저널리즘연구소(Reuters Institute for the Study of Journalism)가 발간한 〈디지털 뉴스 리포트 2020〉에서 한국의 언론 신뢰도는 21%로 조사 대상 40개국 중 최하위로 집계됐다. 2020년 12월에 미디어오늘과 리서치뷰에서 실시한 〈코로나 시대 언론 신뢰도〉 조사결과를 보면, 응답자 중 62%가 언론을 '불신한다'고 답했고, 언론을 '신뢰한다'고 답한 사람은 34%에 불과했다.

언론에 대한 신뢰도가 낮아지면서 '가짜뉴스'는 더 많아지고 있다. 가짜뉴스의 배후에는 종종 정치권력이 있다. 자신들에게 유리한 가짜뉴스를 생산하는 권력이 있는가 하면, 진영 논리에 부합하지 않는 뉴스를 무조건 가짜뉴스라고 몰아붙이는 세력도 있다. 우리는 매일 뉴스를 접하고 있지만 무엇이 진실이고 무엇이 거짓인지 판별하기 어려울 때가 많다. 한 실험에서는 참가자들의 79%가 가짜뉴스를 판별할 수 있다고 답했지만, 실험 결과 전체 참가자 중 91%가 최소 한 개의 가짜뉴스를 진짜로 믿는 것으로 나타났다. 근거 사진이나 자료까지 조작하니 웬만해선 진짜와 가짜를 판별하기 어려운 것이다.

언론의 가장 기본적인 역할은 '사실 보도'다. 사실 보도가 전제되지 않으면 권력에 대한 감시 기능 역시 힘을 발휘할 수 없다. 미국의 권위 있는 보도·문학·음악상인 '퓰리처상'은 조지프 퓰리처(Joseph Pulitzer)라는 언론인의 유산으로 만들어진 상이다. 퓰리처는 생전에 자신이 운영하는 언론사의 벽에 '검증, 검증, 또 검증(verify, verify, verify)'이라고 써 붙여놨던 것으로 알려져 있다. 검증된 사실 보도만이 신뢰를 만들어낼 수 있다는 걸 알았기 때문이다.

언론이 신뢰를 회복하고 권력의 감시자로서 역할을 하려면 가짜뉴스 문제부터 해결하지 않으면 안 된다. 언론사에서도 가짜뉴스의 심각성을 인지하고 팩트체크 담당자를 따로 두기도 한다. 하지만 온갖 정보와 뉴스가 넘쳐나는 데다 유튜브와 같은 1인 미디어도 크게 늘어나고 있어 가짜뉴스의 범람을 막는 데는 한계가 있어 보인다. 그럼에도 언론이 정치권력으로부터 독립해 '사실 보도'라는 역할을 충실히 수행한다면 가짜뉴스가 힘을 발휘하는 일은 확실히 줄어들 것이다.

# 무관심을 넘어 공적 신뢰를 회복하는 길

중국 전국시대 진나라의 재상 상앙(商鞅)은 백성들로부터 신뢰를 얻기 위해 고심하다가 한 가지 방법을 찾아냈다. 도성 남문 근처에 커다란 나무기둥 하나를 세우고 그 기둥을 북문으로 옮겨놓는 사람에게 상금을 주겠다는 방을 붙였다. 백성들은 나무를 옮긴 사람이 정말 상금을 받는 걸 보고, 조정이 약속을 지킨다는 걸 믿게 되었다. "나무를 옮겨 믿음을 얻는다"는 의미의 사자성어 '이목지신(移木之信)'은 바로 이 고사에서 유래했다. 이렇게 백성들로부터 신뢰를 얻은 상앙은 나라를 부강하게 만들기 위해 새로운 법을 공포했다. 그리고 법을 지키지 않는 사람은 태자라 해도 그냥 넘어가지 않았다. 신분 고하에 상관없이 법이 공정하게 지켜지는 걸 보면서 백성들은 법을 잘 따르게 되었다.

신뢰는 이렇게 법과 원칙이 공평하게 지켜지는 과정을 통해서 쌓이게 마련이다. 우리 사회가 신뢰를 회복하기 위해서는 모든 책임을 정부, 공적 기관, 언론에만 맡겨두어서는 안 된다. 우리 개인도 법과 제도보다 관계에 의존했던 기존의 방식을 버리고 법과 원칙을 철저하게 지켜야 한다. 우리가 먼저 변하면 정치도 변하게 된다. 변화는 누군가가 가져다주는 것이 아니다. 스스로 만들어내야 한다.

신뢰 회복의 열쇠 또한 국민인 우리 자신에게 있다. 무너진 공적 신뢰를 회복하기 위해서는 정부와 국회가 제대로 일할 수 있도록 끊임없이 지켜보고 쓴소리를 아끼지 말아야 한다. 공적 신뢰를 가장 위협하는 것은 국민의 실망이나 분노가 아니라 '무관심'이기 때문이다.

# 독일을 따를 것인가,
# 이탈리아를 따를 것인가?

**공용철 PD**

코로나19 팬데믹이 장기화하면서 전 지구적으로 백신 확보 전쟁이 심화하고 있다. 백신 접종률을 높여 집단면역을 확보해야 자국민을 보호할 수 있고, 그래야 경제 활성화도 앞당길 수 있기 때문에 각국 정부는 백신 확보에 그야말로 사활을 걸고 있다. 아스트라제네카 백신 확보를 둘러싼 유럽연합과 영국의 대치도 심화하고 있다. 영국이 자국 생산의 아스트라제네카 수출을 금지하겠다고 하자, 유럽연합 집행위원회는 영국으로의 백신 수출을 통제하겠다고 나섰다. 유럽연합 내에서도 백신 확보를 둘러싸고 경쟁이 치열하다. 27개 회원국이 인구 비례에 따라 백신을 나누되 불가리아, 크로아티아, 에스토니아, 라트비아, 슬로바키아 등 백신이 부족한 5개국에 더 많은 물량을 주기로 합의했지만, 오스트리아 등 일부 국가에서 자기 몫을 내놓지 못하겠다고 해서 논란이 커지고 있다.

제약 선진국들의 자국 중심주의로 인해 우리나라도 백신 확보에 비상이 걸렸다. 정부가 러시아가 개발한 스푸트니크V를 도입할 것이라는 보도도 있었다. 정부가 부인하긴 했지만 그만큼 우리에게도 백신 확보는 발등에 떨어진 불이 된 것이다. 현재까지 이미 접종을 시작했거나 임상3상을 통과한 코로나19 백신은 7종에 이른다. 미국을 중심으로 서방 국가에서 개발한 백신은 화이자, 모더나, 아스트라제네카, 얀센, 노바벡스의 5종이다. 나머지 스푸트니크V와 코로나백은 각각 러시아와 중국에서 개발했다. 백신 확보가 발등에 떨어진 불이 되었지만, 러시아나 중국 백신을 도입하자고 이야기하는 사람들은 많지 않다.

스푸트니크V와 코로나백은 죽은 바이러스 입자를 이용해 인체의 면역체계를 바이러스에 노출시켜 효과를 보는 불활성 백신으로 일반 냉장고 보관이 가능하고 가격도 저렴하다. 게다가 상대적으로 구하기도 쉬운 러시아나 중국 백신을 마다하고, 가격도 비싸고 제때 구하기도 어려운 미국이나 영국 백신을 고집하는 이유는 뭘까? 정답은 국가에 대한 '신뢰'다. 중국이나 러시아 정부를 믿을 수 없다는 불신이 중국과 러시아가 개발한 백신에 대한 불신으로 이어진 것이다.

신뢰는 '투명성'과 밀접하게 연결돼 있다. 중국의 제약회사 시노백은 코로나백의 개발과 임상 과정을 학술적으로 엄정하게 공개하지 않아 불신을 자초했다. 하지만 러시아는 다르다. 러시아는 스푸트니크V의 임상 결과를 영국 의학저널《랜싯(The Lancet)》에 게재했다. 임상 결과

예방 효과는 91.6%였으며, 중증 예방률은 100%였다. 고령층에도 비슷한 효능을 발휘했다. 그런데도 스푸트니크V는 서방 국가들이 개발한 백신에 비해 믿음을 주지 못하고 있다. 백신은 생명과 직결된 것이니만큼 신뢰가 전제되지 않으면 안 된다. 백신 확보에 혈안이 된 선진국들이 선뜻 러시아 백신을 선택하지 못하는 이유다.

국가에 대한 신뢰가 국제사회에서의 위상과 이미지를 결정하고 국가 이익에 영향을 미친다면, 한 국가 안에서의 신뢰는 그 사회의 통합 역량을 보여준다. 사회적 통합 역량은 합의 능력이기도 하고, 사회적 자본인 신뢰를 측정할 수 있는 지표이기도 하다. 불신이 팽배한 사회가 합의 능력이 뛰어날 수 없고 사회 통합이 잘될 리도 없다.

2008년 미국발 세계 금융 위기가 밀려왔을 때 PIGS 국가(포르투갈, 이탈리아, 그리스, 스페인)을 비롯해 경제 여건이 상대적으로 취약한 남유럽 국가들은 재정 위기가 겹쳐 유럽연합으로부터 금융지원을 받아 연명해야 했다. 반면에 독일은 PIGS 국가에 혹독한 구조조정을 전제로 하는 재정지원을 하며 유로존 경제 위기의 소방수 역할을 톡톡히 해냈다. 과다한 통일 비용으로 성장률이 떨어지고 실업률이 치솟아 통일 이후 '유럽의 병자'로 불렸던 독일이 소방수가 된 비결은 무엇이었을까? 탄탄한 재정과 기술력에 바탕을 둔 강한 제조업도 그중 하나이겠지만, 높은 사회적 합의 능력도 중요한 요인이었다. 독일은 연금, 건강보험, 실업보험 등을 개혁하면서 탄탄한 재정을 유지할 수 있었고 경제 위기에도 효과적으로 대처할 수 있었다. 연금과 보험 등의 사회보장제도 개혁은 반드시 손해를 보는 사람들이 있기 때문에 가장 까다로운 개혁에 속한다. 국가와 관련 공공기관에 대한 높은 신뢰가 전제될 때 가능한 개혁이다.

'공적 신뢰' 영역을 취재하면서 독일에서 새삼 확인한 부분은 국민이 정부와 국회의 결정을 지지한다는 점이었다. 연금이 줄어들고 더 늦은 나이까지 일해야 하는 것이 반가울 리 없지만, 그런 결정을 할 수밖에 없는 상황을 이해하고 개혁에 동의했다는 점이었다. 국회와 정부, 사회보장제도 전반에 대한 높은 신뢰가 전제되지 않고선 불가능한 일이었다. 독일은 개혁을 추진하는 과정이 투명했기에 국민의 신뢰를 얻을 수 있었다. 노동자와 사용자, 여당과 야당의 입장이 모두 투명하게 공개되고, 수많은 토론과 공청회를 통해 합의 가능한 부분에서 최소한의 교집합을 만들어냈고, 다시 그 교집합을 키워나갔다. 그리고 국민은 그 모든 과정을 투명하게 지켜볼 수 있었다. 개인의 이익도 중요하지만 공동체의 이익이 더 중요하다는 공감대가 있었기에 가능한 일이었다.

우리나라도 고령화 시대를 앞두고 4대 보험 등 사회보장제도 개혁이 필요한 시점이나 아직까지 해당 논의를 테이블 위에 올려놓지도 못한 실정이다. 더욱이 지난 몇 년간 우리 사회는 진영화가 심화하며 사안별로 대립과 갈등이 극심했다. 조국 전 법무장관을 둘러싸고 광화문과 서초동에서 빚어졌던 대규모 시위사태가 대표적이었다. 동일한 사안을 둘러싸고 객관적인 사실과 증거, 판단이 사라진 자리에 진영 논리가 자리를 잡았다. 진보나 보수의 가치도 사라지고 '편 가르기'만 남았다. SNS 소통이 활발해지면서 확증편향도 심해졌다. SNS를 생각이 다른 사람이나 집단과의 소통 수단으로 활용하기보다는 생각과 행동이 비슷한 사람끼리 뭉치는 수단으로 활용하게 된 것이다.

진영으로 양분된 사회에서는 공정과 정의도 진영의 시각에서 해석되고 재구성된다. 우리 편은 정의롭고 공정하지만, 상대편은 부패하고 타락했다고 여긴다. 상대방을 인정하고 존중하지 않는데 신뢰가 생길 수 없다. 신뢰가 없는 상대와 합의를 하는 건 더더욱 어렵다. 정치적·사회적 결정은 다수결로, 일방통행으로 처리된다. 결정 과정에서 소외된 집단은 분노가 쌓이고 신뢰와 합의의 공간은 더욱 축소된다. 복잡한 이해관계로 인해 장기적인 접근이 필요하긴 하지만 더 이상 미룰 수도 없는 중요한 개혁들조차 자꾸 미뤄진다. 우리와 비슷한 길을 걸었던 PIGS 국가들은 2008년 유로존 경제 위기 시 대량 실업 사태를 겪었고 수많은 개인과 기업이 파산했다.

우리도 진영의 틀에서 벗어나지 못하면 머잖아 심각한 위기를 맞이할 수밖에 없을 것이다. 이제 심각하게 질문을 던져야 할 때다. 독일의 길을 따를 것인가? 이탈리아의 길을 따를 것인가?

明見萬里

# 11장

# 누가 흰 코끼리를
# 만드는가

—

세금 도둑, 흰 코끼리가 남긴 교훈

明
見
萬
里

스포츠 경기장은 물론 도로, 공항과도 같은 사회 기반 시설까지

곳곳에 숨어 있는 애물단지들이 우리가 낸 세금을 낭비하며

사회에 대한 깊은 불신을 낳는 원인이 되고 있다.

흰 코끼리는 왜 생겨날까? 또 그 해법은 없을까?

# 누가 흰 코끼리를
# 만드는가

세금 도둑, 흰 코끼리가 남긴 교훈

## 그들은 왜 올림픽 유치를 포기했을까

———

국제올림픽위원회(IOC)는 2019년 6월 스위스 로잔에서 열린 총회에서 이탈리아 제2의 도시 밀라노와 동북부 산악도시 코르티나담페초가 '2026년 동계올림픽' 개최지로 선정됐다고 발표했다. 이탈리아 밀라노와 코르티나담페초는 47표를 얻어 최종 후보에 함께 올랐던 스웨덴 스톡홀름과 오레를 13표 차이로 따돌렸다고 한다. 승패를 가른 주요 인은 시민의 지지도였다. IOC가 개최 예정 도시에서 여론조사를 실시한 결과 이탈리아에서는 83%가 동계올림픽 개최를 반겼지만, 스웨덴에서는 55%만 올림픽을 지지했다.

올림픽 개최에서 시민들의 지지도는 그만큼 중요한 요소다. 시민들의 반대로 올림픽 유치를 포기하는 사례도 많다. 1988년에 동계올림 픽을 개최했던 캐나다 캘거리시는 '2026 동계올림픽' 유치 신청 여부를 묻는 투표를 실시했는데, 전체 시민의 56.4%가 반대표를 던졌다. 오랜 협상 끝에 연방정부와 주정부가 약 1조 7000억 원 규모의 지원금을 약속했지만, 시민들은 4조 5000억에 달하는 개최 비용을 시에서 감당할 수 없다고 판단한 것이다.

동계 스포츠 강국인 오스트리아는 1976년 인스브루크 동계올림픽 이후 50년 만에 동계올림픽 유치를 추진했지만, 역시나 시민 투표에서 반대 여론이 더 큰 것으로 나와 계획을 접어야 했다. 오스트리아 국가올림픽위원회는 유치 신청 철회 의사를 밝히는 성명에서 "지금처럼 지역에서 정치적으로 충분한 지지가 이뤄지지 않은 상황에서 이 정도 프로젝트를 추진하는 것은 거의 불가능하고 정당화될 수도 없다"고 밝혔다.

겨울 스포츠의 천국이라 불리기도 하는 스위스 시옹시 역시 '2026년 동계올림픽 유치'를 선언했다가 절반이 넘는 시민들의 반대에 부딪혀 유치 신청을 철회했다. 이유는 무엇일까? 반대표를 던진 시민들은 "올림픽을 개최한 도시의 경기장들이 애물단지로 변하는 것을 보면서 올림픽이 더 이상 황금알을 낳는 거위가 아니라는 것을 알게 되었다"고 입을 모았다. "지금까지 올림픽 개최 도시들을 보면 언제나 예산이 초과 지출되었다. 결국 도시는 빚더미에 올라앉고, 경기장들은 다시 사용하지 못하게 되었다. 우리는 시옹에 '흰 코끼리'라고 불리는 애물단지를 만드는 것을 원하지 않는다."

스위스 시옹시의 시민들에게 올림픽은 황금알을 낳는 거위가 아니라 애물단지라 불리는 흰 코끼리였다. '흰 코끼리'는 고대 태국 왕들이 신성하게 받들었던 동물이다. 그런데 재밌게도 왕은 이 흰 코끼리를 주로 마음에 들지 않는 신하에게 선물했다. 그러고는 흰 코끼리가 죽을 경우 왕권에 대한 도전으로 여겨 엄벌에 처했기 때문에 신하 입장에서는 흰 코끼리를 정성스럽게 키울 수밖에 없었다. 문제는 이 흰 코끼리가 먹어도 너무 많이 먹는 바람에 파산을 면하기 어렵다는 것이었다. 흰 코끼리를 하사받는 건 그야말로 징벌이나 마찬가지였다.

그래서 오늘날에는 흰 코끼리가 '겉보기엔 좋아 보이지만 돈만 많이 들고 실속은 없는 애물단지'를 뜻하게 되었다. 올림픽을 치른 후에 남겨진 쓸모없는 경기장이 대표적인 흰 코끼리다. 그밖에도 우리 사회 곳곳에서 흰 코끼리를 많이 발견할 수 있는데, 이는 국가가 세금을 낭비하고 있다는 깊은 불신을 낳는다.

## 평창 동계올림픽이 남긴 흰 코끼리

2018년 온 국민을 하나로 만들며 환희와 영광으로 가득했던 평창 동계올림픽. 그러나 그 화려함 뒤에는 어마어마한 흰 코끼리가 있었다. 매끄러운 대회 운영과 남북 단일팀 구성 등으로 성공적인 올림픽이라는 평가를 받았지만, 올림픽을 치른 뒤의 평가는 달랐다. 대회 비용과 이후 사후 관리 비용이 고스란히 빚으로 남겨졌기 때문이다.

많은 반대를 무릅쓰고 635억 원을 들여 지은 개폐회식장은 성화대와 일부 올림픽기념관으로 쓰일 건물만 남고 나머지는 모두 철거되었다. 철거를 결정한 이유는 운영비 부담 때문이었다. 철거에 들어간 비용은 건설에 들어간 비용과 비슷하다. 평창 동계올림픽과 동계장애인올림픽의 개폐회식, 단 네 번의 행사를 위해 1300억 원을 들여 올림픽플라자 건물을 새로 지었다가 철거한 평창의 선택은 외신에서도 큰 화제였다.

그런가 하면 사후 활용 방안을 찾아야 하는 경기장은 강릉 스피드스케이팅 경기장, 강릉 하키센터, 알펜시아 슬라이딩센터 3곳이었다. 이들 경기장은 짓는 데에만 각각 1000억 원 이상이 들어갔지만, 마땅한 활용 방안을 찾지 못해 사실상 방치된 상태였다. 도의회에 제출된 '강원도 동계스포츠경기장 운영관리 조례 일부 개정 조례안'의 비용 추계서에는 이 3개 경기장의 시설 관리 위탁 비용이 2022년까지 5년간 202억 8500만 원으로 추산되었다. 강원도와 정부는 이 비용을 어떻게 부담할 것인지를 놓고 1년 넘게 줄다리기를 했다. 결국 한국개발연구원에서 '국비 지원 타당성' 연구 용역을 진행했고, 그 결과에 따라 기재부·문체부와 실무 협의 등을 거쳐 9억 9600만 원이 2020년 정부 예산안에 반영되었다.

이 3개 경기장 외에 더 큰 애물단지는 존치와 복원의 갈림길에 있는 정선 가리왕산의 알파인스키 경기장이다. 공사비만 2064억 원을 들인 이 경기장은 건설 당시부터 환경 파괴 논란이 있었다. 수목이 울창하고 훼손되지 않은 청정 자연이 보존된 가리왕산은 약용으로 쓰이기도 하는 주목의 자생 단지로 산림 보호가 필요한 지역이었기 때문이다. 녹색환경연합 등 환경단체는 이런 점을 들어 반대했지만, 강원도가 올림픽이 끝나면 시설물 철거와 함께 산림을 복원하겠다고 약속하여 공사를 시작할 수 있었다. 하지만 올림픽이 끝나자 강원도는 말을 바꾸었다. 동계아시안게임과 동계유니버시아드, 동계군인체육대회 등을 유치해 사용하겠다는 계획을 세워 가리왕산 알파인스키 경기장을 2023년 8월까지 쓰게 해달라고 연장 사용 신청서를 제출한 것이다.

가리왕산의 복원 문제는 3년이 지난 지금까지도 해결되지 않고 있다. 만약 경기장을 새로 짓는 대신 기존 시설을 활용했다면 어땠을까? 개폐막식장이 지어진 횡계리의 인구는 4000여 명밖에 되지 않는다. 이곳에 수용 규모 4만 명이 넘는 시설을 새로 짓기보다는 강릉종합운동장과 같은 기존 시설을 리모델링해서 사용했다면 올림픽 이후에 20만여 명의 강릉 시민들이 잘 활용할 수 있었을 것이다. 우리 세금으로 짓는 경기장이니만큼 적은 비용으로 최대의 효과를 내는 방안을 적극적으로 고려했더라면 좋지 않았을까?

평창 동계올림픽을 치르면서 들어간 돈도 한 번 따져볼 필요가 있다. 평창올림픽 조직위원회는 2018년 10월 IOC 총회에서 대회 성과와 재정, 사후관리 등에 대해 최종 마무리 보고를 하면서 약 614억 원의 흑자를 달성했다고 발표했다. 다음 표를 보면 평창 동계올림픽 대회 운영비에 쓰인 돈은 약 2조 4456억 원이고, 각종 기업 후원금과 IOC와 정부의 지원금, 거기에 입장권 판매수익을 비롯한 기타 수익까지 더한 전체 수입은 약 2조 5070억 원이다.

◆ IOC 총회에서 발표된 평창 동계올림픽의 수익 및 지출

**2억 6600만 달러 적자 ▶ 5500만 달러 이익**

(단위: 10만 달러, 환율 1,116.7원 적용)

| | 예산 | | 실제 | | |
| --- | --- | --- | --- | --- | --- |
| | 응찰가 | 예산 | 2017년<br>까지 | 회계연도<br>2018년 | 총액 |
| 수익 | 1966 | 2235 | 1310 | 935 | 2245 |
| 지출 | 1966 | 2501 | 1151 | 1040 | 2191 |
| 밸런스 | | -266 | | | 55 |

이렇게 보면 정말 흑자인 것 같지만, 사실 여기에는 중요한 지출 항목이 빠져 있다. 바로 선수촌과 경기장, 방송센터를 지은 건설비 약 2조 2000억 원, 거기에 고속철도와 도로를 지은 비용 약 9조 3000억 원이 빠져 있는 것이다. 그리고 이러한 인프라 비용은 모두 우리가 낸 세금, 국비와 지방비로 충당되었다. 이러한 사실을 감안하더라도 과연 평창 동계올림픽이 흑자를 냈다고 결론지을 수 있을까? IOC의 기준에 작성된 평창 동계올림픽의 흑자 대차대조표에는 무엇보다 각종 시설의 사후 관리 비용이 빠져 있다.

경기장들을 잘 운영한다고 하더라도 해마다 수십억 원에 달하는 운영 적자를 피하기는 어렵다. 강원도는 스피드스케이팅 경기장과 하키센터, 슬라이딩센터 등 3곳의 운영 실적을 정산한 결과, 2020년 한 해에 10억 4400만 원의 수익을 올렸다고 밝혔다. 그러나 이들 경기장의

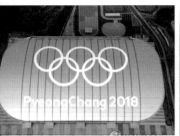

강릉 스피드스케이팅 경기장, 알펜시아 슬라이딩센터, 강릉 하키센터는 건설 비용만 각 1000억 원 이상이 들었고 지금은 연간 30억 원이 넘는 운영 적자까지 남기고 있다.

연간 운영비용 42억 5000만 원을 감안하면, 32억 원가량 적자를 본 셈이다. 이들 경기장은 2019년에도 30억 원이 넘는 적자를 기록했다.

강원도는 동계올림픽 경기장들을 재활용하겠다는 취지로 동계 스포츠대회 유치에 적극적으로 나섰다. 2022년에는 평창국제청소년동계대회가, 2024년에는 동계청소년올림픽이 열릴 예정이다. 이 대회들이 어떻게 치러지느냐에 따라 평창 동계올림픽이 남긴 흰 코끼리의 미래도 조금 달라질 수 있을 것이다.

## 누가 올림픽으로 돈을 버는가

―

오해하지 말아야 할 것은, 올림픽 개최 자체가 문제는 아니라는 점이다. 올림픽이나 월드컵 같은 대형 스포츠 행사들을 돈으로만 환산해 가치를 평가할 수는 없기 때문이다. 중요한 건 개최를 하되 국민의 세금을 낭비하지 말고 실속 있게 하는 것이다. 사후 활용 방안도 없는 큰 경기장을 마구 지어서 애물단지로 만들어선 안 된다.

사실 올림픽, 월드컵, 아시안게임 같은 대형 이벤트 유치는 도시 개발 프로젝트와 맥을 같이한다. 개최 준비가 시작되면 제일 먼저 도로, 건설, 철도 등 토목공사가 시작된다. 건설 붐이 일어나는 것이다. 그런데 이런 대형 이벤트를 유치했을 때 이득을 보는 건 지역주민들보다는 대형 건설회사나 부동산 투기꾼들이다.

그렇다 보니 올림픽을 개최한 도시가 경제적 효과를 얻기는커녕 오히려 큰 빚을 지는 경우도 많다. 1998년 나가노 동계올림픽, 2010년 밴쿠버 동계올림픽, 2014년의 소치 동계올림픽도 모두 적자를 기록했다. 최악의 적자 사례로 기록된 것은 1976년 캐나다 몬트리올 올림픽이다. 당시 몬트리올의 장 드라포(Jean Drapeau) 시장은 시민들이 올림픽 개최 비용에 부담을 느끼고 대회 유치에 반대하자 "올림픽으로 적자를 본다는 것은 남자가 아이를 낳는다는 말과 같다"면서 개최를 강행했다. 하지만 결과는 빚더미에 올라앉는 것이었다. 몬트리올시는 경기장과 사회 기반 시설에 대한 무리한 투자로 12억 3000만 달러(약 1조 3726억 원)라는 천문학적인 수치의 적자를 기록했다. 그리고 그 후폭풍은 매우 거셌다. 폐막 이후 몬트리올시는 부도 직전까지 몰렸고, 그 빚을 갚기 위해 무려 30년 동안이나 시민들에게 특별세를 징수해야 했다.

최근에는 주민들의 반대로 올림픽 유치를 포기하는 도시가 더욱 늘어나고 있다. 이탈리아의 로마, 독일의 함부르크, 스웨덴의 스톡홀름, 노르웨이의 오슬로 그리고 헝가리의 부다페스트까지. 모두 올림픽 유치 신청을 포기한 도시들이다.

◆ 역대올림픽 예산 초과율

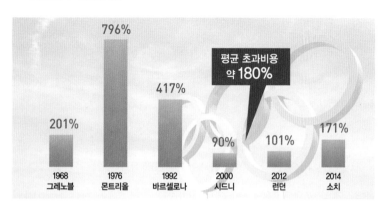

(출처 : 스위스 로잔대학교, 마틴 뮬러 교수)

한때는 황금알을 낳는 거위로 인식되던 올림픽이 어쩌다 이렇게 외면받는 처지가 된 걸까? 스위스 로잔대학교에서 올림픽이나 월드컵과 같은 대형 스포츠 이벤트들이 도시에 미치는 영향을 연구해온 마틴 뮬러(Martin Muller) 교수는 그 이유를 이렇게 설명했다.

"우리는 모든 올림픽이 예산을 초과하여 운영되는 것을 보아왔습니다. 1960년대부터 모든 올림픽의 개최 비용을 보면, 일부는 엄청난 금액이 초과되었음을 알 수 있습니다. 예를 들어 몬트리올은 796%를 초과했고, 바르셀로나는 417%를 초과했습니다. 1960년 이후 올림픽들은 원래 예산의 평균 180%가 초과됐습니다. 결국 올림픽 개최 비용은 원래의 예산보다 2배가량 비싼 겁니다."

이렇게 많은 돈을 들여 대형 이벤트를 개최했을 때의 경제 효과는 어떨까? "모든 나라와 도시가 올림픽 개최를 통해 자본을 끌어들이고 일자리를 창출하여 경제성장을 이루려는 큰 희망을 갖습니다. 그러나

306

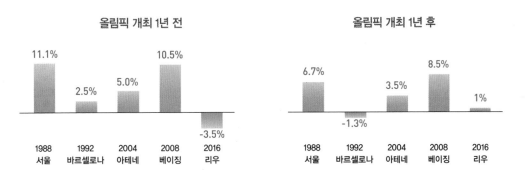

(출처 : 국제통화기금)

모든 경우 그런 희망이 이루어진 것은 아닙니다. 사실 올림픽을 개최했던 대부분의 도시들은 올림픽 개최 이후 오히려 경기가 위축되는 경험을 했습니다. 서울의 경우에도 올림픽을 치르기 전 경제성장률은 11.1%였으나 1년 후 경제성장률은 6.7%로 하락했습니다. 그 이유는 대부분의 자원을 그다지 생산적이지 못한 쪽에 투입했기 때문입니다. 아무런 투자 효과도 제시하지 못할 부분에 돈을 썼을뿐더러 몇몇 경기장들은 추가적인 비용마저 종종 발생합니다. 경기장들은 건설 비용뿐만 아니라 올림픽 이후에는 유지 보수 비용까지 듭니다."

실제로 KAIST 경영대 박광우 교수 연구팀이 올림픽과 월드컵을 개최한 국가 23개국을 조사·분석한 결과, 개최국 대부분이 올림픽 개최 전까지는 경제가 성장세를 보이다가 대회가 끝난 뒤에는 경기가 빠른 속도로 침체되는 이른바 '골짜기 효과'를 경험한 것으로 나타났다. 올림픽 전에는 올림픽 관련 투자에 집중하면서 경기 부양 효과가 나타나지만, 올림픽이 끝나고 나면 투자가 감소하면서 성장률이 하락하는 것이다. 박광우 교수 연구팀은 올림픽이나 월드컵대회가 '승자의 저주'로 끝나는 사례가 많은 이유를 개최 전의 경기 부양 효과가 개최 이후에 지속되지 못하기 때문이라고 분석했다.

## 우리 사회 곳곳에서 세금을 낭비하는 애물단지

━━━

흰 코끼리는 올림픽만의 문제가 아니다. 우리 사회 곳곳에는 세금을 낭비하는 수많은 애물단지가 있다. 지난 2017년, 영국의 유력 일간지 《가디언》에서 재미있는 조사를 했다. 막대한 예산을 들이고도 아무짝에도 쓸모없는 '세계 10대 흰 코끼리'를 선정했는데, 우리나라의 '4대강 사업'도 여기에 이름을 올렸다.

| 《가디언》이 선정한 세계 10대 애물단지 | |
|---|---|
| 1 | 한국 4대강 사업 |
| 2 | 캐나다 스카보로 지하철역 |
| 3 | 북한 류경호텔 |
| 4 | 독일 베를린 신공항 |
| 5 | 미국 알래스카 그라비아섬 연결 다리 |
| 6 | 러시아 소치타운 |
| 7 | 스페인 발렌시아 레이나소피아 오페라하우스 |
| 8 | 홍콩 펄리버 다리 |
| 9 | 스페인 시우다드레알 공항 |
| 10 | 스페인 베니돔의 인템포 빌딩 |

군포시에서 제작한 이른바 '김연아 동상'도 혈세를 낭비하는 전형적인 전시행정이라는 비판을 받았다. 무려 5억 원이 넘는 시 예산을 썼지만, 당사자인 김연아 선수나 소속사 측과는 아무런 협의도 없었다.

2012년 5월 개통한 경인아라뱃길에도 2조 7000억 원의 공사비가 투입되었다. 인천에서 김포까지 외국인 관광객을 유치하고 동북아 물류 허브가 되겠다는 야심 찬 목표를 내걸었다. 정부에서 실시한 타당성 조사는 경인아라뱃길 개통으로 연간 3조 원에 달하는 생산 유발 효과와 2만 6000명의 고용 효과가 있을 것이라는 전망을 내놓았다. 하지만 경인아라뱃길은 개통 이후 현재까지 천덕꾸러기 신세를 면치 못하고 있다. 〈2016~2020 전국항만기본계획〉을 통해 본 경인항의 2020년도 예상 물동량은 아라뱃길 조성 계획을 발표할 때 제시되었던 예측치의 10%에도 미치지 못했다. 왜 아라뱃길을 이용하는 화물선이 없는 걸까? 이유는 단순하다. 경쟁력이 전혀 없기 때문이다. 차로는 30분에 불과한 거리를 배로 갔을 때는 갑문을 통과하는 시간을 제하고도 4배 이상의 시간이 더 소요된다. 이런 이유로 아라뱃길의 물류 기능은 완전히 실패한 것으로 드러났다.

인천의 대표적 관광지인 월미도에도 오래된 애물단지가 있다. 월미 관광특구 활성화와 구도심 도시재생사업의 일환으로 추진됐던 인천 월미은하레일이 이곳의 대표적인 세금 먹는 흰 코끼리다. 853억 원의 혈세가 투입됐지만 시범 운행 중에 사고로 결함이 발견되면서 총체적인 부실이 드러나고 사업은 전면 중단되었다. 이후 시장이 바뀔 때마다 사업을 바꿔 재추진해보려 했지만 결국 안전 문제로 2016년에 객차마

총체적 부실 시공이 드러나 전면 중단되었던 월미도의 모노레일 사업(좌)이 2019년 10월 '월미바다열차'라는 새 이름으로 재운행을 시작했다(우). 하지만 볼거리에 비해 이용료가 비싸다는 지적과 함께 최소 3년간의 적자 운영이 예상되었다.

저 철거되고 말았다. 그러다가 300억 원을 들여 철수하느니 180억 원을 들여 재추진하겠다는 인천교통공사의 결정에 따라 2019년에 '월미바다열차'로 다시 운행을 시작했다. 안전성 문제는 대폭 보강되었다고 하지만, 관광 효용성이 낮아 무려 1000억 원에 이르는 사업비 회수는 요원해 보인다는 것이 전문가들의 의견이다.

총체적 부실 시공이 드러나 전면 중단되었던 월미도의 모노레일 사업이 2019년 10월 '월미바다열차'라는 새 이름으로 재운행을 시작했다. 하지만 볼거리에 비해 이용료가 비싸다는 지적과 함께 최소 3년간의 적자 운영이 예상되었다.

# 무엇이 흰 코끼리를 만드나

안타깝게도 혈세 낭비 사업은 이뿐만이 아니다. '영암 포뮬러원(F1) 대회'는 국비를 포함해 무려 1조 원이 넘는 사업비가 투입됐으나 결국 1900억 원의 적자만 남겼다. 누적 적자로 인해 2015년과 2016년에는 개최를 포기하는 바람에 위약금 문제까지 발생했으나 아직 해결이 안 된 상태다. 양양국제공항은 3000억 원을 들여 개통했지만 1000억 원이 넘는 누적 적자를 기록해서 외신으로부터 '세계에서 가장 조용한 공항'이라는 불명예를 얻었다.

대체 왜 이런 문제들이 생기는 걸까? 사실 이런 세금 낭비 사업들을 보면 공통점이 있다. 잘못된 수요 예측, 선심성 공약, 졸속 추진, 검증 시스템 부재 등등이다. 정치인들은 선거 때마다 표를 의식해 선심성 공약을 남발하고, 이후 공약을 실천한다며 제대로 된 검증 없이 졸속으로 사업을 추진한다. 그 과정에서 지방자치단체 사이에 과다한 유치 경쟁이 펼쳐지기도 하고 지역 이기주의가 나타나기도 한다. 결국엔 이 모든 것들이 모여 쓸모없는 애물단지인 흰 코끼리를 양산한다.

영국 케임브리지대학교 경제학과 장하준 교수는 《그들이 말하지 않는 23가지》라는 책에서 흰 코끼리 프로젝트들이 정부의 잘못된 정책 결정이라고 지적하면서 이렇게 설명했다. "정부는 현명한 사업 결정을 내리거나 산업정책을 통해 '유망주'를 고르는 데 필요한 정보와 전문성을 가지고 있지 않다. 정부의 정책 결정자들은 이윤보다는 권력을 추구하고, 자기들이 내린 결정의 결과에 재정적 책임을 지지 않아도 되기 때문에 잘못된 선택을 할 확률이 높다. 특히 어떤 정부가 시장 논리에 어긋나는 정책을 채택하고 그 나라가 가진 자원과 능력을 넘어서는 산업 부문을 장려하려 한다면 재난에 가까운 결과를 낳을 뿐이다. 개발도상국들에 산재한 '흰 코끼리 프로젝트들'이 그 산 증거들이다."

그렇다면 이렇게 세금만 낭비하는 애물단지 사업들이 추진되지 못하도록 사전에 막는 방법은 무엇일까? 사전에 철저한 조사와 검증 절차를 걸쳐서 효율적으로 사업을 추진한다면 혈세가 덜 낭비되지 않을까? 사실 이미 그런 장치가 마련되어 있다. 국가재정법 제38조에 따라 총사업비가 500억 원 이상이면서 국가 재정이 300억 원 이상 들어가는 신규 사업은 국책연구기관인 한국개발연구원(KDI)에서 '예비타당성 조사'를 하도록 되어 있다. 예비타당성 조사란 '이 사업에 돈을 쓰는 게 괜찮은지 사전에 검증하는 절차'를 뜻한다. 주로 도로, 항만, 철도와 같은 대규모 사회 기반 시설들이 대상이 된다. 조사 결과 비용 대비 편익 분석 값이 1.0 이상 나와야 사업성이 있는 것으로 판정한다. 간단히 말해, 1만 원을 투자했을 때 1만 원 이상의 편익을 얻을 수 있다고 판단되어야 사업 허가를 내준다는 것이다.

경인아라뱃길 사업 역시 예비타당성 조사를 받았다. 아라뱃길 사업은 2003년 감사원의 조사 결과, 비용 대비 편익 분석 값이 0.76~0.93으로 사업성이 없다는 평가를 받았다. 그런데 5년 뒤인 2008년에는 두 번의 예비타당성 조사에서 모두 1.0을 넘겨 사업을 추진하게 된다. 그야말로 고무줄처럼 줄었다 늘었다 하는 타당성 조사 결과 수치가 늘어난 것이다. 바로 여기에 예비타당성 조사의 허점이 있다. 국책사업이

◆ 계속 달라진 경인아라뱃길 경제성 분석 결과

| 부서 | 경제성 분석 |
| --- | --- |
| 감사원(2003년 9월) | 0.76~0.93 |
| 국토해양부(2007년 3월) | 1.76 |
| KDI(2008년 12월) | 1.03~1.078 |
| 경인아라뱃길 재검증위원회(2010년) | 0.247 |

지만 주민들의 생각을 수렴하기보다는 전문가들끼리 결정을 하다 보니 수요 예측에 실패할 때가 많다. 또 정권의 입맛에 맞는 결과물을 내놓을 가능성도 배제할 순 없다. 심지어 예비타당성 조사 자체를 면제받는 경우도 있다. 가장 대표적인 예가 바로 4대강 사업이다.

2009년 기획재정부는 예비타당성 조사 면제 대상에 '재해 예방 사업'을 추가하도록 관련법을 개정해서 4대강 준설, 보 건설 등의 예비타당성 조사를 일괄 면제했다. 예비타당성 조사를 피해가기 위해 편법을 쓴 것이다. 그 결과 우리가 잘 알고 있는 현재의 4대강이 만들어졌다. 공사비만 무려 22조 원이 들어갔는데, 모두 우리 국민의 세금이다.

애물단지 사업들이 쌓이다 보면 한 도시, 한 국가의 파산까지도 불러올 수 있다. 대표적인 사례로 일본의 유바리시를 들 수 있다. 원래 부유한 탄광도시였던 유바리시는 폐광 이후 관광도시를 만들기 위해 무리한 투자를 진행하다 빚더미에 올랐고, 급기야 2006년에 파산을 선언했다. 그 후 유바리시는 초등학교 6개를 하나로 통폐합한 것은 물론 도서관, 시민회관도 문을 닫는 초긴축재정에 돌입했다. 지금까지도 매년 260억 원에 달하는 빚을 갚아야 하는 뼈아픈 경험을 하는 중이다.

유바리시 사례를 보며 남의 나라 이야기라고 안심할 수만은 없다. 2008년 태백시 역시 지역경제 활성화를 목표로 4424억 원을 투자해 문을 연 오투리조트 때문에 파산 위기를 맞았었다. 오투리조트는 심각한 경영난으로 한때 태백시의 1년 예산에 버금가는 3640억 원의 부채에 시달리다가 결국 2016년에 782억 원이라는 헐값에 매각됐다.


## 세금 도둑, 흰 코끼리 없애는 방법은?

———

평소 토론을 통해 합의를 추구하는 톨레랑스의 나라 프랑스, 그들은 혈세 낭비는 물론 도시 파산까지 불러오는 흰 코끼리 문제를 어떻게 해결하고 있을까? 프랑스를 비롯해 많은 국가에서는 적극적인 시민 참여를 그 해법으로 활용하고 있다.

프랑스는 일정 규모 이상의 대규모 국책사업을 추진할 때 반드시 시행자와 시민들이 참여하는 '국가공공토론위원회(CNDP)'를 개최하여 치열한 논의 후 사업의 추진 여부와 방향을 결정한다. 국가공공토론위원회는 1997년 환경개발부 산하에 설립된 이후 2002년 독립 행정기관으로 발전되어 구성과 조직, 예산 측면에서 독립성과 자율성을 보장받는 명실상부한 공론화 전담 기구다. 정부가 추진하는 대규모 국책사업의 결정 과정에 주민과 직·간접 이해당사자들이 참여해 적극적으로 의견을 개진할 기회를 보장하는 것이 목적이다.

큰 비용이 들어가는 도로, 철도, 경기장 등의 건설은 물론이고, 규모가 작지만 국가 사회적으로 영향이 큰 사업의 경우 시민들의 신청으로도 공공토론위원회가 열린다. 시민들의 혈세가 엉뚱한 곳에 쓰이는 것을 막기 위해서다. 프랑스 국가공공토론위원회의 샹탈 주아노(Chantal Jouanno) 위원장은 이렇게 말한다. "시민들이 어떤 사업에 대해 의사 표현을 하면 저희가 조사를 하고 왜 이 주장을 받아들였는지 왜 이 주장은 받아들이지 않았는지 묻죠. 저희는 시민들의 주장을 독립성과 중립성, 공정성을 갖고 반영합니다."

2002년 설립된 국가공공토론위원회는 시민대표, 전문가 등 25명의 위원으로 구성된 독립적 국가기관으로 토론회와 현장조사 등을 통해 국책사업 추진 과정에서 발생하는 갈등을 사전에 조정하는 역할을 수행한다. 넉 달간의 논의를 거치지만 준비 기간이 상당히 길어서 전체적으로는 약 1년 정도 걸린다.

지금까지 총 94건의 사업이 공공토론회를 거쳤다. 그중 12건의 사업은 전면 보류되었고, 3분의 2 이상의 사업은 시민들의 의견을 받아 기존 사업을 보완·수정한 후 추진되었다. 파리 주변을 급행철도로 연결하는 대형 국책사업인 '그랜드 파리 지하철' 공사도 사전에 50회가 넘는 공공토론을 통해 시민들의 의견을 반영했다. 주민들의 의견을 받아들여 지하철역을 새로 추가하면서 노선에 중요한 변화가 생기기도 했다. 그리고 그 결과 큰 문제 없이 '2024 파리올림픽'에 맞춰 개통을 준비하고 있다.

일방적인 결정에 의해 추진하는 것이 아니라 시간이 걸리더라도 사

◆ 프랑스 국가공공토론위원회 대상 사업

| 대상 사업 | 종류 |
|---|---|
| ① **의무 대상 사업**<br>(3억 유로 이상 사업) | • 도로 · 철도 건설 |
| | • 대규모 경기장 · 체육시설 건설 |
| | • 원자력발전소 · 공항 · 항만 건설 |
| | • 쓰레기장 · 송전선 · 송유관 설치 등 |
| ② **선택적 대상 사업**<br>(시민 직접 신청으로도<br>토론회 개최 가능) | • 사업비 규모가 작아 의무 회부 대상이 아니지만<br>사회적 영향이 큰 국가 및 민간사업 |

전에 시민들에게 내용을 공개하고 의견을 수렴해 변경하는 과정을 통해 대형 국책사업이 애물단지가 되는 것을 사전에 막을 수 있다. 물론 공공토론을 하면 굉장히 일이 많아지고 번거로울 수도 있지만, 결국에는 시간적으로도 경제적으로도 큰 이득을 얻을 수 있다. 무엇보다 일방적 사업 추진에 의한 반대와 변경으로 인한 시간적·경제적 손실이 발생하지 않는다.

프랑스뿐만 아니라 다른 해외 선진국들 역시 흰 코끼리를 예방할 수 있는 사회적 시스템을 적극 도입하고 있다. 스웨덴 같은 경우엔 해마다 여름이면 40년 전통의 '알메달렌(Almedalsveckan)'이라는 정치 박람회를 연다. 여기에선 각 정당 정치인, 총리, 시민 누구나 참여해 자신의 의견을 펼칠 수 있다. 심지어 어린 학생이 스웨덴 총리에게 질문해도 놀랄 일이 아닐 만큼 일종의 정치 축제처럼 박람회가 펼쳐진다. 이 축제의 하이라이트는 국가의 재정 상태를 재무장관이 직접 발표하고 서로 질문을 주고받는 자리다. 예산이 쓰이는 내역을 세세하고 투명하게 공개하는 한편, 내년도 예산 계획을 발표하면서 시민들의 지지를 호소한다.

그런가 하면 네덜란드에서는 국가가 도로사업, 토지 이용, 주택 건설 등에 대한 사업계획을 결정할 때 국가개발보고서 작성을 의무화하고 있으며, 이 과정에 시민이 반드시 참여하도록 되어 있다. 그밖에 캐나다의 공공협의제도와 뉴질랜드의 국민 참여 절차 역시 정책 결정에 시민 참여를 보장하고 있다. 그 이유는 간단하다. 시민들이 쓰는 시설을 만드는 것이니 단체장이 아닌 시민들에게 의견을 듣자는 것이다. 주인은 시민들이기 때문이다.

## 우리 사회의 신뢰를 쌓는 방법

—

이렇듯 주민들이 참여해서 직접 결정한 정책들은 시간은 더 걸릴지 몰라도, 적어도 애물단지로 전락하는 일은 최소화할 수 있다. 그리고 그 과정을 통해 우리는 내 돈이 필요한 곳에 낭비되지 않고 제대로 쓰인다는 믿음을 얻게 된다. 그렇게 쌓은 신뢰는 우리 사회가 보다 나은 미래로 나아갈 수 있는 커다란 자산이다.

이번 코로나19 사태를 통해서도 우리나라 국민의 시민의식은 최고 수준임이 증명되었다. 일례로 마스크 착용률 89%, 거리두기 이행률 97%라는 숫자에서도 위기 상황에서 더욱 빛나는 우리의 공동체의식

수준을 확인할 수 있었다. 우리의 이러한 높은 시민의식을 토대로 한다면 지금 당장 프랑스와 같은 공공토론회를 도입한다고 해도 아무런 문제가 없을 것이다. 더욱 중요한 것은 우리 국민 스스로 '바꿀 수 있다'는 생각을 갖고 적극적 참여해야 한다는 점이다. 국민이 적극적으로 참여하는 모습을 보여줄 때 정치인들도 국민을 두려워하며 흰 코끼리를 만드는 일에 함부로 세금을 쓰지 않을 것이기 때문이다.

코로나19 사태를 겪으며 우리는 국가의 역할이 얼마나 중요한지 또렷이 알게 되었다. 국가가 하는 일에는 모두 우리의 세금이 들어간다. 우리가 정직하게 세금을 납부해야 국가도 우리의 안전을 지켜줄 수 있다. 그리고 우리가 국가를 신뢰할 수 있으려면 세금이 투명한 절차를 거쳐 제대로 쓰인다는 믿음이 쌓여야 한다. 결국 신뢰 사회로 가기 위해서는 정부와 국민의 상호 노력이 필요하다. 우리 사회 곳곳에 남겨진 흰 코끼리의 교훈을 잘 되새겨 '신뢰 사회'를 향한 발걸음을 늦추지 말아야겠다.

# 미래 세대가 갚을 거라는 '대마불사'의 믿음이
# 흰 코끼리를 양산한다

손종호 PD

사람이 살아가면서 싫지만 결코 피할 수 없는 것이 있다. 바로 죽음과 세금이다. '흰 코끼리'(애물단지) 문제에 관심을 갖게 된 이유도 '과연 내가 피땀 흘려 번 세금이 제대로 쓰이고 있는가?'라는 납세자로서 소박한 의문에서다. 취재를 해보니 '해마다 멀쩡한 보도블록은 왜 이렇게 자주 교체되나?' 정도의 문제는 아주 작고 소박했다. 국책사업으로 포장된 무분별한 개발 사업이나 올림픽 등 메가 이벤트로 인한 혈세 낭비는 더 큰 흰 코끼리가 되어 국가 경제를 좀 먹을 뿐 아니라 세금에 대한 국민들의 신뢰를 붕괴시키고 있었다.

외형적으로 성공했다고 평가받는 평창 동계올림픽이 남긴 유산은 지금도 취약한 강원도 재정을 압박하고 있다. 강릉종합운동장이라는 대안을 '평창' 올림픽이지 '강릉' 올림픽이 아니란 이유로 거부하고 (패럴림픽 포함) 단 네 번의 행사를 위해 수천억 원의 세금을 들여 개폐회식장을 지었다가 철거해버린 것은 '새발의 피'다. 동계 유니버시아드 대회를 치렀던 무주리조트를 재활용했다면 천혜의 자연 보고 가리왕산을 그렇게 훼손할 필요도, 2000억 원이 넘는 공사비 낭비도, 또 지금도 계속되고 있는 2000억 원이 넘는 복원비 갈등도 필요 없었을 것이다. 1조 4000억 원의 막대한 건설비가 들어간 알펜시아리조트는 눈덩이처럼 불어난 빚더미에 헐값 매각도 쉽지 않아 강원도시개발공사는 파산 위기에 직면해 있다.

어디 동계올림픽 시설뿐이랴. '과연 내 돈이였으면 이렇게 썼을까?'라는 의문이 드는 수많은 일들이 버젓이 우리 주변에서 벌어지고 있다. 2조 7000억 원을 들여놓고 오가는 화물선 한 척 없이 한적한 자전거 길로 전락한 경인아라뱃길, 고추 말리는 공항으로 유명한 무안공항이나 애물단지로 변한 '유학성공항(예천공항, 2004년 폐쇄)', '김중권공항(울진공항)', '노태우공항(청주공항)', '김영삼공항(양양공항)' 등 지방공항은 또 어떠한가? 22조 원을 들인 4대강 사업 대신 4차 산업을 육성했으면 반도체, 2차전지에 이은 또 하나의 대한민국을 살릴 미래 먹거리가 탄생하지 않았을까? 취재를 통해 만난 수많은 흰 코끼리 뒤에는 소위 '눈 먼' 돈을 가지고 더 큰 정치적 욕망을 추구하는 정치인들의 포퓰리즘과 이를 통해 공생하며 이익을 얻는 소수의 지주, 건설업자들의 '토건' 욕망이 있었다.

나는 취재를 통해 우리 사회에 이렇게 흰 코끼리들이 활보할 수 있는 이유로 바둑의 대마불사(大馬不死)란 용어가 떠올랐다. 1997년 우리나라는 IMF 사태를 통해 수많은 기업들이 도산하고, 실직으로 가정경제가 붕괴되고, 경제 주권이 휘들리는 비극적 결과를 겪었다. 하지만 그동안 대마불사였던 재벌도 부실하면 망할 수 있다는 자본주의 경제의 기본원리를 확인할 수 있었다. 이렇게 재벌도 경영을 잘못하면 망하는데, 지금까지 무분별한 국책사업으로 인한 파멸적 결과에는 책임 지는 정치인도 지방자치단체도 그 누구도 없었다. 결국 중앙정부나 국민들의 세금, 하다못해 미래 세대가 갚을 거란 대마불사의 믿음이 흰 코끼리를 지금껏 양산한 것은 아닐까?

일본의 탄광도시 유바리시는 2006년 시장의 무리한 투자로 파산해 공무원의 숫자와 임금을 삭감하고 학교를 통폐합하고 지방세를 무려 3배나 인상하며 지금까지 파산부채를 갚고 있다. 미국이나 일본은 '지자체 파산제'를 도입하고 있다. 우리처럼 지방채 발행이나 중앙정부의 교부세 등으로 손쉽게 위기를 넘기지 못한다. 열악한 지자체의 예산 상황을 모르는 바는 아니지만 무분별한 포퓰리즘을 막기 위해 우리도 이런 철저한 책임주의, 자력갱생의 원칙은 도입할 필요가 있어 보인다.

또한 제도적으로 프랑스의 국가공공토론위원회(CNDP) 같은 독립적 기구를 상설화해서 모든 국책사업은 아니지만 최소한 국론을 분열시키고 흰 코끼리가 될 가능성이 많은 공항, 대형 경기장, 올림픽 등 국제행사 유치, 일정 규모 이상의 철도, 도로 공사 등은 표를 의식한 지자체나 정치인들이 결정하는 것이 아니라 독립적인 공론화 기구를 통해 결정되도록 했으면 한다.

이런 제도 도입뿐만 아니라 포퓰리즘 정치가 횡행할 수밖에 없는 정치제도의 개선이 필요해 보인다. 온갖 개발공약을 통해 단 1표라도 더 받으면 30~40%의 지지율로도 당선되는 현행 승자독식의 정치제도를 바꿔야 한다. 각종 선거에서 개발이나 토건의 공약을 내건 포퓰리즘이 아닌 국민의 입장에서 세금을 이야기하고 다른 목소리를 내는 정치인들이 당선될 수 있어야 한다. 가령 지방부터 중앙까지 제대로 된 독일식 연동형 비례대표제 등을 도입해보면 어떨까?

최근 또다시 선거철을 맞아 고질적인 '공항'이라는 유령이 대한민국을 떠돌고 있다. 여야 정치인들이 선거를 앞두고 '가덕도 신공항 특별법'을 통과시키고 마구잡이 국책사업을 막는 최소한의 절차인 예비타당성 조사마저 면제시켜 버렸다. 여야 정치인들이 합세해 대규모 국책사업인 기존 공항 건설 계획마저 손바닥 뒤집듯 폐기하는 것도 당혹스럽지만 국토부의 보고서에 따르면 건설비가 4대강 사업의 22조 원이 넘는 28조 원이라는 것에 어안이 벙벙해진다.

지역정치인들의 입에서 나오는 공항 건설 논리의 핵심은 '지방소멸'을 막기 위해서란다. 서울과 지방의 지역 격차를 줄이고 지방소멸을 막기 위해 동남권 관문 공항이 필요하다고 한다. 나 또한 평소 수도권 집중과 지방소멸은 심각한 문제라 생각해왔다. 하지만 나같이 무식하고 아둔한 사람의 눈에 미국 캘리포니아의 4분의 1도 되지 않는 나라에 너무나 공항이 많아 보인다. 그리고 지금도 정치 실세들이 만든 많은 지방 공항은 적자투성이지 않은가? 백번 양보해 적자는 면한다 하더라도 인천공항이 확장해가고 있는 상황에서 가덕도 신공항은 과연 제주공항 이상의 역할을 할 수 있을까?

좋은 토건과 나쁜 토건을 구분하지 못하는 아둔한 사람의 무식하고 쓸데없는 걱정으로 치부할 수도 있겠지만 그 무엇보다 공항건설이 어떻게 지방소멸을 막는 핵심적 대안인지 이해가 되지 않는다. 다른 대안도 많겠지만 나 같으면 가성비를 따지자면 차라리 28조 원을 들여 미국이나 중국, 우리나라 현대자동차 등이 미래 핵심 신수종 사업으로 추진 중인 '도심항공모빌리티'나 미·중·유럽이 경쟁 중인 인공위성, 항공사업 등을 육성했으면 한다. 지방 대학을 육성하고 항공우주산업의 메카가 될 판교 같은 산학연계 도시와 기업체를 만들어, 전 세계에서 젊은이들이 모여들게 하고 그곳에서 육성된 첨단기업들이 유니콘 기업이 되어 나스닥에 상장하는 꿈을 꾸게 하겠다. 그리고 대한민국 자체 기술로 화성에 기지를 만드는 목표를 세우겠다. 일본이 우주탐사선을 통해 소행성에 착륙해 토양 샘플을 가져왔을 때 우리도 4대강 사업 대신 우주 개발을 추진했으면 지금쯤 달에 착륙해 운석 정도는 가져올 수 있는 나라가 되었을 것이란 아쉬움이 들었다. 4대강 사업의 혈세 낭비 교훈을 벌써 잊은 것인가? 2022년 대선을 넘어 두고두고 지역갈등을 불러일으킬 가덕도 신공항 건설 문제에 제발 정치인들은 빠지고 현 정부 초기에 추진했던 '공론화 위원회'나 프랑스 CNDP 같은 기구를 통해 철저히 납세자 입장에서 결정되길 소망한다.

이렇듯 세금에 대한 국민들의 신뢰가 낮다 보니 정작 세금 인상이 필요한 연금 개혁 같은 것은 말도 꺼내지 못하고 차일피일 미뤄지고 있다. 모럴해저드(moral hazard)는 원래 영국의 보험 업계에서 사용하기 시작한 용어라고 한다. 공익보다는 사익, 즉 자신이나 자신이 속한 집단의 이익만을 추구해 사회에 피해를 주는 것을 뜻하는 말이다. 법과 제도의 허점을 악용한 이익 추구, 자기 책임을 소홀히하는 태도, 집단 이기주의가 모두 모럴해저드에 속한다. '흰 코끼리'는 납세자이자 주인인 국민들이 참여와 감시를 게을리하고 '포퓰리즘', '토건', '모럴해저드'에 휘둘릴 때 발생한다. 국민들이 스스로 '바꿀 수 있다'는 생각을 갖고 적극적으로 정치에 참여해 목소리를 낼 때 정치가들도 국민을 두려워하며 함부로 흰 코끼리를 만드는 데 혈세를 쓰지 않을 것이다.

**대전환** | **1장 · 대전환의 시대, 다시 복지를 생각하다**

KBS〈명견만리 Q100〉, '코로나 19, 다시 복지를 생각하다', 2020. 11. 15. 방송.
〈'방역 정치'가 드러낸 한국인의 세계-의문 품는 한국인들〉, 2020. 12. 22.
〈2006년 시행된 자영업자 고용보험 가입은 2%〉,《중기이코노미》, 2020. 12. 25.
〈최악 고용시장…10월 취업자 42만 명 줄어 6개월 만에 최대폭〉,《매일경제》,
2020. 11. 11.
"Korea hits new record of 300,000 industrial robots in operation", IFR, 2019.
12. 19.

**2장 · 저성장의 한국 경제, 향후 생존법은?**

KBS〈명견만리 Q100〉, '한국 경제의 킹핀을 찾아라', 2020.11.22. 방송.
KBS〈명견만리〉, '글로벌 쩐의 전쟁, 우리의 생존법은?', 2018.10.05. 방송.
한국경제연구원,〈우리 경제의 잠재 성장률 추정 및 시사점〉, 2019. 05.
〈세계 100대 스타트업 중 절반, 韓서 사업 힘들다〉,《서울경제》, 2019. 8. 20.
〈'수출 1000억弗' 반도체 빅사이클 온다…정부, 사상 첫 반도체 전망치 발표〉,
《조선비즈》, 2021. 1. 5.
〈한경연 '경제 잠재 성장률 2.7% 불과…2030년 1%대 가능성'〉,《아시아투데
이》, 2019. 5. 19.

**3장 · 속도가 안전이고 생존이다**

KBS〈명견만리 Q100〉, '트렌드 리포트, 이제는 속도다!', 2020.11.08. 방송.
김난도,《트렌드 코리아 2021》, 미래의창, 2020.
〈기업 70% '코로나 끝나도 재택근무는 계속된다'〉,《조선일보》, 2020. 9. 28.
〈코로나에 장마까지…유통업계, 온오프라인 희비 교차〉,《한국세정신문》, 2020.

8. 31.
"Sustainable Development Report 2020", SDSN, 2020. 06.


청년 | **4장 · 불공정 시대의 청년을 말하다**

KBS〈명견만리 Q100〉, '청년은 어떻게 약자가 되었나', 2020.11.29. 방송.

〈'취업 문' 90년대 이후 '좁은 문'〉, 《문화일보》, 2007. 6. 25.

〈개천서 용 나기, 26년 새 두 배 힘들어졌다〉, 《한국경제》, 2020. 10. 5.

한국관심질병통계(http://opendata.hira.or.kr/op/opc/olapMfrnIntrsIlnsInfo.do).

통계청, 〈경제활동인구조사 근로 형태별 부가 조사〉, 2020. 10.

한국은행, 〈국내총생산 및 경제성장률 (GDP)〉, 2020.

**5장 · 청년에게 일자리의 미래를 묻다**

KBS〈명견만리 Q100〉, '청년의 일, 20대에게 길을 묻다', 2020.12.06. 방송.

〈광대졸 '하향취업률' 30%대 첫 진입…서비스 · 판매직이 57%〉, 《한겨레》,
2019 12. 23.

〈세계 노동자 절반이 실업 걱정...韓고용안정성 27개국 중 22위〉, 《비즈니스플러
스》, 2020. 10. 20.

〈올 하반기 체감 구직난 "5년 중 최악"〉, 《파이낸셜뉴스》, 2020. 11. 23.

〈직장인 10명 중 9명 '첫 직장 떠났다'…1년 미만 퇴사자 '최다'〉, 《뉴시스》,
2020. 1. 9.

〈코로나가 가져온 고통, 청년이 더 크게 겪었다〉, 《신동아》, 2020. 12. 7.

대학내일연구소, 〈세대별 워킹 트렌드 비교 조사〉, 2020. 9.

**6장 · 청년 주거 빈곤, 탈출구는 있는가**

KBS〈명견만리 Q100〉, '14m²의 위로', 2020.12.13. 방송.

미스핏츠, 《청년, 난민 되다》, 코난북스, 2015.

〈청년 3명중 1명은 '주거 빈곤'…'남성 · 1인가구 · 대도시 위험'〉, 《뉴시스》, 2019.
10. 13.

〈신입사원 입사 연령 IMF때보다 5.8세 많아졌다〉, 《뉴시스》, 2020. 4. 22.

〈지난해 취업준비비로 평균 378만원 지출...2년 전보다 36만 원 늘어〉, 《뉴시
스》, 2021. 1. 14.

〈캥거루족도 고령화…2049세대 절반 이상 '나는 캥거루족'〉, 《매일경제》, 2020.
8. 2.

〈'월세 탈출, 전세 입성'…청년 전세 가구 비중 3.1%↑〉, 《뉴스웍스》, 2020. 6. 1.
〈혼자 사는 청년 생활비 136만 원, 식비·주거비·교통비에 95만 원 썼다〉, 《머니투데이》, 2020. 7. 7.
〈서울 25평 아파트 구입, 월급 전부 모아도 36년 소요〉, YTN, 2021. 1. 14.
〈살 집 빼고 다 팔아라" 정책에도 지난해 다주택자 더 늘어〉, 《국민일보》, 2020. 11. 17.
〈대한민국 청년의 삶, 5년 후 어떻게 달라질까〉, 《헤럴드경제》, 2021. 1. 14.
김비오, 〈청년가구의 주거빈곤에 영향을 미치는 요인에 관한 연구〉, 《보건사회연구》 제39호, 한국보건사회연구원, 2019.
한국경제연구원, 〈주거 유형이 결혼과 출산에 미치는 영향〉, 2020. 10.

**기후**

### 7장 · 미래의 도시는 걷는 도시다

KBS〈명견만리 Q100〉, '도시의 미래, 시속 4km', 2020.12.20. 방송.
〈걷는 도시 서울 마음 편히 걷지 못하는 나라〉, 《뉴스포스트》, 2021. 1. 14.
"COVID-19 pandemic causes unprecedented drop in global CO2emissions in 2020", CICERO, 2020. 11. 20.

### 8장 · 세계, 그린으로 턴하다

KBS〈명견만리 Q100〉, '세계, 그린으로 턴하다', 2020.12.27. 방송.
Kate Ramsayer, "2020 Arctic Sea Ice Minimum at Second Lowest on Record", 2020. 9. 15.
"Renewable Energy and Jobs–Annual Review 2020", IREA, 2020. 9.
"The green swan : Central banking and financial stability in the age of climate change", BIS, 2020. 1. 20.

### 9장 · 더 늦출 수 없는 에너지 대전환

KBS〈명견만리〉, '미세먼지 계산서, 값싼 전기의 역설', 2017. 07. 14. 방송.
〈IEA '한국 가정용 전기요금, OECD 26개국 중 가장 저렴'〉, 《연합뉴스》, 2020. 12. 19.
〈에너지원별 발전량 현황〉, 한국전력공사 월별 전력통계속보, 2020.
〈2060년 대기오염 원인 '조기 사망률' '경제 피해' OECD 최고〉, 《연합뉴스》, 2016. 6. 10.
〈전기요금개편, 합리적 요금체계 조성 '출발점'…최대 과제 '독립성 확보'〉, 《헤

럴드경제〉, 2021. 1. 22.
〈전 세계 탈석탄 추세〉, 국가기후환경회의.
〈'탄소 불량국가' 한국의 '내일 없는 경제'〉, KBS, 2020. 12. 7.
〈한국이 왜 기후악당? 국가 온실가스 감축 목표, NDC란〉, 그린피스, 2020. 10. 20.
〈한국, '에너지 건전성 지수' OECD 중 30위 그쳐〉, 《연합뉴스》, 2020. 12. 25.
"The economic consequences of outdoor air pollution", OECD, 2016.
"Renewable energy", OECD. (https://data.oecd.org/energy/renewable-energy.htm)


**신뢰**  |  **10장 · 저신뢰 위험사회의 경고**

KBS〈명견만리〉, '저신뢰 사회의 경고 2부작-공동체의 위기, 공적 신뢰를 찾아라', 2018.11.02. 방송.
강현철 · 차현숙, 《2019 국민법의식 조사 연구》, 한국법제연구원, 2019.
〈대인신뢰도 설문 결과, 27.6%만 '대부분의 사람 믿을 수 있다'〉, 《서울신문》, 2019. 8. 5.
〈무너지는 신뢰자본…'거짓말 범죄' 판친다〉, 《한국경제》, 2020. 10. 16.
〈코로나19가 드러낸 '한국인의 세계'-의외의 응답 편〉, 《시사IN》, 2020. 6. 2.

**11장 · 누가 흰 코끼리를 만드는가**

KBS〈명견만리〉, '저신뢰 사회의 경고 2부작-흰 코끼리가 남긴 교훈', 2018. 11.09.
〈'역대 최고' 찬사 무색…평창올림픽 경기장 사후활용 '오리무중'〉, 《연합뉴스》, 2018. 8. 25.
〈올림픽 경기장 10억 원 벌었다던 강원도, 알고 보니 쓴 돈만 42억〉, 《한국일보》, 2021. 1. 27.
〈2026 동계올림픽 '밀라노-코르티나'〉, 《경향신문》, 2019. 6. 25.

| 〈명견만리〉를 만든 사람들 |

책임프로듀서 서용하 조정훈
프로듀서 이태경 이정환
총괄작가 서미현

**1장 · 대전환의 시대, 다시 복지를 생각하다**
　　　연출 임현규
　　　작가 김문수

**2장 · 저성장의 한국 경제, 향후 생존법은?**
　　　연출 이건협 김도현
　　　작가 민혜진 김예랑

**3장 · 속도가 안전이고 생존이다**
　　　연출 김강희
　　　작가 나둘숙

**4장 · 불공정 시대의 청년을 말하다**
　　　연출 김강희 김다미
　　　작가 이연진

**5장 · 청년에게 일자리의 미래를 묻다**
　　　연출 김도현 지원준
　　　작가 김문수

**6장 · 청년 주거 빈곤, 탈출구는 있는가**
　　　연출 김강희 김다미
　　　작가 이연진

자문 LAB2050 이원재 대표
조연출 나요한
취재작가 이서영, 이현경, 정다희
리서처 홍선미, 유지아
유닛매니저 이현주
행정 심채린
Q100 설문조사 KBS공영미디어연구소
협력제작사 미디어초이스, 제3영상

| 사진 출처 |

26 좌 MCnamee/Getty image · 우 KBS · 61 좌 모어랩스 · 우 KBS · 64 좌 네오사피엔스 · 우 KBS · 65 좌우 KBS · 90 좌 한샘 · 우 삼성전자 · 96 좌우 KBS · 157 좌 영월군청 · 우 주렁주 렁스튜디오 · 166 좌우 KBS · 176 좌 Noah, Courtesy of Urban Rigger · 우 Morten Jerichau, Caourtesy of BIG · 186 Claudio Divizia/Shutterstock · 188 ideesencommun.org · 190 좌 Wiki-pedia · 우 KBS · 191 좌 scandinavia standard · 우 electricnet, with contributions by heb/ Wikipedia · 194 좌 Pontevedra.ga · 우 Ignacia Amlgo · 196 좌 Nghia Khanh/Shutterstock · 우 KBS · 200 좌 KBS · 우 Wikipedia · 202 좌 soundlanscapes · 우 Obs70/Shutterstock · 215 좌 우 NASA Goddard Space Flight Center Scientific Visualization Studio · 216 좌 William O. Field/ NASA Climate 365 · 우 Bruce F. Molnia/NASA Climate 365 · 223 좌 musées bordeaux · 우 KBS · 224 좌 Massimiliano Finzi/Shutterstock · 우 KBS · 230 좌우 Plastic Attack · 251 좌우 KBS · 260 좌우 KBS · 304 좌우 KBS · 310 좌우 KBS

* 크레딧 표시가 되지 않은 이미지는 대부분 셔터스톡 제공 사진입니다.

# 명견만리 미래의 가치 편 대전환, 청년, 기후, 신뢰 편

초판 1쇄  2021년 5월 3일
초판 4쇄  2021년 6월 7일

지은이 | KBS〈명견만리〉제작팀

발행인 | 문태진
본부장 | 서금선
표지디자인 | 석운디자인    글도움 | 김현경    교정교열 | 윤정숙

기획편집팀 | 한성수 박은영 허문선 송현경 박지영 김다혜    저작권팀 | 정선주
마케팅팀 | 김동준 이재성 문무현 김혜민 김은지 정지연    디자인팀 | 김현철
경영지원팀 | 노강희 윤현성 정헌준 조샘 최지은 김기현
강연팀 | 장진항 조은빛 강유정 신유리

펴낸곳 | ㈜인플루엔셜
출판신고 | 2012년 5월 18일 제300-2012-1043호
주소 | (06619) 서울특별시 서초구 서초대로 398 BNK디지털타워 11층
전화 | 02)720-1034(기획편집) 02)720-1027(마케팅) 02)720-1042(강연섭외)
팩스 | 02)720-1043   전자우편 | books@influential.co.kr
홈페이지 | www.influential.co.kr

ISBN  979-11-91056-59-4 (04320)
(SET) 979-11-86560-21-1 (04320)